Sigmund Freud

Sammlung kleiner Schriften zur Neurosenlehre

Verlag
der
Wissenschaften

Sigmund Freud

Sammlung kleiner Schriften zur Neurosenlehre

ISBN/EAN: 9783957007469

Auflage: 1

Erscheinungsjahr: 2016

Erscheinungsort: Norderstedt, Deutschland

Hergestellt in Europa, USA, Kanada, Australien, Japan
Verlag der Wissenschaften in Hansebooks GmbH, Norderstedt

Cover: Sandro Botticelli "Die Verleumdung des Apelles" (1495)

SAMMLUNG KLEINER SCHRIFTEN

ZUR

NEUROSENLEHRE

VON

PROF. Dr. SIGM. FREUD

FÜNFTE FOLGE

1 9 2 2

INTERN. PSYCHOANALYTISCHER VERLAG GES. M. B. H.,

LEIPZIG · WIEN · ZÜRICH

INHALTSVERZEICHNIS

*) Diese Arbeit, die die „Vierte Folge" der „Sammlung kleiner Schriften zur Neurosenlehre" (1. Auflage 1918) abschloß, wurde in der zweiten Auflage (1922) der „Vierten Folge" — mit Rücksicht auf die Handlichkeit des Bandes — weggelassen und daher in vorliegende „Fünfte Folge" herübergenommen.

J.

AUS DER GESCHICHTE EINER INFANTILEN NEUROSE.*)

I. VORBEMERKUNGEN.

Der Krankheitsfall, über welchen ich hier — wiederum nur in fragmentarischer Weise — berichten werde, ist durch eine Anzahl von Eigentümlichkeiten ausgezeichnet, welche zu ihrer Hervorhebung vor der Darstellung auffordern. Er betrifft einen jungen Mann, welcher in seinem achtzehnten Jahr nach einer gonorrhoischen Infektion als krank zusammenbrach und gänzlich abhängig und existenzunfähig war, als er mehrere

*) Diese Krankengeschichte ist kurz nach Abschluß der Behandlung im Winter 1914/15 niedergeschrieben worden unter dem damals frischen Eindruck der Umdeutungen, welche C. G. J u n g und Alf. A d l e r an den psychoanalytischen Ergebnissen vornehmen wollten. Sie knüpft also an den im „Jahrbuch der Psychoanalyse" VI, 1914 veröffentlichten Aufsatz: Zur Geschichte der psychoanalytischen Bewegung an und ergänzt die dort enthaltene, im wesentlichen persönliche, Polemik durch objektive Würdigung des analytischen Materials. Sie war ursprünglich für den nächsten Band des Jahrbuches bestimmt, aber da sich das Erscheinen desselben durch die Hemmungen des großen Krieges ins Unbestimmbare verzögerte, entschloß ich mich, sie dieser von einem neuen Verleger veranstalteten Sammlung anzuschließen. Manches, was in ihr zum erstenmal hätte ausgesprochen werden sollen, hatte ich unterdes in meinen „Vorlesungen zur Einführung in die Psychoanalyse 1916/17" behandeln müssen. Der Text der ersten Niederschrift hat keine Abänderungen v n irgend welchem Belang erfahren; Zusätze sind durch eckige Klammern kenntlich gemacht.

Jahre später in psychoanalytische Behandlung trat. Das Jahrzehnt seiner Jugend vor dem Zeitpunkt der Erkrankung hatte
er in annähernd normaler Weise durchlebt und seine Mittel-
schulstudien ohne viel Störung erledigt. Aber seine früheren
Jahre waren von einer schweren neurotischen Störung beherrscht gewesen, welche knapp vor seinem vierten Geburtstag
als Angsthysterie (Tierphobie) begann, sich dann in eine
Zwangsneurose mit religiösem Inhalt umsetzte und mit ihren
Ausläufern bis in sein achtes Jahr hineinreichte.

Nur diese infantile Neurose wird der Gegenstand meiner
Mitteilungen sein. Trotz der direkten Aufforderung des Patienten habe ich es abgelehnt, die vollständige Geschichte
seiner Erkrankung, Behandlung und Herstellung zu schreiben,
weil ich diese Aufgabe als technisch undurchführbar und
sozial unzulässig erkannte. Damit fällt auch die Möglichkeit
weg, den Zusammenhang zwischen seiner infantilen und seiner
späteren definitiven Erkrankung aufzuzeigen. Ich kann von
dieser letzteren nur angeben, daß der Kranke ihretwegen lange
Zeit in deutschen Sanatorien zugebracht hat und damals von
der zuständigsten Stelle als ein Fall von „manisch-depressivem
Irresein" klassifiziert worden ist. Diese Diagnose traf sicherlich für den Vater des Patienten zu, dessen an Tätigkeit und
Interessen reiches Leben durch wiederholte Anfälle von schwerer Depression gestört worden war. An dem Sohne selbst habe
ich bei mehrjähriger Beobachtung keinen Stimmungswandel
beobachten können, der an Intensität und nach den Bedingungen seines Auftretens über die ersichtliche psychische
Situation hinausgegangen wäre. Ich habe mir die Vorstellung
gebildet, daß dieser Fall sowie viele andere, die von der kli-
nischen Psychiatrie mit mannigfaltigen und wechselnden
Diagnosen belegt werden, als Folgezustand nach einer spontan

abgelaufenen, mit Defekt ausgeheilten, Zwangsneurose aufzufassen ist.

Meine Beschreibung wird also von einer infantilen Neurose
handeln, die nicht während ihres Bestandes, sondern erst fünf-
zehn Jahre nach ihrem Ablauf analysiert worden ist. Diese
Situation hat ihre Vorzüge ebensowohl wie ihre Nachteile
im Vergleiche mit der anderen. Die Analyse, die man am
neurotischen Kind selbst vollzieht, wird von vornherein ver-
trauenswürdiger erscheinen, aber sie kann nicht sehr inhalts-
reich sein; man muß dem Kind zuviel Worte und Gedanken
leihen und wird vielleicht doch die tiefsten Schichten· undurchdringlich für das Bewußtsein finden. Die Analyse der
Kindheitserkrankung durch das Medium der Erinnerung bei
dem Erwachsenen und geistig Gereiften ist von diesen Ein-
schränkungen frei; aber man wird die Verzerrung und Zu-
richtung in Rechnung bringen, welcher die eigene Vergangenheit beim Rückblick aus späterer Zeit unterworfen ist. Der
erste Fall gibt vielleicht die überzeugenderen Resultate, der
zweite ist der bei weitem lehrreichere.

Auf alle Fälle darf man aber behaupten, daß Analysen
von kindlichen Neurosen ein besonders hohes theoretisches
Interesse beanspruchen können. Sie leisten für das richtige
Verständnis der Neurosen Erwachsener ungefähr soviel wie die
Kinderträume für die Träume der Erwachsenen. Nicht etwa
daß sie leichter zu durchschauen oder ärmer an Elementen
wären; die Schwierigkeit der Einfühlung ins kindliche Seelenleben macht sie sogar zu einem besonders harten Stück Arbeit für den Arzt. Aber es sind doch in ihnen so viele der späteren Auflagerungen weggefallen, daß das Wesentliche der
Neurose unverkennbar hervortritt. Der Widerstand gegen die
Ergebnisse der Psychoanalyse hat bekanntlich in der gegen-

wärtigen Phase des Kampfes um die Psychoanalyse eine neue
Form angenommen. Man begnügte sich früher damit, den von
der Analyse behaupteten Tatsachen die Wirklichkeit zu bestreiten, wozu eine Vermeidung der Nachprüfung die beste
Technik schien. Dies Verfahren scheint sich nun langsam zu
erschöpfen; man schlägt jetzt den anderen Weg ein, die Tatsachen anzuerkennen, aber die Folgerungen, die sich aus ihnen
ergeben, durch Umdeutungen zu beseitigen, so daß man sich
der anstößigen Neuheiten doch wieder erwehrt hat. Das Studium der kindlichen Neurosen erweist die volle Unzulänglich-
keit dieser seichten oder gewaltsamen Umdeutungsversuche.
Es zeigt den überragenden Anteil der so gern verleugneten
libidinösen Triebkräfte an der Gestaltung der Neurose auf
und läßt die Abwesenheit fernliegender kultureller Ziel-
strebungen erkennen, von denen das Kind noch nichts weiß,
und die ihm darum nichts bedeuten können.

Ein anderer Zug, welcher die hier mitzuteilende Analyse
der Aufmerksamkeit empfiehlt, hängt mit der Schwere der
Erkrankung und der Dauer ihrer Behandlung zusammen. Die
in kurzer Zeit zu einem günstigen Ausgang führenden Analysen
werden für das Selbstgefühl des Therapeuten wertvoll sein
und die ärztliche Bedeutung der Psychoanalyse dartun; für die
Förderung der wissenschaftlichen Erkenntnis bleiben sie meist
belanglos. Man lernt nichts Neues aus ihnen. Sie sind ja nur
darum so rasch geglückt, weil man bereits alles wußte, was
zu ihrer Erledigung notwendig war. Neues kann man nur
aus Analysen erfahren, die besondere Schwierigkeiten bieten,
zu deren Überwindung man dann viel Zeit verbraucht. Nur
in diesen Fällen erreicht man es, in die tiefsten und primitiv-
sten Schichten der seelischen Entwicklung herabzusteigen und
von dort die Lösungen für die Probleme der späteren Ge-

staltungen zu holen. Man sagt sich dann, daß, streng genommen, erst die Analyse, welche so weit vorgedrungen ist,
diesen Namen verdient. Natürlich belehrt ein einzelner Fall
nicht über alles, was man wissen möchte. Richtiger gesagt,
er könnte alles lehren, wenn man nur im stande wäre, alles
aufzufassen und nicht durch die Ungeübtheit der eigenen
Wahrnehmung genötigt wäre, sich mit wenigem zu begnügen.

An solchen fruchtbringenden Schwierigkeiten ließ der hier
zu beschreibende Krankheitsfall nichts zu wünschen übrig.
Die ersten Jahre der Behandlung erzielten kaum eine Änderung. Eine glückliche Konstellation fügte es, daß trotzdem
alle äußeren Verhältnisse die Fortsetzung des therapeutischen
Versuches ermöglichten. Ich kann mir leicht denken, daß bei
weniger günstigen Umständen die Behandlung nach einiger
Zeit aufgegeben worden wäre. Für den Standpunkt des Arztes
kann ich nur aussagen, daß er sich in solchem Falle ebenso
„zeitlos" verhalten muß wie das Unbewußte selbst, wenn er
etwas erfahren und erzielen will. Das bringt er schließlich zu
stande, wenn er auf kurzsichtigen therapeutischen Ehrgeiz
zu verzichten vermag. Das Ausmaß von Geduld, Gefügigkeit,
Einsicht und Zutrauen, welches von Seiten des Kranken und
seiner Angehörigen erforderlich ist, wird man in wenigen
anderen Fällen erwarten dürfen. Der Analytiker darf sich
aber sagen, daß die Ergebnisse, welche er an einem Falle in
so langer Arbeit gewonnen hat, nun dazu verhelfen werden,
die Behandlungsdauer einer nächsten, ebenso schweren Erkrankung wesentlich zu verkürzen und so die Zeitlosigkeit
des Unbewußten fortschreitend zu überwinden, nachdem man
sich ihr ein erstes Mal unterworfen hat.

Der Patient, mit dem ich mich hier beschäftige, blieb

lange Zeit hinter einer Einstellung von gefügiger Teilnahms-
losigkeit unangreifbar verschanzt. Er hörte zu, verstand und
ließ sich nichts nahe kommen. Seine untadelige Intelligenz
war wie abgeschnitten von den triebhaften Kräften, welche
sein Benehmen in den wenigen ihm übrig gebliebenen Lebens-
relationen beherrschten. Es bedurfte einer langen Erziehung,
um ihn zu bewegen, einen selbständigen Anteil an der Arbeit
zu nehmen, und als infolge dieser Bemühung die ersten Be-
freiungen auftraten, stellte er sofort die Arbeit ein, um weitere Veränderungen zu verhüten und sich in der hergestell-
ten Situation behaglich zu erhalten. Seine Scheu vor einer
selbständigen Existenz war so groß, daß sie alle Beschwerden
des Krankseins aufwog. Es fand sich ein einziger Weg, um
sie zu überwinden. Ich mußte warten, bis die Bindung an
meine Person stark genug geworden war, um ihr das Gleich-
gewicht zu halten, dann spielte ich diesen einen Faktor gegen
den anderen aus. Ich bestimmte, nicht ohne mich durch gute
Anzeichen der Rechtzeitigkeit leiten zu lassen, daß die Behandlung zu einem gewissen Termin abgeschlossen werden
müsse, gleichgültig, wie weit sie vorgeschritten sei. Diesen
Termin war ich einzuhalten entschlossen; der Patient glaubte
endlich an meinen Ernst. Unter dem unerbittlichen Druck
dieser Terminsetzung gab sein Widerstand, seine Fixierung
ans Kranksein nach, und die Analyse lieferte nun in unver-
hältnismäßig kurzer Zeit all das Material, welches die Lösung seiner Hemmungen und die Aufhebung seiner Symptome
ermöglichte. Aus dieser letzten Zeit der Arbeit, in welcher der
Widerstand zeitweise verschwunden war und der Kranke den
Eindruck einer sonst nur in der Hypnose erreichbaren Luzi-
dität machte, stammen auch alle die Aufklärungen, welche mir
das Verständnis seiner infantilen Neurose gestatteten.

So illustrierte der Verlauf dieser Behandlung den von der analytischen Technik längst gewürdigten Satz, daß die Länge des Weges, welchen die Analyse mit dem Patienten zurückzulegen hat, und die Fülle des Materials, welches auf diesem Wege zu bewältigen ist, nicht in Betracht kommen gegen den Widerstand, den man während der Arbeit antrifft, und nur soweit in Betracht kommen, als sie dem Widerstande notwendigerweise proportional sind. Es ist derselbe Vorgang, wie wenn jetzt eine feindliche Armee Wochen und Monate verbraucht, um eine Strecke Landes zu durchziehen, die sonst in friedlichen Zeiten in wenigen Schnellzugsstunden durchfahren wird, und die von der eigenen Armee kurz vorher in einigen Tagen zurückgelegt wurde.

Eine dritte Eigentümlichkeit der hier zu beschreibenden Analyse hat nur den Entschluß, sie mitzuteilen, weiterhin erschwert. Die Ergebnisse derselben haben sich im ganzen mit unserem bisherigen Wissen befriedigend gedeckt oder guten Anschluß daran gefunden. Manche Einzelheiten sind mir aber selbst so merkwürdig und unglaubwürdig erschienen, daß ich Bedenken trug, bei anderen um Glauben für sie zu werben. Ich habe den Patienten zur strengsten Kritik seiner Erinnerungen aufgefordert, aber er fand nichts Unwahrscheinliches an seinen Aussagen und hielt an ihnen fest. Die Leser mögen wenigstens überzeugt sein, daß ich selbst nur berichte, was mir als unabhängiges Erlebnis, unbeeinflußt durch meine Erwartung, entgegengetreten ist. So blieb mir denn nichts übrig, als mich des weisen Wortes zu erinnern, es gebe mehr Dinge zwischen Himmel und Erde, als unsere Schulweisheit sich träumen läßt. Wer es verstünde, seine mitgebrachten Überzeugungen noch gründlicher auszuschalten, könnte gewiß noch mehr von solchen Dingen entdecken.

II. ÜBERSICHT DES MILIEUS UND DER KRANKENGESCHICHTE.

Ich kann die Geschichte meines Patienten weder rein historisch noch rein pragmatisch schreiben, kann weder eine Behandlungs- noch eine Krankengeschichte geben, sondern werde mich genötigt sehen, die beiden Darstellungsweisen miteinander zu kombinieren. Es hat sich bekanntlich kein Weg gefunden, um die aus der Analyse resultierende Überzeugung in der Wiedergabe derselben irgendwie unterzubringen. Erschöpfende protokollarische Aufnahmen der Vorgänge in den Analysenstunden würden sicherlich nichts dazu leisten; ihre Anfertigung ist auch durch die Technik der Behandlung ausgeschlossen. Man publiziert also solche Analysen nicht, um Überzeugung bei denen hervorzurufen, die sich bisher abweisend und ungläubig verhalten haben. Man erwartet nur solchen Forschern etwas Neues zu bringen, die sich durch eigene Erfahrungen an Kranken bereits Überzeugungen erworben haben.

Ich werde damit beginnen, die Welt des Kindes zu schildern und von seiner Kindheitsgeschichte mitzuteilen, was ohne Anstrengung zu erfahren war, und mehrere Jahre hindurch nicht vollständiger und nicht durchsichtiger wurde.

Jung verheiratete Eltern, die noch eine glückliche Ehe führen, auf welche bald ihre Erkrankungen die ersten Schatten werfen, die Unterleibskrankheiten der Mutter und die ersten Verstimmungsanfälle des Vaters, die seine Abwesenheit vom Hause zur Folge hatten. Die Krankheit des Vaters lernt der Patient natürlich erst sehr viel später verstehen, die Kränklichkeit der Mutter wird ihm schon in frühen Kinderjahren bekannt. Sie gab sich darum verhältnismäßig wenig mit den Kindern ab. Eines Tages, vielleicht in seinem sechsten Jahr, hört er, von der Mutter an der Hand geführt, die

Klagen der Mutter an den Arzt mit an, den sie vom Hause weg begleitet, und prägt sich ihre Worte ein, um sie später für sich selbst zu verwenden. Er ist nicht das einzige Kind; vor ihm steht eine um zwei Jahre ältere Schwester, lebhaft, begabt, und voreilig schlimm, der eine große Rolle in seinem Leben zufällt.

Eine Kinderfrau betreut ihn, soweit er sich zurückerinnert, ein ungebildetes altes Weib aus dem Volke, von unermüdlicher Zärtlichkeit für ihn. Er ist ihr der Ersatz für einen eigenen früh verstorbenen Sohn. Die Familie lebt auf einem Landgut, welches im Sommer mit einem anderen vertauscht wird. Die große Stadt ist von beiden Gütern nicht weit. Es ist ein Abschnitt in seiner Kindheit, wie die Eltern die Güter verkaufen und in die Stadt ziehen. Nahe Verwandte halten sich oft für lange Zeiten auf diesem oder jenem Gut auf, Brüder des Vaters, Schwestern der Mutter und deren Kinder, die Großeltern von Mutterseite. Im Sommer pflegen die Eltern auf einige Wochen zu verreisen. Eine Deckerinnerung zeigt ihm, wie er mit seiner Kinderfrau dem Wagen nachschaut, der Vater, Mutter und Schwester entführt, und darauf friedlich ins Haus zurückgeht. Er muß damals sehr klein gewesen sein.*) Im nächsten Sommer wurde die Schwester zu Hause gelassen und eine englische Gouvernante aufgenommen, der die Oberaufsicht über die Kinder zufiel.

In späteren Jahren war ihm viel von seiner Kindheit erzählt worden.**) Vieles wußte er selbst, aber natürlich ohne

---

*) 2¹/₂ Jahre. Fast alle Zeiten ließen sich später mit Sicherheit bestimmen.

**) Mitteilungen solcher Art darf man in der Regel als Material von uneingeschränkter Glaubwürdigkeit verwerten. Es läge nahe, die Lücken in der Erinnerung des Patienten durch Erkundigungen bei den älteren Familienmitgliedern mühelos auszufüllen, allein ich kann nicht entschieden genug von solcher Technik abraten. Was die Angehörigen über Befragen

zeitlichen oder inhaltlichen Zusammenhang. Eine dieser Über-
lieferungen, die aus Anlaß seiner späteren Erkrankung un-
gezähltemale vor ihm wiederholt worden war, macht uns mit
dem Problem bekannt, dessen Lösung uns beschäftigen wird.
Er soll zuerst ein sehr sanftes, gefügiges und eher ruhiges
Kind gewesen sein, so daß man zu sagen pflegte, er hätte das
Mädchen werden sollen und die ältere Schwester der Bub.
Aber einmal, als die Eltern von der Sommerreise zurückkamen,
fanden sie ihn verwandelt. Er war unzufrieden, reizbar, heftig
geworden, fand sich durch jeden Anlaß gekränkt, tobte dann
und schrie wie ein Wilder, so daß die Eltern, als der Zustand
andauerte, die Besorgnis äußerten, es werde nicht möglich
sein, ihn später einmal in die Schule zu schicken. Es war
der Sommer, in dem die englische Gouvernante anwesend war,
die sich als eine närrische, unverträgliche, übrigens dem Trunk
ergebene Person erwies. Die Mutter war darum geneigt, die
Charakterveränderung des Knaben mit der Einwirkung dieser
Engländerin zusammenzubringen, und nahm an, sie habe ihn
durch ihre Behandlung gereizt. Die scharfsichtige Großmutter,
die den Sommer mit den Kindern geteilt hatte, vertrat die Ansicht, daß die Reizbarkeit des Knaben durch die Zwistigkeiten
zwischen der Engländerin und der Kinderfrau hervorgerufen
sei. Die Engländerin hatte die Kinderfrau wiederholt eine Hexe
geheißen, sie gezwungen, das Zimmer zu verlassen; der Kleine
hatte offen die Partei seiner geliebten „Nanja" genommen und
der Gouvernante seinen Haß bezeigt. Wie dem sein mochte,

und Aufforderung erzählen, unterliegt allen kritischen Bedenken, die in
Betracht kommen können. Man bedauert es regelmäßig, sich von diesen
Auskünften abhängig gemacht zu haben, hat dabei das Vertrauen in die
Analyse gestört und eine andere Instanz über sie gesetzt. Was überhaupt
erinnert werden kann, kommt   weiteren Verlauf der Analyse zum
Vorschein.

die Engländerin wurde bald nach der Rückkehr der Eltern
weggeschickt, ohne daß sich am unleidlichen Wesen des Kindes etwas änderte.

Die Erinnerung an diese schlimme Zeit ist bei dem Patienten erhalten geblieben. Er meint, die erste seiner Szenen
habe er gemacht, als er einmal zu Weihnachten nicht doppelt
beschenkt wurde, wie ihm gebührt hätte, weil der Weihnachtstag gleichzeitig sein Geburtstag war. Mit seinen Ansprüchen
und Empfindlichkeiten verschonte er auch die geliebte Nanja
nicht, ja quälte vielleicht sie am unerbittlichsten. Aber diese
Phase der Charakterveränderung ist in seiner Erinnerung un-
lösbar verknüpft mit vielen anderen sonderbaren und krankhaften Erscheinungen, die er zeitlich nicht anzuordnen weiß.
Er wirft all das, was jetzt berichtet werden soll, was unmöglich gleichzeitig gewesen sein kann und voll inhaltlichen
Widerspruchs ist, in einen und denselben Zeitraum, den er
„noch auf dem ersten Gut" benennt. Mit fünf Jahren, glaubt
er, hätten sie dieses Gut verlassen. Er weiß also zu erzählen,
daß er an einer Angst gelitten, welche sich seine Schwester
zu nutze machte, um ihn zu quälen. Es gab ein gewisses
Bilderbuch, in dem ein Wolf dargestellt war, aufrecht stehend
und ausschreitend. Wenn er dieses Bild zu Gesicht bekam,
fing er an wie rasend zu schreien, er fürchtete sich, der Wolf
werde kommen und ihn auffressen. Die Schwester wußte es
aber immer so einzurichten, daß er dieses Bild sehen mußte,
und ergötzte sich an seinem Schrecken. Er fürchtete sich indes
auch vor anderen Tieren, großen und kleinen. Einmal jagte
er einem schönen großen Schmetterling mit gelb gestreiften
Flügeln, die in Zipfel ausliefen, nach, um ihn zu fangen. (Es
war wohl ein „Admiral"). Plötzlich faßte ihn entsetzliche Angst
vor dem Tier, er gab die Verfolgung schreiend auf. Auch vor

Käfern und Raupen hatte er Angst und Abscheu. Doch wußte er sich zu erinnern, daß er um dieselbe Zeit Käfer gequält und Raupen zerschnitten; auch Pferde waren ihm unheimlich. Wenn ein Pferd geschlagen wurde, schrie er auf und mußte deswegen einmal den Zirkus verlassen. Anderemale liebte er es selbst, Pferde zu schlagen. Ob diese entgegengesetzten Arten des Verhaltens gegen Tiere wirklich gleichzeitig in Kraft gewesen, oder ob sie einander nicht vielmehr abgelöst hatten, dann aber, in welcher Folge und wann, das ließ seine Erinnerung nicht entscheiden. Er konnte auch nicht sagen, ob seine schlimme Zeit durch eine Phase von Krankheit ersetzt worden war oder sich durch diese hindurch fortgesetzt hatte. Jedenfalls war man durch seine nun folgenden Mitteilungen zur Annahme berechtigt, daß er in jenen Kinderjahren eine sehr gut kenntliche Erkrankung an Zwangsneurose durchgemacht hatte. Er erzählte, er sei eine lange Zeit hindurch sehr fromm gewesen. Vor dem Einschlafen mußte er lange beten und eine unendliche Reihe von Kreuzen schlagen. Er pflegte auch abends mit einem Sessel, auf den er stieg, die Runde vor allen Heiligenbildern zu machen, die im Zimmer hingen, und jedes einzelne andächtig zu küssen. Zu diesem frommen Zeremoniell stimmte es dann sehr schlecht — oder vielleicht doch ganz gut —, daß er sich an gotteslästerliche Gedanken erinnerte. die ihm wie eine Eingebung des Teufels in den Sinn kamen. Er mußte denken: Gott — Schwein oder Gott — Kot. Irgend einmal auf einer Reise in einen deutschen Badeort war er von dem Zwang gequält, an die heilige Dreieinigkeit zu denken, wenn er drei Häufchen Pferdemist oder anderen Kot auf der Straße liegen sah. Damals befolgte er auch ein eigentümliches Zeremoniell, wenn er Leute sah, die ihm leid taten, Bettler, Krüppel, Greise. Er mußte ge-

räuschvoll ausatmen, um nicht so zu werden wie sie, unter
gewissen anderen Bedingungen auch den Atem kräftig ein-
ziehen. Es lag mir natürlich nahe anzunehmen, daß diese deutlich zwangsneurotischen Symptome einer etwas späteren Zeit
und Entwicklungsstufe angehörten als die Zeichen von Angst
und die grausamen Handlungen gegen Tiere.

Die reiferen Jahre des Patienten waren durch ein sehr
ungünstiges Verhältnis zu seinem Vater bestimmt, der damals nach wiederholten Anfällen von Depression die krankhaften Seiten seines Charakters nicht verbergen konnte. In
den ersten Kinderjahren war dies Verhältnis ein sehr zärt-
liches gewesen, wie die Erinnerung des Sohnes bewahrt hatte.
Der Vater hatte ihn sehr lieb und spielte gerne mit ihm. Er
war von klein auf stolz auf den Vater und äußerte nur, er
wolle so ein Herr werden wie der. Die Nanja hatte ihm
gesagt, die Schwester sei das Kind der Mutter, er aber das
des Vaters, womit er sehr zufrieden war. Zu Ausgang der
Kindheit war eine Entfremdung zwischen ihm und dem Vater
eingetreten. Der Vater zog die Schwester unzweifelhaft vor,
und er war sehr gekränkt darüber. Später wurde die Angst
vor dem Vater dominierend.

Gegen das achte Jahre etwa verschwanden alle die Erscheinungen, die der Patient der mit der Schlimmheit beginnenden Lebensphase zurechnet. Sie verschwanden nicht
mit einem Schlage, sondern kehrten einigemale wieder, wi-
chen aber endlich, wie der Kranke meint, dem Einfluß der
Lehrer und Erzieher, die dann an die Stelle der weiblichen
Pflegepersonen traten. Dies also sind im knappsten Umriß
die Rätsel, deren Lösung der Analyse aufgegeben wurde:
Woher rührte die plötzliche Charakterveränderung des Knaben, was bedeutete seine Phobie und seine Perversitäten, wie

kam er zu seiner zwanghaften Frömmigkeit und wie hängen
alle diese Phänomene zusammen? Ich erinnere nochmals daran,
daß unsere therapeutische Arbeit einer späteren rezenten
neurotischen Erkrankung galt, und daß Aufschlüsse über jene
früheren Probleme sich nur ergeben konnten, wenn der Verlauf der Analyse für eine Zeit von der Gegenwart abführte,
um uns zu dem Umweg durch die kindliche Urzeit zu nötigen.

III. DIE VERFÜHRUNG UND IHRE NÄCHSTEN FOLGEN.

Die nächste Vermutung richtete sich begreiflicherweise
gegen die englische Gouvernante, während deren Anwesenheit
die Veränderung des Knaben aufgetreten war. Es waren zwei
an sich unverständliche Deckerinnerungen erhalten, die sich
auf sie bezogen. Sie hatte einmal, als sie vorausging, zu den
Nachkommenden gesagt: Schauen Sie doch auf mein Schwänz-
chen! Ein andermal war ihr auf einer Fahrt der Hut weg-
geflogen zur großen Befriedigung der Geschwister. Das deutete
auf den Kastrationskomplex hin und gestattete etwa die Konstruktion, eine von ihr an den Knaben gerichtete Drohung
hätte zur Entstehung seines abnormen Benehmens viel bei-
getragen. Es ist ganz ungefährlich. solche Konstruktionen
der Analysierten mitzuteilen, sie schaden der Analyse niemals, wenn sie irrig sind, und man spricht sie doch nicht
aus, wenn man nicht Aussicht hat, irgend eine Annäherung
an die Wirklichkeit durch sie zu erreichen. Als nächste Wirkung dieser Aufstellung traten Träume auf, deren Deutung
nicht vollkommen gelang, die aber immer um denselben Inhalt zu spielen schienen. Es handelte sich in ihnen, soweit
man sie verstehen konnte, um aggressive Handlungen des
Knaben gegen die Schwester oder gegen die Gouvernante und
um energische Zurechtweisungen und Züchtigungen dafür. Als

hätte er   nach dem Bad   die Schwester entblößen
ihr die Hüllen   oder Schleier   abreißen wollen und
ähnliches. Es gelang aber nicht, aus der Deutung einen sicheren
Inhalt zu gewinnen, und als man den Eindruck empfangen
hatte, es werde in diesen Träumen das nämliche Material in
immer wieder wechselnder Weise verarbeitet, war die Auffassung dieser angeblichen Reminiszenzen gesichert. Es konnte
sich nur um Phantasien handeln, die der Träumer irgend einmal, wahrscheinlich in den Pubertätsjahren, über seine Kindheit gemacht hatte und die jetzt in so schwer kenntlicher
Form wiederaufgetaucht waren.

Ihr Verständnis ergab sich mit einem Schlage, als der
Patient sich plötzlich der Tatsache besann, die Schwester
habe ihn ja, „als er noch sehr klein war, auf dem ersten Gut",
zu sexuellen Tätlichkeiten verführt. Zunächst kam die Erinnerung, daß sie auf dem Abort, den die Kinder häufig gemeinsam benützten, die Aufforderung vorgebracht: Wollen
wir uns den Popo zeigen, und dem Wort auch die Tat habe
folgen lassen. Späterhin stellte sich das Wesentlichere der
Verführung mit allen Einzelheiten der Zeit und der Lokalität
ein. Es war im Frühjahr, zu einer Zeit, da der Vater abwesend
war; die Kinder spielten auf dem Boden in einem Raum, während im benachbarten die Mutter arbeitete. Die Schwester
hatte nach seinem Glied gegriffen, damit gespielt und dabei
unbegreifliche Dinge über die Nanja wie zur Erklärung gesagt. Die Nanja tue dasselbe mit allen Leuten, z. B. mit dem
Gärtner, sie stelle ihn auf den Kopf und greife dann nach
seinen Genitalien.

Damit war das Verständnis der vorhin erratenen Phantasien gegeben. Sie sollten die Erinnerung an einen Vorgang,
welcher später dem männlichen Selbstgefühl des Patienten

anstößig erschien, verlöschen, und erreichten dieses Ziel, indem sie einen Wunschgegensatz an Stelle der historischen
Wahrheit setzten. Nach diesen Phantasien hatte nicht er die
passive Rolle gegen die Schwester gespielt, sondern im Gegenteile, er war aggressiv gewesen, hatte die Schwester entblößt
sehen wollen, war zurückgewiesen und bestraft worden und
darum in die Wut geraten, von der die häusliche Tradition
soviel erzählte. Zweckmäßig war es auch, die Gouvernante
in diese Dichtung zu verweben, der nun einmal von Mutter
und Großmutter die Hauptschuld an seinen Wutanfällen zuge-
teilt wurde. Diese Phantasien entsprachen also genau der
Sagenbildung, durch welche eine später große und stolze
Nation die Kleinheit und das Mißgeschick ihrer Anfänge zu
verhüllen sucht.

In Wirklichkeit konnte die Gouvernante an der Verführung und ihren Folgen nur einen sehr entlegenen Anteil
haben. Die Szenen mit der Schwester fanden im Frühjahr
des nämlichen Jahres statt, in dessen Hochsommermonaten
die Engländerin als Ersatz der abwesenden Eltern eintrat.
Die Feindseligkeit des Knaben gegen die Gouvernante kam
vielmehr auf eine andere Weise zu stande. Indem sie die
Kinderfrau beschimpfte und als Hexe verleumdete, trat sie
bei ihm in die Fußstapfen der Schwester, die zuerst jene un-
geheuerlichen Dinge von der Kinderfrau erzählt hatte, und
gestattete ihm so, an ihr die Abneigung zum Vorschein zu
bringen, die sich infolge der Verführung, wie wir hören werden, gegen die Schwester entwickelt hatte.

Die Verführung durch die Schwester war aber gewiß keine
Phantasie. Ihre Glaubwürdigkeit wurde durch eine niemals
vergessene Mitteilung aus späteren, reifen Jahren erhöht. Ein
um mehr als ein Jahrzehnt älterer Vetter hatte ihm in einem

Gespräch über die Schwester gesagt, er erinnere sich sehr wohl daran, was für vorwitzig sinnliches Ding sie gewesen sci. Als Kind von vier oder fünf Jahren habe sic sich einmal auf seinen Schoß gesetzt und ihm die Hose geöffnet, um nach seinem Glied zu greifen.

Ich möchte jetzt die Kindergeschichte meines Patienten unterbrechen, um von dieser Schwester, ihrer Entwicklung, weiteren Schicksalen und von ihrem Einfluß auf ihn zu sprechen. Sie war zwei Jahre älter als er und ihm immer voraus geblieben. Als Kind bubenhaft unbändig, schlug sie dann eine glänzende intellektuelle Entwicklung ein, zeichnete sich durch scharfen realistischen Verstand aus, bevorzugte die Naturwissenschaften in ihren Studien, produzierte aber auch Gedichte, die der Vater hoch einschätzte. Ihren zahlreichen ersten Bewerbern war sie geistig sehr überlegen, pflegte sich über sie lustig zu machen. In den ersten Zwanzigerjahren aber begann sie verstimmt zu werden, klagte, daß sie nicht schön genug sei, und zog sich von allem Umgang zurück. Auf eine Reise in Begleitung einer befreundeten älteren Dame geschickt, erzählte sie nach ihrer Heimkehr ganz unwahrscheinliche Dinge, wie sie von ihrer Begleiterin mißhandelt worden sei, blieb aber an die vorgebliche Peinigerin offenbar fixiert. Auf einer zweiten Reise bald nachher vergiftete sie sich und starb fern vom Hause. Wahrscheinlich entsprach ihre Affektion dem Beginne einer Dementia praecox. Sie war eine der Zeugen für die ansehnliche neuropathische Heredität in der Familie, keineswegs aber die einzige. Ein Onkel, Vaterbruder, starb nach langen Jahren einer Sonderlingsexistenz unter Zeichen, die auf eine schwere Zwangsneurose schließen lassen; eine gute Anzahl von Seitenverwandten war und ist mit leichteren nervösen Störungen behaftet.

Für unseren Patienten war die Schwester in der Kindheit
— von der Verführung zunächst abgesehen — ein unbequemer
Konkurrent um die Geltung bei den Eltern, dessen schonungs-
los gezeigte Überlegenheit er sehr drückend empfand. Er nei-
dete ihr dann besonders den Respekt, den der Vater vor ihren
geistigen Fähigkeiten und intellektuellen Leistungen be-
zeugte, während er, seit seiner Zwangsneurose intellektuell
gehemmt, sich mit einer geringen Einschätzung begnügen
mußte. Von seinem vierzehnten Jahr an begann das Verhältnis der Geschwister sich zu bessern; ähnliche geistige Anlage und gemeinsame Opposition gegen die Eltern führten
sie so weit zusammen, daß sie wie die besten Kameraden miteinander verkehrten. In der stürmischen sexuellen Erregtheit
seiner Pubertätszeit wagte er es, eine intime körperliche Annäherung bei ihr zu suchen. Als sie ihn ebenso entschieden
als geschickt abgewiesen hatte, wandte er sich von ihr sofort
zu einem kleinen Bauernmädchen, das im Hause bedienstet
war und den gleichen Namen wie die Schwester trug. Er hatte
damit einen für seine heterosexuelle Objektwahl bestimmenden
Schritt vollzogen, denn alle die Mädchen, in die er sich dann
später, oft unter den deutlichsten Anzeichen des Zwanges, verliebte, waren gleichfalls dienende Personen, deren Bildung
und Intelligenz weit hinter der seinigen zurückstehen mußten.
Waren alle diese Liebesobjekte Ersatzpersonen für die ihm
versagte Schwester, so ist nicht abzuweisen, daß eine
Tendenz zur Erniedrigung der Schwester, zur Aufhebung
ihrer intellektuellen Überlegenheit, die ihn einst so be-
drückt hatte, dabei die Entscheidung über seine Objektwahl
bekam.

Motiven dieser Art, die dem Willen zur Macht,
dem Behauptungstrieb des Individuums entstammen, hat Alf-

Adler wie alles andere so auch das sexuelle Verhalten der Menschen untergeordnet. Ich bin, ohne die Geltung solcher Macht- und Vorrechtsmotive je zu leugnen, nie davon überzeugt gewesen, daß sie die ihnen zugeschriebene dominierende und ausschließliche Rolle spielen können. Hätte ich die Analyse meines Patienten nicht bis zu Ende geführt, so hätte ich die Beobachtung dieses Falles zum Anlaß nehmen müssen, um eine Korrektur meines Vorurteils im Sinne von Adler vorzunehmen. Unerwarteterweise brachte der Schluß dieser Analyse neues Material, aus dem sich wiederum ergab, daß diese Machtmotive (in unserem Falle die Erniedrigungstendenz) die Objektwahl nur im Sinne eines Beitrags und einer Rationalisierung bestimmt hatten, während die eigentliche, tiefere Determinierung mir gestattete, an meinen früheren Überzeugungen festzuhalten.*)

Als die Nachricht vom Tode der Schwester anlangte, erzählte der Patient, empfand er kaum eine Andeutung von Schmerz. Er zwang sich zu Zeichen von Trauer und konnte sich in aller Kühle darüber freuen, daß er jetzt der alleinige Erbe des Vermögens geworden sei. Er befand sich schon seit mehreren Jahren in seiner rezenten Krankheit, als sich dies zutrug. Ich gestehe aber, daß diese eine Mitteilung mich in der diagnostischen Beurteilung des Falles für eine ganze Weile unsicher machte. Es war zwar anzunehmen, daß der Schmerz über den Verlust des geliebtesten Mitglieds seiner Familie eine Ausdruckshemmung durch die fortwirkende Eifersucht gegen sie und durch die Einmengung der unbewußt gewordenen inzestuösen Verliebtheit erfahren würde, aber auf einen Ersatz für den unterbliebenen Schmerzausbruch vermochte ich nicht zu verzichten. Ein solcher fand sich endlich in einer

*) S. unten S. 68 f.

2*

anderen, ihm unverständlich gebliebenen Gefühlsäußerung.
Wenige Monate nach dem Tode der Schwester machte er
selbst eine Reise in die Gegend, wo sie gestorben war, suchte
dort das Grab eines großen Dichters auf, der damals sein
Ideal war, und vergoß heiße Tränen auf diesem Grabe. Dies
war eine auch ihn befremdende Reaktion, denn er wußte,
daß mehr als zwei Menschenalter seit dem Tode des verehrten
Dichters dahingegangen waren. Er verstand sie erst, als er
sich erinnerte, daß der Vater die Gedichte der verstorbenen
Schwester mit denen des großen Poeten in Vergleich zu bringen pflegte. Einen anderen Hinweis auf die richtige Auffassung dieser scheinbar an den Dichter gerichteten Hul-
digung hatte er mir durch einen Irrtum in seiner Erzählung
gegeben, den ich an dieser Stelle hervorziehen konnte. Er
hatte vorher wiederholt angegeben, daß sich die Schwester
erschossen habe, und mußte dann berichtigen, daß sie Gift
genommen hatte. Der Poet aber war in einem Pistolenduell
erschossen worden.

Ich kehre nun zur Geschichte des Bruders zurück, die
ich aber von hier ein Stück weit pragmatisch darstellen muß.
Als das Alter des Knaben zur Zeit, da die Schwester ihre Ver-
führungsaktionen begann, stellte sich $3^1/_4$—$3^1/_2$ Jahre heraus.
Es geschah, wie gesagt, im Frühjahr desselben Jahres, in
dessen Sommer die englische Gouvernante auftrat, in dessen
Herbst die Eltern ihn bei ihrer Rückkehr so gründlich verwandelt fanden. Es liegt nun sehr nahe, diese Wandlung mit
der unterdes stattgehabten Erweckung seiner Sexualtätigkeit in Zusammenhang zu bringen.

Wie reagierte der Knabe auf die Verlockungen der älteren Schwester? Die Antwort lautet: mit Ablehnung, aber
die Ablehnung galt der Person, nicht der Sache. Die Schwe-

ster war ihm als Sexualobjekt nicht genehm, wahrscheinlich,
weil sein Verhältnis zu ihr bereits durch den Wettbewerb um
die Liebe der Eltern im feindseligen Sinne bestimmt war.
Er wich ihr aus und ihre Werbungen nahmen auch bald ein
Ende. Aber er suchte an ihrer Statt eine andere, geliebtere
Person zu gewinnen, und die Mitteilungen der Schwester selbst,
die sich auf das Vorbild der Nanja berufen hatte, lenkten
seine Wahl auf diese. Er begann also vor der Nanja mit
seinem Glied zu spielen, was, wie in so vielen anderen Fällen,
wenn die Kinder die Onanie nicht verbergen, als Verführungsversuch aufgefaßt werden muß. Die Nanja enttäuschte ihn,
sie machte ein ernstes Gesicht und erklärte, das sei nicht
gut. Kinder, die das täten, bekämen an der Stelle eine
„Wunde".

Die Wirkung dieser Mitteilung, die einer Drohung gleich-
kam, ist nach verschiedenen Richtungen zu verfolgen. Seine
Anhänglichkeit an die Nanja wurde dadurch gelockert. Er
hätte böse auf sie werden können; später, als seine Wutanfälle einsetzten, zeigte es sich auch, daß er wirklich gegen
sie erbittert war. Allein es war für ihn charakteristisch, daß
er jede Libidoposition, die er aufgeben sollte, zunächst hartnäckig gegen das Neue verteidigte. Als die Gouvernante auf
dem Schauplatz erschien und die Nanja beschimpfte, aus dem
Zimmer jagte, ihre Autorität vernichten wollte, übertrieb er
vielmehr seine Liebe zu der Bedrohten und benahm sich abweisend und trotzig gegen die angreifende Gouvernante.
Nichtsdestoweniger begann er im geheimen ein anderes Sexualobjekt zu suchen. Die Verführung hatte ihm das passive
Sexualziel gegeben, an den Genitalien berührt zu werden;
wir werden hören, bei wem er dies erreichen wollte, und
welche Wege ihn zu dieser Wahl führten.

Es entspricht ganz unseren Erwartungen, wenn wir hö-
ren, daß mit seinen ersten genitalen Erregungen seine Sexualforschung einsetzte, und daß er bald auf das Problem der
Kastration geriet. Er konnte in dieser Zeit zwei Mädchen,
seine Schwester und ihre Freundin, beim Urinieren beobachten.
Sein Scharfsinn hätte ihm schon bei diesem Anblicke den
Sachverhalt verstehen lassen können, allein er benahm sich
dabei, wie wir es von anderen männlichen Kindern wissen.
Er lehnte die Idee, daß er hier die von der Nanja angedrohte
Wunde bestätigt sehe, ab, und gab sich die Erklärung, das
sei der „vordere Popo“ der Mädchen. Das Thema der Kastration war mit dieser Entscheidung nicht abgetan; aus
allem, was er hörte, entnahm er neue Hindeutungen darauf.
Als den Kindern einmal gefärbte Zuckerstangen verteilt wurden, erklärte die Gouvernante, die zu wüsten Phantasien geneigt war, es seien Stücke von zerschnittenen Schlangen. Von
da aus erinnerte er sich, daß der Vater einmal auf einem
Spazierweg eine Schlange getroffen und sie mit seinem Stock
in Stücke zerschlagen habe. Er hörte die Geschichte (aus
Reineke Fuchs) vorlesen, wie der Wolf im Winter Fische fangen wollte und seinen Schwanz als Köder benützte, wobei
der Schwanz im Eis abbrach. Er erfuhr die verschiedenen
Namen, mit denen man je nach der Intaktheit ihres Geschlechts
die Pferde bezeichnet. Er war also mit Gedanken an die Kastration beschäftigt, aber er hatte noch keinen Glauben daran
und keine Angst davor. Andere Sexualprobleme erstanden ihm
aus den Märchen, die ihm um diese Zeit bekannt wurden.
Im „Rotkäppchen“ und in den „Sieben Geißlein“ wurden die
Kinder aus dem Leib des Wolfes herausgeholt. War der Wolf
also ein weibliches Wesen oder konnten auch Männer Kinder
im Leib haben? Das war um diese Zeit noch nicht entschieden.

Übrigens kannte er zur Zeit dieser Forschung noch keine Angst vor dem Wolf.

Eine der Mitteilungen des Patienten wird uns den Weg zum Verständnis der Charakterveränderung bahnen, die während der Abwesenheit der Eltern im entfernteren Anschluß an die Verführung bei ihm hervortrat. Er erzählt, daß er nach der Abweisung und Drohung der Nanja die Onanie sehr bald aufgab. Das beginnende Sexualleben unter der Leitung der Genitalzone war also einer äußeren Hemmung erlegen und durch deren Einfluß auf eine frühere Phase prägenitaler Organisation zurückgeworfen worden. Infolge der Unterdrückung der Onanie nahm das Sexualleben des Knaben sadistisch-analen Charakter an. Er wurde reizbar und quälerisch, befriedigte sich in solcher Weise an Tieren und Menschen. Sein Hauptobjekt war die geliebte Nanja, die er zu peinigen verstand, bis sie in Tränen ausbrach. So rächte er sich an ihr für die erfahrene Abweisung und befriedigte gleichzeitig sein sexuelles Gelüste in der der regressiven Phase entsprechenden Form. Er begann Grausamkeit gegen kleine Tiere zu üben, Fliegen zu fangen, um ihnen die Flügel auszureißen, Käfer zu zertreten; in seiner Phantasie liebte er es, auch große Tiere, Pferde, zu schlagen. Das waren also durchwegs aktive, sadistische Betätigungen; von den analen Regungen dieser Zeit wird in einem späteren Zusammenhange die Rede sein.

Es ist sehr wertvoll, daß in der Erinnerung des Patienten auch gleichzeitige Phantasien ganz anderer Art auftauchten, des Inhalts, daß Knaben gezüchtigt und geschlagen wurden, besonders auf den Penis geschlagen; und für wen diese anonymen Objekte als Prügelknaben dienten, läßt sich leicht aus anderen Phantasien erraten, die sich ausmalten, wie der

Thronfolger in einen engen Raum eingesperrt und geschlagen
wird. Der Thronfolger war offenbar er selbst; der Sadismus
hätte sich also in der Phantasie gegen die eigene Person gewendet und war in Masochismus umgeschlagen. Das Detail,
daß das Geschlechtsglied selbst die Züchtigung empfing, läßt
den Schluß zu, daß bei dieser Umwandlung bereits ein Schuldbewußtsein beteiligt war, welches sich auf die Onanie berief.

Es blieb in der Analyse kein Zweifel, daß diese passiven
Strebungen gleichzeitig oder sehr bald nach den aktiv-sadistischen aufgetreten waren.*) Dies entspricht der ungewöhnlich deutlichen, intensiven und anhaltenden A m b i v a l e n z des
Kranken, die sich hier zum erstenmal in der gleichmäßigen
Ausbildung der gegensätzlichen Partialtriebpaare äußerte.
Dieses Verhalten blieb für ihn auch in der Folge ebenso charakteristisch wie der weitere Zug, daß eigentlich keine der
jemals geschaffenen Libidopositionen durch eine spätere völlig
aufgehoben wurde. Sie blieb vielmehr neben allen anderen
bestehen und gestattete ihm ein unausgesetztes Schwanken,
welches sich mit dem Erwerb eines fixierten Charakters unvereinbar erwies.

Die masochistischen Strebungen des Knaben leiten zu
einem anderen Punkt über, dessen Erwähnung ich mir auf-
gespart habe, weil er erst durch die Analyse der nächstfolgenden Phase seiner Entwicklung sichergestellt werden kann.
Ich erwähnte schon, daß er nach der Abweisung durch die
Nanja seine libidinöse Erwartung von ihr löste und eine
andere Person als Sexualobjekt in Aussicht nahm. Diese
Person war der damals abwesende Vater. Zu dieser

---

*) Unter passiven Strebungen verstehe ich solche mit passivem
Sexualziel, habe aber dabei nicht etwa eine Triebverwandlung, sondern
nur eine Zielverwandlung im Auge.

Wahl wurde er gewiß durch ein Zusammentreffen von Momenten geführt, auch durch zufällige wie die Erinnerung an die Zerstückelung der Schlange; vor allem aber erneuerte er damit seine erste und ursprünglichste Objektwahl, die sich dem Narzißmus des kleinen Kindes entsprechend auf dem Wege der Identifizierung vollzogen hatte. Wir haben schon gehört, daß der Vater sein bewundertes Vorbild gewesen war, daß er, gefragt, was er werden wollte, zu antworten pflegte: ein Herr wie der Vater. Dies Identifizierungsobjekt seiner aktiven Strömung wurde nun das Sexualobjekt einer passiven Strömung in der sadistisch-analen Phase. Es macht den Eindruck, als hätte ihn die Verführung durch die Schwester in die passive Rolle gedrängt und ihm ein passives Sexualziel gegeben. Unter dem fortwirkenden Einfluß dieses Erlebnisses beschrieb er nun den Weg von der Schwester über die Nanja zum Vater, von der passiven Einstellung zum Weib bis zu der zum Manne und hatte dabei doch die Anknüpfung an seine frühere spontane Entwicklungsphase gefunden. Der Vater war jetzt wieder sein Objekt, die Identifizierung war der höheren Entwicklung entsprechend durch Objektwahl abgelöst, die Verwandlung der aktiven in eine passive Einstellung war der Erfolg und das Zeichen der dazwischen vorgefallenen Verführung. Eine aktive Einstellung gegen den übermächtigen Vater in der sadistischen Phase wäre natürlich nicht so leicht durchführbar gewesen. Als der Vater im Spätsommer oder Herbst zurückkam, bekamen seine Wutanfälle und Tobszenen eine neue Verwendung. Gegen die Nanja hatten sie aktiv-sadistischen Zwecken gedient; gegen den Vater verfolgten sie masochistische Absichten. Er wollte durch die Vorführung seiner Schlimmheit Züchtigung und Schläge von seiten des Vaters erzwingen, sich so bei ihm die erwünschte

masochistische Sexualbefriedigung holen. Seine Schreianfälle
waren also geradezu Verführungsversuche. Der Motivierung
des Masochismus entsprechend hätte er bei solcher Züchtigung
auch die Befriedigung seines Schuldgefühls gefunden. Eine
Erinnerung hat ihm aufbewahrt, wie er während einer solchen Szene von Schlimmheit sein Schreien verstärkt, sobald
der Vater zu ihm kommt. Der Vater schlägt ihn aber nicht,
sondern sucht ihn zu beschwichtigen, indem er mit den Pol-
stern des Bettchens vor ihm Ball spielt.

Ich weiß nicht, wie oft die Eltern und Erzieher angesichts
der unerklärlichen Schlimmheit des Kindes Anlaß hätten, sich
dieses typischen Zusammenhanges zu erinnern. Das Kind, das
sich so unbändig benimmt, legt ein Geständnis ab und will
Strafe provozieren. Es sucht in der Züchtigung gleichzeitig
die Beschwichtigung seines Schuldbewußtseins und die Befriedigung seiner masochistischen Sexualstrebung.

Die weitere Klärung unseres Krankheitsfalles verdanken
wir nun der mit großer Bestimmtheit auftretenden Erinnerung,
daß alle Angstsymptome erst von einem gewissen Vorfall an
zu den Zeichen der Charakteränderung hinzugetreten seien.
Vorher habe es keine Angst gegeben und unmittelbar nach
dem Vorfall habe sich die Angst in quälender Form geäußert.
Der Zeitpunkt dieser Wandlung läßt sich mit Sicherheit angeben, es war knapp vor dem vierten Geburtstag. Die Kinderzeit, mit der wir uns beschäftigen wollten, zerlegt sich dank
diesem Anhaltspunkte in zwei Phasen, eine erste der Schlimmheit und Perversität von der Verführung mit $3^1/_4$ Jahren bis
zum vierten Geburtstag, und eine längere darauffolgende, in
der die Zeichen der Neurose vorherrschen. Der Vorfall aber,
der diese Scheidung gestattet, war kein äußeres Trauma, sondern ein Traum, aus dem er mit Angst erwachte.

IV. DER TRAUM UND DIE URSZENE.

Ich habe diesen Traum wegen seines Gehalts an Märchenstoffen bereits an anderer Stelle publiziert*) und werde zunächst das dort Mitgeteilte wiederholen:

,Ich habe geträumt, daß es Nacht ist und ich in meinem Bett liege, (mein Bett stand mit dem Fußende gegen das Fenster, vor dem Fenster befand sich eine Reihe alter Nußbäume. Ich weiß, es war Winter, als ich träumte und Nachtzeit). Plötzlich geht das Fenster von selbst auf, und ich sehe mit großem Schrecken, daß auf dem großen Nußbaum vor dem Fenster ein paar weiße Wölfe sitzen. Es waren sechs oder sieben Stück. Die Wölfe waren ganz weiß und sahen eher aus wie Füchse oder Schäferhunde, denn sie hatten große Schwänze wie Füchse und ihre Ohren waren aufgestellt wie bei den Hunden, wenn sie auf etwas passen. Unter großer Angst, offenbar von den Wölfen aufgefressen zu werden, schrie ich auf und erwachte. Meine Kinderfrau eilte zu meinem Bett, um nachzusehen, was mit mir geschehen war. Es dauerte eine ganze Weile, bis ich überzeugt war, es sei nur ein Traum gewesen, so natürlich und deutlich war mir das Bild vorgekommen, wie das Fenster aufgeht und die Wölfe auf dem Baume sitzen. Endlich beruhigte ich mich, fühlte mich wie von einer Gefahr befreit und schlief wieder ein.'

„Die einzige Aktion im Traume war das Aufgehen des Fensters, denn die Wölfe saßen ganz ruhig ohne jede Bewegung auf den Ästen des Baumes, rechts und links vom

---

*) Märchenstoffe in Träumen. Int. Zeitschr. f. ärztl. Psychoanalyse, Bd. I, 1913. (Diese Sammlung VIII.)

Stamm und schauten mich an. Es sah so aus, als ob sie ihre
ganze Aufmerksamkeit auf mich gerichtet hätten. — Ich
glaube, dies war mein erster Angsttraum. Ich war damals
drei, vier, höchstens fünf Jahre alt. Bis in mein elftes oder
zwölftes Jahr hatte ich von da an immer Angst, etwas Schreckliches im Traume zu sehen."

Er gibt dann noch eine Zeichnung des Baumes mit den
Wölfen, die seine Beschreibung bestätigt (Fig. 1). Die Analyse
des Traumes fördert nachstehendes Material zu Tage.

Er hat diesen Traum immer in Beziehung zu der Erinnerung gebracht, daß er in diesen Jahren der Kindheit eine
ganz ungeheuerliche Angst vor dem Bild eines Wolfes in
einem Märchenbuche zeigte. Die ältere, ihm recht überlegene

Schwester pflegte ihn zu necken, indem sie ihm unter irgend
einem Vorwand gerade dieses Bild vorhielt, worauf er ent-
setzt zu schreien begann. Auf diesem Bild stand der Wolf
aufrecht, mit einem Fuß ausschreitend, die Tatzen ausgestreckt und die Ohren aufgestellt. Er meint, dieses Bild habe
als Illustration zum Märchen von R o t k ä p p c h e n gehört.

Warum sind die Wölfe weiß? Das läßt ihn an die Schafe
denken, von denen große Herden in der Nähe des Gutes gehalten wurden. Der Vater nahm ihn gelegentlich mit, diese
Herden zu besuchen, und er war dann jedesmal sehr stolz
und selig. Später — nach eingezogenen Erkundigungen kann
es leicht kurz vor der Zeit dieses Traumes gewesen sein. —
brach unter diesen Schafen eine Seuche aus. Der Vater ließ
einen P a s t e u r schüler kommen, der die Tiere impfte, aber
sie starben nach der Impfung noch zahlreicher als vorhin.

Wie kommen die Wölfe auf den Baum? Dazu fällt ihm
eine Geschichte ein, die er den Großvater erzählen gehört.
Er kann sich nicht erinnern, ob vor oder nach dem Traum,
aber ihr Inhalt spricht entschieden für das erstere. Die Geschichte lautet: Ein Schneider sitzt in seinem Zimmer bei
der Arbeit, da öffnet sich das Fenster und ein Wolf springt
herein. Der Schneider schlägt mit der Elle nach ihm — nein,
verbessert er sich, packt ihn beim Schwanz und reißt ihm
diesen aus, so daß der Wolf erschreckt davonrennt. Eine Weile
später geht der Schneider in den Wald und sieht plötzlich
ein Rudel Wölfe herankommen, vor denen er sich auf einen
Baum flüchtet. Die Wölfe sind zunächst ratlos, aber der verstümmelte, der unter ihnen ist und sich am Schneider rächen will, macht den Vorschlag, daß einer auf den anderen
steigen soll, bis der letzte den Schneider erreicht hat. Er
selbst — es ist ein kräftiger Alter — will die Basis dieser

Pyramide machen. Die Wölfe tun so, aber der Schneider hat
den gezüchtigten Besucher erkannt und ruft plötzlich wie
damals: Packt den Grauen beim Schwanz. Der schwanzlose
Wolf erschrickt bei dieser Erinnerung, läuft davon und die
anderen purzeln alle herab.

In dieser Erzählung findet sich der Baum vor, auf dem
im Traum die Wölfe sitzen. Sie enthält aber auch eine unzweideutige Anknüpfung an den Kastrationskomplex. Der
alte Wolf ist vom Schneider um den Schwanz gebracht worden. Die Fuchsschwänze der Wölfe im Traum sind wohl Kom-
pensationen dieser Schwanzlosigkeit.

Warum sind es sechs oder sieben Wölfe? Diese Frage
schien nicht zu beantworten, bis ich den Zweifel aufwarf,
ob sich sein Angstbild auf das Rotkäppchenmärchen bezogen
haben könne. Dies Märchen gibt nur Anlaß zu zwei Illustrationen, zur Begegnung des Rotkäppchens mit dem Wolf
im Walde und zur Szene, wo der Wolf mit der Haube der
Großmutter im Bette liegt. Es müsse sich also ein anderes
Märchen hinter der Erinnerung an das Bild verbergen. Er
fand dann bald, daß es nur die Geschichte vom Wolf und
den sieben Geißlein sein könne. Hier findet sich die
Siebenzahl, aber auch die sechs, denn der Wolf frißt nur sechs
Geißlein auf. das siebente versteckt sich im Uhrkasten. Auch
das Weiß kommt in dieser Geschichte vor, denn der Wolf
läßt sich beim Bäcker die Pfote weiß machen, nachdem ihn
die Geißlein bei seinem ersten Besuch an der grauen Pfote
erkannt haben. Beide Märchen haben übrigens viel Gemeinsames. In beiden findet sich das Auffressen, das Bauchauf-
schneiden, die Herausbeförderung der gefressenen Personen,
deren Ersatz durch schwere Steine, und endlich kommt in
beiden der böse Wolf um. Im Märchen von den Geißlein kommt

auch noch der Baum vor. Der Wolf legt sich nach der Mahlzeit unter einen Baum und schnarcht.

Ich werde mich mit diesem Traum wegen eines besonderen Umstandes noch an anderer Stelle beschäftigen müssen und ihn dann eingehender deuten und würdigen. Es ist ja ein erster aus der Kindheit erinnerter Angsttraum, dessen Inhalt im Zusammenhang mit anderen Träumen, die bald nachher erfolgten, und mit gewissen Begebenheiten in der Kinderzeit des Träumers ein Interesse von ganz besonderer Art wachruft. Hier beschränken wir uns auf die Beziehung des Traumes zu zwei Märchen, die viel Gemeinsames haben, zum „Rotkäppchen" und zum „Wolf und die sieben Geißlein" Der Eindruck dieser Märchen äußerte sich bei dem kindlichen Träumer in einer richtigen Tierphobie, die sich von anderen ähnlichen Fällen nur dadurch auszeichnete, daß das Angsttier nicht ein der Wahrnehmung leicht zugängliches Objekt war (wie etwa Pferd und Hund), sondern nur aus Erzählung und Bilderbuch gekannt.

Ich werde ein andermal auseinandersetzen, welche Erklärung diese Tierphobien haben und welche Bedeutung ihnen zukommt. Vorgreifend bemerke ich nur, daß diese Erklärung sehr zu dem Hauptcharakter stimmt, welche die Neurose des Träumers in späteren Lebenszeiten erkennen ließ. Die Angst vor dem Vater war das stärkste Motiv seiner Erkrankung gewesen, und die ambivalente Einstellung zu jedem Vaterersatz beherrschte sein Leben wie sein Verhalten in der Behandlung.

Wenn der Wolf bei meinem Patienten nur der erste Vaterersatz war, so fragt es sich, ob die Märchen vom Wolf, der die Geißlein auffrißt, und vom Rotkäppchen etwas anderes als die infantile Angst vor dem Vater zum geheimen Inhalt

haben.*) Der Vater meines Patienten hatte übrigens die Eigentümlichkeit des „zärtlichen Schimpfens", die so viele
Personen im Umgang mit ihren Kindern zeigen, und die
scherzhafte Drohung: „Ich fress' dich auf" mag in den ersten
Jahren, als der später strenge Vater mit dem Söhnlein zu
spielen und zu kosen pflegte, mehr als einmal geäußert worden sein. Eine meiner Patienten erzählte mir, daß ihre beiden Kinder den Großvater nie lieb gewinnen konnten, weil
er sie in seinem zärtlichen Spiel zu schrecken pflegte, er
werde ihnen den Bauch aufschneiden. —

Lassen wir nun all das bei seite, was in diesem Aufsatze
der Verwertung des Traumes vorgreift, und kehren wir zu
seiner nächsten Deutung zurück. Ich will bemerken, daß diese
Deutung eine Aufgabe war, deren Lösung sich durch mehrere
Jahre hinzog. Der Patient hatte den Traum sehr frühzeitig
mitgeteilt und sehr bald meine Überzeugung angenommen,
daß hinter ihm die Verursachung seiner infantilen Neurose
verborgen sei. Wir kamen im Laufe der Behandlung oft auf
den Traum zurück, aber erst in den letzten Monaten der Kur
gelang es, ihn ganz zu verstehen, und zwar dank der spontanen Arbeit des Patienten. Er hatte immer hervorgehoben,
daß zwei Momente des Traumes den größten Eindruck auf
ihn gemacht hätten, erstens die völlige Ruhe und Unbeweg-
lichkeit der Wölfe und zweitens die gespannte Aufmerksamkeit,
mit der sie alle auf ihn schauten. Auch das nachhaltige Wirk-
lichkeitsgefühl, in das der Traum auslief, erschien ihm
beachtenswert.

An dies letztere wollen wir anknüpfen. Wir wissen aus

---

*) Vgl. die von O. Rank hervorgehobene Ähnlichkeit dieser beiden
Märchen mit dem Mythus von Kronos. (Völkerpsychologische Parallelen zu
den infantilen Sexualtheorien; Zentralblatt f. Psychoanalyse, II, 8.)

den Erfahrungen der Traumdeutung, daß diesem Wirklich-
keitsgefühl eine bestimmte Bedeutung zukommt. Es ver-
sichert uns, daß etwas in dem latenten Material des Traumes
den Anspruch auf Wirklichkeit in der Erinnerung erhebt, also
daß der Traum sich auf eine Begebenheit bezieht, die wirklich vorgefallen und nicht bloß phantasiert worden ist. Natürlich kann es sich nur um die Wirklichkeit von etwas Un-
bekanntem handeln; die Überzeugung z. B., daß der Großvater wirklich die Geschichte vom Schneider und vom Wolf
erzählt, oder daß ihm wirklich die Märchen vom Rotkäppchen
und von den sieben Geißlein vorgelesen worden waren, könnte
sich niemals durch das den Traum überdauernde Wirklich-
keitsgefühl ersetzen. Der Traum schien auf eine Begebenheit
hinzudeuten, deren Realität so recht im Gegensatz zur Ir-
realität der Märchen betont wird.

Wenn eine solche unbekannte, d. h. zur Zeit des Traumes
bereits vergessene Szene hinter dem Inhalt des Traumes anzunehmen war, so mußte sie sehr früh vorgefallen sein. Der
Träumer sagt ja: ich war, als ich den Traum hatte, drei,
vier, höchstens fünf Jahre alt. Wir können hinzufügen: und
wurde durch den Traum an etwas erinnert, was einer noch
früheren Zeit angehört haben mußte.

Zum Inhalt dieser Szene mußte führen, was der Träumer
aus dem manifesten Trauminhalt hervorhob, die Momente
des aufmerksamen Schauens und der Bewegungslosigkeit. Wir
erwarten natürlich, daß dies Material das unbekannte Material der Szene in irgend einer Entstellung wiederbringt,
vielleicht sogar in der Entstellung zur Gegensätzlichkeit.

Aus dem Rohstoff, welchen die erste Analyse mit dem
Patienten ergeben hatte, waren gleichfalls mehrere Schlüsse
zu ziehen, die in dem gesuchten Zusammenhang einzufügen

waren. Hinter der Erwähnung der Schafzucht waren die Belege für seine Sexualforschung zu suchen, deren Interessen
er bei seinen Besuchen mit dem Vater befriedigen konnte,
aber auch Andeutungen von Todesangst mußten dabei sein,
denn die Schafe waren ja zum größten Teil an der Seuche
gestorben. Was im Traum das vordringlichste war, die Wölfe
auf dem Baume, führte direkt zur Erzählung des Großvaters,
an welcher kaum etwas anderes als die Anknüpfung an das
Kastrationsthema das Fesselnde und den Traum Anregende
gewesen sein konnte.

Wir hatten aus der ersten unvollständigen Analyse des
Traumes ferner erschlossen, daß der Wolf ein Vaterersatz
sei, so daß dieser erste Angsttraum jene Angst vor dem Vater
zum Vorschein gebracht hätte, welche von nun an sein Leben beherrschen sollte. Dieser Schluß selbst war allerdings
noch nicht verbindlich. Wenn wir aber als Ergebnis der vor-
läufigen Analyse zusammenstellen, was sich aus dem vom
Träumer gelieferten Material ableitet, so liegen uns etwa folgende Bruchstücke zur Rekonstruktion vor:

Eine wirkliche Begebenheit — aus sehr früher Zeit — Schauen — Unbewegtheit — Sexualprobleme — Kastration — der Vater — etwas
Schreckliches.

Eines Tages begann der Patient die Deutung des Traumes fortzusetzen. Die Stelle des Traumes, meinte er, in der
es heißt: Plötzlich geht das Fenster von selbst auf. ist durch
die Beziehung zum Fenster, an dem der Schneider sitzt, und
durch das der Wolf ins Zimmer kommt, nicht ganz aufgeklärt. Es muß die Bedeutung haben: die Augen gehen plötzlich auf. Also ich schlafe und erwache plötzlich, dabei sehe
ich etwas: den Baum mit den Wölfen. Dagegen war nichts

einzuwenden, aber es ließ weitere Ausnützung zu. Er war erwacht und hatte etwas zu sehen bekommen. Das aufmerksame Schauen, das im Traum den Wölfen zugeschrieben wird, ist vielmehr auf ihn zu schieben. Da hatte an einem entscheidenden Punkte eine Verkehrung stattgefunden, die sich übrigens durch eine andere Verkehrung im manifesten Trauminhalt anzeigt. Es war ja auch eine Verkehrung, wenn die Wölfe auf dem Baum saßen, während sie sich in der Erzählung des Großvaters unten befanden und nicht auf den Baum steigen konnten.

Wenn nun auch das andere vom Träumer betonte Moment durch eine Verkehrung oder Umkehrung entstellt wäre? Dann müßte es anstatt Bewegungslosigkeit (die Wölfe sitzen regungslos da, schauen auf ihn, aber rühren sich nicht) heißen: heftigste Bewegung. Er ist also plötzlich erwacht und hat eine Szene von heftiger Bewegtheit vor sich gesehen, auf die er mit gespannter Aufmerksamkeit schaute. In dem einen Falle bestünde die Entstellung in einer Vertauschung von Subjekt und Objekt, Aktivität und Passivität, angeschaut werden anstatt anschauen, im anderen Falle in einer Verwandlung ins Gegenteil: Ruhe anstatt Bewegtheit.

Einen weiteren Fortschritt im Verständnis des Traumes brachte ein andermal der plötzlich auftauchende Einfall: Der Baum ist der Weihnachtsbaum. Jetzt wußte er, der Traum war kurz vor Weihnachten in der Weihnachtserwartung geträumt worden. Da der Weihnachtstag auch sein Geburtstag war, ließ sich der Zeitpunkt des Traumes und der von ihm ausgehenden Wandlung nun mit Sicherheit feststellen. Es war knapp vor seinem vierten Geburtstag. Er war also eingeschlafen in der gespannten Erwartung des Tages, der ihm eine doppelte Beschenkung bringen sollte. Wir wis-

sen, daß das Kind unter solchen Verhältnissen leicht die Erfüllung seiner Wünsche im Traum antizipiert. Es war also
schon Weihnacht im Traume, der Inhalt des Traumes zeigte
ihm seine Bescherung, am Baume hingen die für ihn bestimmten Geschenke. Aber anstatt der Geschenke waren es
— Wölfe geworden, und der Traum endigte damit, daß er
Angst bekam, vom Wolf (wahrscheinlich vom Vater) gefressen zu werden, und seine Zuflucht zur Kinderfrau nahm.
Die Kenntnis seiner Sexualentwicklung vor dem Traum macht
es uns möglich, die Lücke im Traume auszufüllen und die
Verwandlung der Befriedigung in Angst aufzuklären. Unter
den traumbildenden Wünschen muß sich als der stärkste, der
nach der sexuellen Befriedigung geregt haben, die er damals
vom Vater ersehnte. Der Stärke dieses Wunsches gelang es,
die längst vergessene Erinnerungsspur einer Szene aufzufrischen, die ihm zeigen konnte, wie die Sexualbefriedigung
durch den Vater aussah, und das Ergebnis war Schreck, Entsetzen vor der Erfüllung dieses Wunsches, Verdrängung der
Regung, die sich durch diesen Wunsch dargestellt hatte, und
darum Flucht vom Vater weg zur ungefährlicheren Kinderfrau.

Die Bedeutung dieses Weihnachtstermins war in der angeblichen Erinnerung erhalten geblieben, daß er den ersten
Wutanfall bekommen, weil er von den Weihnachtsgeschenken
unbefriedigt gewesen war. Die Erinnerung zog Richtiges und
Falsches zusammen, sie konnte nicht ohne Abänderung Recht
haben, denn nach den oft wiederholten Aussagen der Eltern
war seine Schlimmheit bereits nach deren Rückkehr im Herbst
und nicht erst zu Weihnachten aufgefallen, aber das Wesentliche der Beziehungen zwischen mangelnder Liebesbefriedi-
gung, Wut und Weihnachtszeit war in der Erinnerung festgehalten worden.

Welches Bild konnte aber die nächtlicherweise wirkende sexuelle Sehnsucht heraufbeschworen haben, das im stande war, so intensiv von der gewünschten Erfüllung abzuschrecken? Dieses Bild mußte nach dem Material der Analyse eine Bedingung erfüllen, es mußte geeignet sein, die Überzeugung von der Existenz der Kastration zu begründen. Die Kastrationsangst wurde dann der Motor der Affektverwandlung.

Hier kommt nun die Stelle, an der ich die Anlehnung an den Verlauf der Analyse verlassen muß. Ich fürchte, es wird auch die Stelle sein, an der der Glaube der Leser mich verlassen wird.

Was in jener Nacht aus dem Chaos der unbewußten Eindrucksspuren aktiviert wurde, war das Bild eines Koitus zwischen den Eltern unter nicht ganz gewöhnlichen und für die Beobachtung besonders günstigen Umständen. Es gelang allmählich, für alle Fragen, die sich an diese Szene knüpfen konnten, befriedigende Antworten zu erhalten, indem jener erste Traum im Verlauf der Kur in ungezählten Abänderungen und Neuauflagen wiederkehrte, zu denen die Analyse die gewünschten Aufklärungen lieferte. So stellte sich zunächst das Alter des Kindes bei der Beobachtung heraus, etwa $1\frac{1}{2}$ Jahre.*) Er litt damals an Malaria, deren Anfall täglich zu bestimmter Stunde wiederkehrte.**) Von seinem zehnten Jahr an war er zeitweise Stimmungen von Depression unterworfen, die am Nachmittag einsetzten und um die fünfte Stunde ihre Höhe erreichten. Dieses Symptom bestand noch zur Zeit der analytischen Behandlung. Die wiederkehrende Depression er-

---

*) Daneben käme mit weit geringerer Wahrscheinlichkeit, eigentlich kaum haltbar das Alter von $1/2$ Jahr in Betracht.

**) Vgl. die späteren Umbildungen dieses Moments in der Zwangsneurose. In den Träumen während der Kur Ersetzung durch einen heftigen Wind.

setzte den damaligen Fieber- oder Mattigkeitsanfall; die
fünfte Stunde war entweder die Zeit der Fieberhöhe oder
die der Koitusbeobachtung, wenn nicht beide Zeiten zusammen-
fallen.*) Er befand sich wahrscheinlich gerade dieses Krankseins wegen im Zimmer der Eltern. Diese auch durch direkte
Tradition erhärtete Erkrankung legt uns nahe, den Vorfall
in den Sommer zu verlegen und damit für den am Weihnachtstag Geborenen ein Alter von $n + 1\frac{1}{2}$ Jahr anzunehmen.
Er hatte also im Zimmer der Eltern in seinem Bettchen geschlafen und erwachte, etwa infolge des steigenden Fiebers,
am Nachmittag, vielleicht um die später durch Depression
ausgezeichnete fünfte Stunde. Es stimmt zur Annahme eines
heißen Sommertages, wenn sich die Eltern halb entkleidet**)
zu einem Nachmittagsschläfchen zurückgezogen hatten. Als er
erwachte, wurde er Zeuge eines dreimal wiederholten***) Coitus a tergo, konnte das Genitale der Mutter wie das Glied
des Vaters sehen und verstand den Vorgang wie dessen Bedeutung.†) Endlich störte er den Verkehr der Eltern auf eine
Weise, von der späterhin die Rede sein wird.

---

*) Man bringe damit zusammen, daß der Patient zu seinem Traum
nur f ü n f Wölfe gezeichnet hat, obwohl der Text des Traumes von 6 oder 7
spricht

**) In weißer Wäsche, die w e i ß e n Wölfe.

***) Woher dreimal? Er stellte plötzlich einmal die Behauptung auf,
daß ich dieses Detail durch Deutung eruiert hätte. Das traf nicht zu.
Es war ein spontaner, weiterer Kritik entzogener Einfall, den er nach
seiner Gewohnheit mir zuschob und ihn durch diese Projektion vertrauens-
würdig machte.

†) Ich meine, er verstand ihn zur Zeit des Traumes mit 4 Jahren,
nicht zur Zeit der Beobachtung. Mit $1\frac{1}{2}$ Jahren holte er sich die Eindrücke, deren nachträgliches Verständnis ihm zur Zeit des Traumes durch
seine Entwicklung, seine sexuellen Erregungen und seine Sexualforschung
ermöglicht wurde.

Im Grunde ist es nichts Außerordentliches, macht nicht den Eindruck des Produkts einer ausschweifenden Phantasie, daß ein junges, erst wenige Jahre verheiratetes Ehepaar an einen Nachmittagsschlaf zu heißer Sommerszeit einen zärtlichen Verkehr anschließt und sich dabei über die Gegenwart des 1½ Jahre alten, in seinem Bettchen schlafenden Knäbleins hinaussetzt. Ich meine vielmehr, es wäre etwas durchaus Banales, Alltägliches, und auch die erschlossene Stellung beim Koitus kann an diesem Urteil nichts ändern. Besonders da aus dem Beweismaterial nicht hervorgeht, daß der Koitus jedesmal in der Stellung von rückwärts vollzogen wurde. Ein einziges Mal hätte ja hingereicht, um dem Zuschauer die Gelegenheit zu Beobachtungen zu geben, die durch eine andere Lage der Liebenden erschwert oder ausgeschlossen wären. Der Inhalt dieser Szene selbst kann also kein Argument gegen ihre Glaubwürdigkeit sein. Das Bedenken der Unwahrscheinlichkeit wird sich gegen drei andere Punkte richten: dagegen, daß ein Kind in dem zarten Alter von 1½ Jahren im stande sein sollte, die Wahrnehmungen eines so komplizierten Vorganges aufzunehmen und sie so getreu in seinem Unbewußten zu bewahren, zweitens dagegen, daß eine nachträgliche zum Verständnis vordringende Bearbeitung der so empfangenen Eindrücke zu 4 Jahren möglich ist, und endlich, daß es durch irgend ein Verfahren gelingen sollte, die Einzelheiten einer solchen Szene, unter solchen Umständen erlebt und verstanden, in zusammenhängender und überzeugender Weise bewußt zu machen.*)

---

*) Man kann sich die erste dieser Schwierigkeiten nicht durch die Annahme erleichtern, das Kind sei zur Zeit der Beobachtung doch wahrscheinlich um ein Jahr älter gewesen, also 2½ Jahre alt, zu welcher Zeit es eventuell vollkommen sprachfähig sein mag. Für meinen Patienten war eine solche Zeitverschiebung durch alle Nebenumstände seines Falles

Ich werde diese und andere Bedenken später sorgfältig
prüfen, versichere dem Leser, daß ich nicht weniger kritisch
als er gegen die Annahme einer solchen Beobachtung des Kindes eingestellt bin, und bitte ihn, sich mit mir zum v o r l ä u -
f i g e n Glauben an die Realität dieser Szene zu entschließen.
Zunächst wollen wir das Studium der Beziehungen dieser
„U r s z e n e" zum Traum, zu den Symptomen und zur Lebensgeschichte des Patienten fortsetzen. Wir werden gesondert
verfolgen, welche Wirkungen vom wesentlichen Inhalt der
Szene und von einem ihrer visuellen Eindrücke ausgegangen sind.

Unter letzterem meine ich die Stellungen, welche er die
Eltern einnehmen sah, die aufrechte des Mannes und die tier-
ähnlich gebückte der Frau. Wir haben schon gehört, daß ihn
in der Angstzeit die Schwester mit dem Bild im Märchen-
buch zu schrecken pflegte, auf dem der Wolf aufrecht dargestellt war, einen Fuß vorgesetzt, die Tatzen ausgestreckt
und die Ohren aufgestellt. Er ließ sich während der Kur die
Mühe nicht verdrießen, in Antiquarläden nachzuspüren, bis
er das Märchenbilderbuch seiner Kindheit wiedergefunden
hatte, und erkannte sein Schreckbild in einer Illustration
zur Geschichte vom „Wolf und den sieben Geißlein". Er
meinte, die Stellung des Wolfes auf diesem Bild hätte ihn
an die des Vaters während der konstruierten Urszene erinnern können. Dieses Bild wurde jedenfalls zum Ausgangs-
punkt weiterer Angstwirkungen. Als er in seinem siebenten
oder achten Jahr einmal die Ankündigung erhielt, morgen

fast ausgeschlossen. Übrigens wolle man in Betracht ziehen, daß solche
Szenen von Beobachtung des elterlichen Koitus in der Analyse keineswegs selten aufgedeckt werden. Ihre Bedingung ist aber gerade, daß sie
in die früheste Kinderzeit fallen. Je älter das Kind ist, desto sorgfältiger
werden auf einem gewissen sozialen Niveau die Eltern dem Kinde die
Gelegenheit zu solcher Beobachtung versagen.

werde ein neuer Lehrer zu ihm kommen, träumte er in der
nächstfolgenden Nacht von diesem Lehrer als Löwen, der
sich laut brüllend in der Stellung des Wolfes auf jenem Bilde
seinem Bette näherte, und erwachte wiederum mit Angst.
Die Wolfsphobie war damals bereits überwunden, er hatte
darum die Freiheit, sich ein neues Angsttier zu wählen, und
anerkannte in diesem späten Traum den Lehrer als Vaterersatz. Jeder seiner Lehrer spielte in seinen späteren Kinderjahren die gleiche Vaterrolle und wurde mit dem Vater-
einfluß zum Guten wie zum Bösen ausgestattet.

Das Schicksal schenkte ihm einen sonderbaren Anlaß,
seine Wolfsphobie in der Gymnasialzeit aufzufrischen und die
Relation, die ihr zu Grunde lag, zum Ausgang schwerer Hemmungen zu machen. Der Lehrer, der den lateinischen Unter-
richt seiner Klasse leitete, hieß W o l f. Er war von Anfang
an vor ihm eingeschüchtert, zog sich einmal eine schwere
Beschimpfung von ihm zu, weil er in einer lateinischen Übersetzung einen dummen Fehler begangen hatte, und wurde von
da an eine lähmende Angst vor diesem Lehrer nicht mehr los,
die sich bald auf andere Lehrer übertrug. Aber die Gelegenheit, bei der er in der Übersetzung strauchelte, war auch nicht
beziehungslos. Er hatte das lateinische Wort „filius" zu übersetzen und tat es mit dem französischen „fils" anstatt mit
dem entsprechenden Wort der Muttersprache. Der Wolf war
eben noch immer der Vater.*)

*) Nach dieser Beschimpfung durch den Lehrer-Wolf, erfuhr er
als die allgemeine Meinung der Kollegen, daß der Lehrer zur Beschwichtigung — Geld von ihm erwarte. Darauf werden wir später zurückkommen.
— Ich kann mir vorstellen, welche Erleichterung es für eine rationalistische Betrachtung einer solchen Kindergeschichte bedeuten würde, wenn
sich annehmen ließe, die ganze Angst vor dem Wolf sei in Wirklichkeit
von dem Lateinlehrer gleichen Namens ausgegangen,   die Kindheit

Das erste der „passageren Symptome",*) welches der Patient in der Behandlung produzierte, ging noch auf die Wolfsphobie und auf das Märchen von den sieben Geißlein zurück. In dem Zimmer, wo die ersten Sitzungen abgehalten wurden, befand sich eine große Wandkastenuhr gegenüber vom Patienten, der abgewandt von mir auf einem Divan lag. Es fiel mir auf, daß er von Zeit zu Zeit das Gesicht zu mir kehrte, mich sehr freundlich, wie begütigend ansah und dann den Blick von mir zur Uhr wendete. Ich meinte damals, er gebe so ein Zeichen seiner Sehnsucht nach Beendigung der Stunde. Lange Zeit später erinnerte mich der Patient an dieses Gebärdenspiel und gab mir dessen Erklärung, indem er daran erinnerte, daß das jüngste der sieben Geißlein ein Versteck im Kasten der Wanduhr fände, während die sechs Geschwister vom Wolf gefressen würden. Er wollte also damals sagen: Sei gut mit mir. Muß ich mich vor dir fürchten? Wirst du mich auffressen? Soll ich mich wie das jüngste Geißlein im Wandkasten vor dir verstecken?

Der Wolf, vor dem er sich fürchtete, war unzweifelhaft der Vater, aber die Wolfsangst war an die Bedingung der aufrechten Stellung gebunden. Seine Erinnerung behauptete mit großer Bestimmheit, daß Bilder vom Wolf, der auf allen Vieren gehe oder wie im Rotkäppchenmärchen im Bett liege, ihn nicht geschreckt hätten. Nicht mindere Bedeutung zog die Stellung auf sich, die er nach unserer Konstruktion der Urszene das Weib hatte einnehmen sehen; diese Bedeutung

<hr>

zurückprojiziert worden und hätte in Anlehnung an die Märchenillustration die Phantasie der Urszene verursacht. Allein das ist unhaltbar; die zeitliche Priorität der Wolfsphobie und deren Verlegung in die Kindheitsjahre auf dem ersten Gut ist allzusicher bezeugt. Und der Traum mit 4 Jahren?

*) F e r e n c z i, Über passagere Symptombildungen während der Analyse. Zentralbl. f. Psychoanalyse, II. Jhg. 1912 S. 588 ff.

blieb aber auf das sexuelle Gebiet beschränkt. Die auffälligste Erscheinung seines Liebeslebens nach der Reife waren Anfälle von zwanghafter sinnlicher Verliebtheit, die in rätselhafter Folge auftraten und wieder verschwanden, eine riesige Energie bei ihm auch in Zeiten sonstiger Hemmung entfesselten und seiner Beherrschung ganz entzogen waren. Ich muß die volle Würdigung dieser Zwangslieben wegen eines besonders wertvollen Zusammenhanges noch aufschieben, aber ich kann hier anführen, daß sie an eine bestimmte, seinem Bewußtsein verborgene Bedingung geknüpft waren, die sich erst in der Kur erkennen ließ. Das Weib mußte die Stellung eingenommen haben, die wir der Mutter in der Urszene zuschreiben. Große, auffällige Hinterbacken empfand er von der Pubertät an als den stärksten Reiz des Weibes; ein anderer Koitus als der von rückwärts bereitete ihm kaum Genuß. Die kritische Erwägung ist zwar berechtigt, hier einzuwenden, daß solche sexuelle Bevorzugung der hinteren Körperpartien ein allgemeiner Charakter der zur Zwangsneurose neigenden Personen sei und nicht zur Ableitung von einem besonderen Eindruck der Kinderzeit berechtige. Sie gehöre in das Gefüge der anal-erotischen Veranlagung und zu jenen archaischen Zügen, welche diese Konstitution auszeichnen. Man darf die Begattung von rückwärts — more ferarum — doch wohl als die phylogenetisch ältere Form auffassen. Wir werden auch auf diesen Punkt in späterer Diskussion zurückkommen, wenn wir das Material für seine unbewußte Liebesbedingung nachgetragen haben.

Setzen wir nun in der Erörterung der Beziehungen zwischen Traum und Urszene fort. Nach unseren bisherigen Erwartungen sollte der Traum dem Kind, das sich auf die Erfüllung seiner Wünsche zu Weihnachten freut, dies Bild der Sexualbefriedigung durch den Vater vorführen, wie er es in

jener Urszene gesehen hatte, als Vorbild der eigenen Befriedigung, die er vom Vater ersehnt. Anstatt dieses Bildes tritt
aber das Material der Geschichte auf, die der Großvater kurz
vorher erzählt hatte: Der Baum, die Wölfe, die Schwanzlosigkeit in der Form der Überkompensation in den buschigen
Schwänzen der angeblichen Wölfe. Hier fehlt uns ein Zusammenhang, eine Assoziationsbrücke, die von dem Inhalt der
Urszene zu dem der Wolfsgeschichte hinüberleitet. Diese Verbindung wird wiederum durch die Stellung und nur durch
diese gegeben. Der schwanzlose Wolf fordert in der
Erzählung des Großvaters die anderen auf, a u f i h n z u s t e i-
g e n. Durch dieses Detail wurde die Erinnerung an das Bild
der Urszene geweckt, auf diesem Weg konnte das Material
der Urszene durch das der Wolfsgeschichte vertreten werden,
dabei gleichzeitig die Zweizahl der Eltern in erwünschter
Weise durch die Mehrzahl der Wölfe ersetzt. Eine nächste
Wandlung erfuhr der Trauminhalt, indem das Material der
Wolfsgeschichte sich dem Inhalt des Märchens von den sieben
Geißlein anpaßte, die Siebenzahl von ihm entlehnte.*)

Die Materialwandlung: Urszene — Wolfsgeschichte —
Märchen von den sieben Geißlein — ist die Spiegelung des
Gedankenfortschritts während der Traumbildung: Sehnsucht
nach sexueller Befriedigung durch den Vater — Einsicht in
die daran geknüpfte Bedingung der Kastration — Angst vor
dem Vater. Ich meine, der Angsttraum des vierjährigen Knaben ist erst jetzt restlos aufgeklärt.**)

---

*) 6 oder 7 heißt es im Traum. 6 ist die Anzahl der gefressenen
Kinder, das siebente rettet sich in den Uhrkasten. Es bleibt strenges Gesetz der Traumdeutung, daß jede Einzelheit ihre Aufklärung finde.

**) Nachdem uns die Synthese dieses Traumes gelungen ist, will ich
versuchen, die Beziehungen des manifesten Trauminhaltes zu den latenten
Traumgedanken übersichtlich darzustellen.

Über die pathogene Wirkung der Urszene und die Veränderung, welche deren Erweckung in seiner Sexualentwicklung hervorruft, kann ich mich nach allem, was bisher schon
berührt wurde, kurz fassen. Wir werden nur diejenige Wirkung verfolgen, welcher der Traum Ausdruck gibt. Später
werden wir uns klar machen müssen, daß nicht etwa eine
einzige Sexualströmung von der Urszene ausgegangen ist, son-

Es ist Nacht, ich liege in meinem Bette. Das letztere
ist der Beginn der Reproduktion der Urszene. „Es ist Nacht" ist Entstellung
für: ich hatte geschlafen. Die Bemerkung: Ich weiß, es war Winter, als
ich träumte, und Nachtzeit, bezieht sich auf die Erinnerung au den Traum,
gehört nicht zu seinem Inhalt. Sie ist richtig, es war eine der Nächte
vor dem Geburtstag resp. Weihnachtstag.

Plötzlich geht das Fenster von selbst auf. Zu übersetzen: Plötzlich erwache ich von selbst, Erinnerung der Urszene. Der
Einfluß der Wolfsgeschichte,' in der der Wolf durchs Fenster hereinspringt,
macht sich modifizierend geltend und verwandelt den direkten in einen
bildlichen Ausdruck. Gleichzeitig dient die Einführung des Fensters dazu,
um den folgenden Trauminhalt in der Gegenwart unterzubringen. Am
Weihnachtsabend geht die Türe plötzlich auf, und man sieht den Baum
mit den Geschenken vor sich. Hier macht sich also der Einfluß der
aktuellen Weihnachtserwartung geltend, welche die sexuelle Befriedigung
miteinschließt.

Der große Nußbaum, Vertreter des Christbaumes, also ak-
tuell; überdies der Baum aus der Wolfsgeschichte, auf den sich der verfolgte Schneider flüchtet, unter dem die Wölfe lauern. Der hohe Baum
ist auch, wie ich mich oft überzeugen konnte, ein Symbol der Beobachtung,
des Voyeurtums. Wenn man auf dem Baume sitzt, kann man alles
sehen, was unten vorgeht, und wird selbst nicht gesehen. Vgl. die bekannte
Geschichte des Boccaccio und ähnliche Schnurren.

Die Wölfe. Ihre Zahl: sechs oder sieben. In der Wolfsgeschichte ist es ein Rudel ohne angegebene Zahl. Die Zahlbestimmung
zeigt den Einfluß des Märchens von den sieben Geißlein, von denen sechs
gefressen werden. Die Ersetzung der Zweizahl in der Urszene durch eine
Mehrzahl, welche in der Urszene absurd wäre, ist dem Widerstand als
Entstellungsmittel willkommen. In der zum Traum gefertigten Zeichnung

dern eine ganze Reihe von solchen, geradezu eine Aufsplit-
terung des Sexuallebens. Ferner werden wir uns vorhalten,
daß die Aktivierung dieser Szene (ich vermeide absichtlich
das Wort: Erinnerung) dieselbe Wirkung hat, als ob sie ein
rezentes Erlebnis wäre. Die Szene wirkt nachträglich und hat
unterdes, in dem Intervall zwischen $1^1/_2$ und 4 Jahren, nichts
von ihrer Frische eingebüßt. Vielleicht finden wir im wei-

hat der Träumer die 5 zum Ausdruck gebracht, die wahrscheinlich die Angabe: es war Nacht korrigiert.

Sie sitzen auf dem Baum. Sie ersetzen zunächst die am Baum
hängenden Weihnachtsgeschenke. Sie sind aber auch auf den Baum versetzt, weil das heißen kann, sie schauen. In der Geschichte des Großvaters lagern sie unten um den Baum. Ihr Verhältnis zum Baum ist also
im Traum umgekehrt worden, woraus zu schließen ist, daß im Trauminhalt noch andere Umkehrungen des latenten Materials vorkommen.

Sie schauen ihn mit gespannter Aufmerksamkeit
an. Dieser Zug ist ganz aus der Urszene, auf Kosten einer totalen Verkehrung in den Traum gekommen.

Sie sind ganz weiß. Dieser an sich unwesentliche, in der Erzählung des Träumers stark betonte Zug, verdankt seine Intensität einer
ausgiebigen Verschmelzung von Elementen aus allen Schichten des Materials, und vereinigt dann nebensächliche Details der anderen Traum-
quellen mit einem bedeutsameren Stück der Urszene. Diese letztere
Determinierung entstammt wohl der Weiße der Bett- und Leibwäsche der
Eltern, dazu das Weiß der Schafherden, der Schäferhunde als Anspielung
auf seine Sexualforschungen an Tieren, das Weiß in dem Märchen von den
sieben Geißlein, in dem die Mutter an der Weiße ihrer Hand erkannt wird.
Wir werden später die weiße Wäsche auch als Todesandeutung verstehen.

Sie sitzen regungslos da. Hiemit wird dem auffälligsten
Inhalt der beobachteten Szene widersprochen, der Bewegtheit, welche durch
die Stellung, zu der sie führt, die Verbindung zwischen Urszene und
Wolfsgeschichte herstellt.

Sie haben Schwänze wie Füchse. Dies soll einem Ergebnis
widersprechen, welches aus der Einwirkung der Urszene auf die Wolfsgeschichte gewonnen wurde und als der wichtigste Schluß der Sexualforschung anzuerkennen ist: Es gibt also wirklich eine Kastration. Der

teren noch einen Anhaltspunkt dafür, daß sie bestimmte Wirkungen bereits zur Zeit ihrer Wahrnehmung, also von $1^1/_2$
Jahren an, geübt hat.

Wenn sich der Patient in die Situation der Urszene ver-
tiefte, förderte er folgende Selbstwahrnehmungen zu Tage:
Er habe vorher angenommen, der beobachtete Vorgang sei ein
gewalttätiger Akt, allein dazu stimmte das vergnügte Ge-
Schreck, mit dem dies Denkergebnis aufgenommen wird, bricht sich endlich
im Traum Bahn und erzeugt·dessen Schluß.

Die Angst, von den Wölfen aufgefressen zu werden.
Sie erschien dem Träumer als nicht durch den Trauminhalt motiviert. Er
sagte, ich hätte mich nicht fürchten müssen, denn die Wölfe sahen eher
aus wie Füchse oder Hunde, sie fuhren auch nicht auf mich los, wie um
mich zu beißen, sondern waren sehr ruhig und gar nicht schrecklich. Wir
erkennen, daß die Traumarbeit sich eine Weile bemüht hat, die peinlichen
Inhalte durch Verwandlung ins Gegenteil unschädlich zu machen. (Sie bewegen sich nicht, sie haben ja die schönsten Schwänze.) Bis endlich dieses
Mittel versagt und die Angst losbricht. Sie findet ihren Ausdruck mit
Hilfe des Märchens, in dem die Geißlein-Kinder vom Wolf-Vater
gefressen werden. Möglicherweise hat dieser Märcheninhalt selbst an
scherzhafte Drohungen des Vaters, wenn er mit dem Kinde spielte, erinnert, so daß die Angst, vom Wolf gefressen zu werden, ebensowohl
Reminiszenz wie Verschiebungsersatz sein könnte.

Die Wunschmotive dieses Traumes sind handgreifliche; zu den ober-
flächlichen Tageswünschen, Weihnachten mit seinen Geschenken möge
schon da sein (Ungeduldstraum), gesellt sich der tiefere, um diese Zeit
permanente Wunsch nach der Sexualbefriedigung durch den Vater, der
sich zunächst durch den Wunsch, das wiederzusehen, was damals so fes-
selnd war, ersetzt. Dann verläuft der psychische Vorgang von der Erfüllung dieses Wunsches in der heraufbeschworenen Urszene bis zu der
jetzt unvermeidlich gewordenen Ablehnung des Wunsches und der
Verdrängung.

Die Breite und Ausführlichkeit der Darstellung, zu der ich durch
das Bemühen genötigt bin, dem Leser irgend ein Äquivalent für die Beweis-
kraft einer selbstdurchgeführten Analyse zu bieten, mag ihn gleichzeitig
davon abbringen, die Publikation von Analysen verlangen, die sich
über mehrere Jahre erstreckt haben.

sicht nicht, das er die Mutter machen sah; er mußte erkennen, daß es sich um eine Befriedigung handle. *) Das wesentliche Neue, das ihm die Beobachtung des Verkehrs der Eltern brachte, war die Überzeugung von der Wirklichkeit der Kastration, deren Möglichkeit seine Gedanken schon vorher beschäftigt hatte. (Der Anblick der beiden urinierenden Mädchen, die Drohung der Nanja, die Deutung der Gouvernante von den Zuckerstangen, die Erinnerung, daß der Vater eine Schlange in Stücke geschlagen.) Denn jetzt sah er mit eigenen Augen die Wunde, von der die Nanja gesprochen hatte, und verstand, daß ihr Vorhandensein eine Bedingung des Verkehrs mit dem Vater war. Er konnte sie nicht mehr

---

*) Der Aussage des Patienten tragen wir vielleicht am ehesten Rechnung, wenn wir annehmen, daß der Gegenstand seiner Beobachtung zuerst ein Koitus in normaler Stellung gewesen ist, der den Eindruck eines sadistischen Aktes erwecken muß. Erst nach diesem sei die Stellung gewechselt worden, so daß er Gelegenheit zu anderen Beobachtungen und Urteilen gewann. Allein diese Annahme ist nicht gesichert worden, scheint mir auch nicht unentbehrlich. Wir wollen über die abkürzende Darstellung des Textes die wirkliche Situation nicht außer Auge lassen, daß der Analysierte im Alter nach 25 Jahren Eindrücken und Regungen aus seinem vierten Jahr Worte verleiht, die er damals nicht gefunden hätte. Vernachlässigt man diese Bemerkung, so kann man es leicht komisch und unglaubwürdig finden, daß ein vierjähriges Kind solcher fachlicher Urteile und gelehrter Gedanken fähig sein sollte. Es ist dies einfach ein zweiter Fall von N a c h t r ä g l i c h k e i t. Das Kind empfängt mit 1½ Jahren einen Eindruck, auf den es nicht genügend reagieren kann, versteht ihn erst, wird von ihm ergriffen bei der Wiederbelebung des Eindrucks mit vier Jahren, und kann erst zwei Dezennien später in der Analyse mit bewußter Denktätigkeit erfassen, was damals in ihm vorgegangen. Der Analysierte setzt sich dann mit Recht über die drei Zeitphasen hinweg und setzt sein gegenwärtiges Ich in die längstvergangene Situation ein. Wir folgen ihm darin, denn bei korrekter Selbstbeobachtung und Deutung muß der Effekt so ausfallen, als ob man die Distanz zwischen der zweiten und der dritten Zeitphase vernachlässigen könnte. Auch haben wir kein anderes Mittel, die Vorgänge in der zweiten Phase zu beschreiben.

wie bei der Beobachtung der kleinen Mädchen mit dem Popo verwechseln.*)

Der Ausgang des Traumes war Angst, von der er sich nicht eher beruhigte, als bis er seine Nanja bei sich hatte. Er flüchtete sich also zu ihr vom Vater weg. Die Angst war eine Ablehnung des Wunsches nach Sexualbefriedigung durch den Vater, welches Streben ihm den Traum eingegeben hatte. Ihr Ausdruck: vom Wolf gefressen zu werden, war nur eine — wie wir hören werden: regressive — Umsetzung des Wunsches, vom Vater koitiert, d. h. so befriedigt zu werden wie die Mutter. Sein letztes Sexualziel, die passive Einstellung zum Vater, war einer Verdrängung erlegen, die Angst vor dem Vater in Gestalt der Wolfsphobie an ihre Stelle getreten.

Und die treibende Kraft dieser Verdrängung? Dem ganzen Sachverhalt nach konnte es nur die narzißtische Genitallibido sein, die sich als Sorge um sein männliches Glied gegen eine Befriedigung sträubte, für die der Verzicht auf dieses Glied Bedingung schien. Aus dem bedrohten Narzißmus schöpfte er die Männlichkeit, mit der er sich gegen die passive Einstellung zum Vater wehrte.

Wir werden jetzt darauf aufmerksam, daß wir an diesem Punkte der Darstellung unsere Terminologie ändern müssen. Er hatte während des Traumes eine neue Phase seiner Sexualorganisation erreicht. Die sexuellen Gegensätze waren ihm bisher a k t i v und p a s s i v gewesen. Sein Sexualziel war seit der Verführung ein passives, am Genitale berührt zu werden, dann wandelte es sich durch Regression auf die frühere Stufe der sadistisch-analen Organisation in das masochistische, gezüchtigt, gestraft zu werden. Es war ihm gleichgültig, ob

---

*) Wie er sich mit diesem Anteil des Problems weiter auseinandersetzte, werden wir später bei der Verfolgung seiner Analerotik erfahren.

er dieses Ziel beim Mann oder beim Weib erreichen sollte.
Er war ohne Rücksicht auf den Geschlechtsunterschied von
der Nanja zum Vater gewandert, hatte von der Nanja ver-
langt, am Glied berührt zu werden, vom Vater die Züchtigung provozieren wollen. Das Genitale kam dabei außer Betracht; in der Phantasie, auf den Penis geschlagen zu werden, äußerte sich noch der durch die Regression verdeckte
Zusammenhang. Nun führte ihn die Aktivierung der Urszene im Traum zur genitalen Organisation zurück. Er ent-
deckte die Vagina und die biologische Bedeutung von männlich und weiblich. Er verstand jetzt, aktiv sei gleich männlich, passiv aber weiblich. Sein passives Sexualziel hätte sich
jetzt in ein weibliches verwandeln, den Ausdruck annehmen
müssen: vom Vater koitiert zu werden, anstatt: von ihm auf
das Genitale oder auf den Popo geschlagen zu werden. Dieses
feminine Ziel verfiel nun der Verdrängung und mußte sich
durch die Angst vor dem Wolf ersetzen lassen.

Wir müssen die Diskussion seiner Sexualentwicklung hier
unterbrechen, bis aus späteren Stadien seiner Geschichte neues
Licht auf diese früheren zurückfällt. Zur Würdigung der
Wolfsphobie fügen wir noch hinzu, daß Vater und Mutter,
beide, zu Wölfen wurden. Die Mutter spielte ja den kastrierten Wolf, der die anderen auf sich aufsteigen ließ, der
Vater den aufsteigenden. Seine Angst bezog sich aber, wie
wir ihn versichern gehört haben, nur auf den stehenden Wolf,
also auf den Vater. Ferner muß uns auffallen, daß die Angst,
in die der Traum ausging, ein Vorbild in der Erzählung des
Großvaters hatte. In dieser wird ja der kastrierte Wolf, der
die anderen auf sich hat steigen lassen, von Angst befallen,
sowie er an die Tatsache seiner Schwanzlosigkeit erinnert
wird. Es scheint also, daß er sich während des Traum-

vorganges mit der kastrierten Mutter identifizierte und sich
nun gegen dieses Ergebnis sträubte. In hoffentlich zutreffen-
der Übersetzung: Wenn du vom Vater befriedigt werden willst,
mußt du dir wie die Mutter die Kastration gefallen lassen;
das will ich aber nicht. Also ein deutlicher Protest der
Männlichkeit! Machen wir uns übrigens klar, daß die Sexualentwicklung des Falles, den wir hier verfolgen, für unsere
Forschung den größten Nachteil hat, daß sie keine ungestörte
ist. Sie wird zuerst durch die Verführung entscheidend beeinflußt und nun durch die Szene der Koitusbeobachtung
abgelenkt, die nachträglich wie eine zweite Verführung
wirkt.

V. EINIGE DISKUSSIONEN.

Eisbär und Walfisch, hat man gesagt, können nicht miteinander Krieg führen, weil sie, ein jeder auf sein Element
beschränkt, nicht zueinander kommen. Ebenso unmöglich wird
es mir, mit Arbeitern auf dem Gebiet der Psychologie oder
der Neurotik zu diskutieren, die die Voraussetzungen der
Psychoanalyse nicht anerkennen und ihre Ergebnisse für
Artefakte halten. Daneben hat sich aber in den letzten Jahren eine Opposition von Anderen entwickelt, die, nach ihrem
eigenen Vermeinen wenigstens, auf dem Boden der Analyse
stehen, die Technik und Resultate derselben nicht bestreiten
und sich nur für berechtigt halten, aus dem nämlichen Material andere Folgerungen abzuleiten und es anderen Auf-
fassungen zu unterziehen.

Theoretischer Widerspruch ist aber zumeist unfruchtbar.
Sowie man begonnen hat, sich von dem Material, aus dem
man schöpfen soll, zu entfernen, läuft man Gefahr, sich an
seinen Behauptungen zu berauschen und endlich Meinungen

zu vertreten, denen jede Beobachtung widersprochen hätte. Es
scheint mir darum ungleich zweckmäßiger, abweichende Auf-
fassungen dadurch zu bekämpfen, daß man sie an einzelnen
Fällen und Problemen erprobt.

Ich habe oben (S. 39) ausgeführt, es werde gewiß für
unwahrscheinlich gehalten werden, „daß ein Kind in dem
zarten Alter von $1\frac{1}{2}$ Jahren im stande sein sollte, die Wahrnehmungen eines so komplizierten Vorganges in sich aufzunehmen und sie so getreu in seinem Unbewußten zu bewahren,
zweitens, daß eine nachträglich zum Verständnis vordringende
Bearbeitung dieses Materials zu vier Jahren möglich ist, und
endlich, daß es durch irgend ein Verfahren gelingen sollte, die
Einzelheiten einer solchen Szene, unter solchen Umständen
erlebt und verstanden, in zusammenhängender und überzeugender Weise bewußt zu machen".

Die letzte Frage ist eine rein faktische. Wer sich die
Mühe nimmt, die Analyse mittels der vorgezeichneten Technik in solche Tiefen zu treiben, wird sich überzeugen, daß
es sehr wohl möglich ist; wer es unterläßt und in irgend
einer höheren Schicht die Analyse unterbricht, hat sich des
Urteils darüber begeben. Aber die Auffassung des von der
Tiefenanalyse Erreichten ist damit nicht entschieden.

Die beiden anderen Bedenken stützen sich auf eine Geringschätzung der frühinfantilen Eindrücke, denen so nachhaltige
Wirkungen nicht zugetraut werden. Sie wollen die Verursachung
der Neurosen fast ausschließlich in den ernsthaften Konflikten des späteren Lebens suchen, und nehmen an, die Be-
deutsamkeit der Kindheit werde uns in der Analyse nur durch
die Neigung der Neurotiker vorgespiegelt, ihre gegenwärtigen
Interessen in Reminiszenzen und Symbolen der frühen Vergangenheit auszudrücken. Mit solcher Einschätzung des in-

fantilen Moments fiele manches weg, was zu den intimsten
Eigentümlichkeiten der Analyse gehört hat, freilich auch
vieles, was ihr Widerstände schafft und das Zutrauen der
Außenstehenden entfremdet.

Wir stellen also zur Diskussion die Auffassung ein, solche
frühinfantile Szenen, wie sie eine erschöpfende Analyse der
Neurosen, z. B. unseres Falles liefert, seien nicht Reproduk-
tionen realer Begebenheiten, denen man Einfluß auf die Gestaltung des späteren Lebens und auf die Symptombildung
zuschreiben dürfe, sondern Phantasiebildungen, die der Zeit
der Reife ihre Anregung entnehmen, zur gewissermaßen sym-
bolischen Vertretung realer Wünsche und Interessen bestimmt sind, und die einer regressiven Tendenz, einer Abwendung von den Aufgaben der Gegenwart ihre Entstehung
verdanken. Wenn dem so ist, dann kann man sich natürlich
alle die befremdenden Zumutungen an das Seelenleben und
die intellektuelle Leistung von Kindern im unmündigsten
Alter ersparen.

Dieser Auffassung kommt außer dem uns allen gemeinsamen Wunsch nach Rationalisierung und Vereinfachung der
schwierigen Aufgabe mancherlei Tatsächliches entgegen. Auch
kann man im vorhinein ein Bedenken aus dem Wege räu-
men, welches sich gerade beim praktischen Analytiker erheben könnte. Man muß zugestehen, wenn die besprochene
Auffassung dieser infantilen Szenen die richtige ist, dann
wird an der Ausübung der Analyse zunächst nichts geändert.
Hat der Neurotiker einmal die üble Eigentümlichkeit, sein
Interesse von der Gegenwart abzuwenden und es an solche
regressive Ersatzbildungen seiner Phantasie zu heften, so
kann man gar nichts anderes tun, als ihm auf seinen Wegen
zu folgen und ihm diese unbewußten Produktionen zum Be-

wußtsein zu bringen, denn sie sind, von ihrem realen Unwert
ganz abzusehen, für uns höchst wertvoll als die derzeitigen
Träger und Besitzer des Interesses, welches wir frei machen
wollen, um es auf die Aufgaben der Gegenwart zu lenken.
Die Analyse müßte genau ebenso verlaufen wie jene, die im
naiven Zutrauen solche Phantasien für wahr nimmt. Erst am
Ende der Analyse, nach der Aufdeckung dieser Phantasien,
käme der Unterschied. Man würde dann dem Kranken sagen:
„Nun gut; Ihre Neurose ist so verlaufen, als ob Sie in Ihren
Kinderjahren solche Eindrücke empfangen und fortgesponnen
hätten. Sie sehen wohl ein, daß dies nicht möglich ist. Es
waren Produkte Ihrer Phantasietätigkeit zur Ablenkung von
realen Aufgaben, die Ihnen bevorstanden. Nun lassen Sie uns
nachforschen, welches diese Aufgaben waren, und welche Ver-
bindungswege zwischen diesen und Ihren Phantasien bestanden haben." Ein zweiter, dem realen Leben zugewendeter Abschnitt der Behandlung würde nach dieser Erledigung der
infantilen Phantasien einsetzen können.

Eine Abkürzung dieses Weges, also eine Abänderung der
bisher geübten psychoanalytischen Kur, wäre technisch unzulässig. Wenn man dem Kranken diese Phantasien nicht in
ihrem vollen Umfange bewußt macht, kann man ihm die
Verfügung über das an sie gebundene Interesse nicht geben.
Wenn man ihn von ihnen ablenkt, sobald man ihre Existenz
und allgemeine Umrisse ahnt, unterstützt man nur das Werk
der Verdrängung, durch das sie für alle Bemühungen des Kranken unantastbar geworden sind. Wenn man sie ihm frühzeitig entwertet, etwa indem man ihm eröffnet, es werde sich
nur um Phantasien handeln, die ja keine reale Bedeutung
haben, wird man nie seine Mitwirkung bereit finden, um sie
dem Bewußtsein zuzuführen. Die analytische Technik dürfte

also bei korrektem Vorgehen keine Änderung erfahren, wie immer man diese Infantilszenen einschätzt.

Ich habe erwähnt, daß die Auffassung dieser Szenen als regressiver Phantasien, manche tatsächliche Momente zu ihrer Unterstützung anrufen kann. Vor allem das eine: Diese Infantilszenen werden in der Kur — soweit meine Erfahrung bis jetzt reicht — nicht als Erinnerungen reproduziert, sie sind Ergebnisse der Konstruktion. Gewiß wird manchem der Streit schon durch dieses eine Zugeständnis entschieden scheinen.

Ich möchte nicht mißverstanden werden. Jeder Analytiker weiß und hat es ungezählte Male erfahren, daß in einer gelungenen Kur der Patient eine ganze Anzahl spontaner Erinnerungen aus seinen Kinderjahren mitteilt, an deren Auftauchen — vielleicht erstmaligem Auftauchen — der Arzt sich völlig unschuldig fühlt, indem er durch keinerlei Konstruktionsversuch dem Kranken einen ähnlichen Inhalt nahe gelegt hat. Diese vorher unbewußten Erinnerungen müssen nicht einmal immer wahr sein; sie können es sein, aber sie sind oft gegen die Wahrheit entstellt, mit phantasierten Elementen durchsetzt, ganz ähnlich wie die spontan erhalten gebliebenen sogenannten Deckerinnerungen. Ich will nur sagen: Szenen, wie die bei meinem Patienten, aus so früher Zeit und mit solchem Inhalt, die dann eine so außerordentliche Bedeutung für die Geschichte des Falles beanspruchen, werden in der Regel nicht als Erinnerungen reproduziert, sondern müssen schrittweise und mühselig aus einer Summe von Andeutungen erraten — konstruiert — werden. Es reicht auch für das Argument hin, wenn ich zugebe, daß solche Szenen bei den Fällen von Zwangsneurose nicht als Erinnerung bewußt werden, oder wenn ich die Angabe auf den einen Fall, den wir hier studieren, beschränke.

Ich bin nun nicht der Meinung, daß diese Szenen notwendigerweise Phantasien sein müßten, weil sie nicht als Erinnerungen wiederkommen. Es scheint mir durchaus der Erinnerung gleichwertig, daß sie sich — wie in unserem Falle
— durch Träume ersetzen, deren Analyse regelmäßig zu derselben Szene zurückführt, die in unermüdlicher Umarbeitung
jedes Stück ihres Inhalts reproduzieren. Träumen ist ja auch
ein Erinnern, wenn auch unter den Bedingungen der Nachtzeit und der Traumbildung. Durch diese Wiederkehr in Träumen erkläre ich mir, daß sich bei den Patienten selbst allmählich eine sichere Überzeugung von der Realität dieser Urszenen bildet, eine Überzeugung, die der auf Erinnerung ge-
gründeten in nichts nachsteht.*)

Die Gegner brauchen freilich den Kampf gegen diese Argumente nicht als aussichtslos aufzugeben. Träume sind bekanntlich lenkbar.**) Und die Überzeugung des Analysierten
kann ein Erfolg der Suggestion sein, für die immer noch eine
Rolle im Kräftespiel der analytischen Behandlung gesucht
wird. Der Psychotherapeut alten Schlages würde seinem Patienten suggerieren, daß er gesund ist, seine Hemmungen überwunden hat u. dgl. Der Psychoanalytiker aber, daß er als
Kind dies oder jenes Erlebnis gehabt hat, das er jetzt erinnern müsse, um gesund zu werden. Das wäre der Unterschied
zwischen beiden.

*) Wie frühzeitig ich mich mit diesem Problem beschäftigt habe,
mag eine Stelle aus der ersten Auflage meiner Traumdeutung 1900 beweisen. Dort heißt es S. 126 zur Analyse der in einem Traum vor-
kommenden Rede: Das ist nicht mehr zu haben, diese Rede stammt
von mir selbst; ich hatte ihr einige Tage vorher erklärt, „daß die ältesten
Kindererlebnisse nicht mehr als solche zu haben sind, sondern durch
„Übertragungen" und Träume in der Analyse ersetzt werden"

**) Der Mechanismus des Traumes kann nicht beeinflußt werden, aber
das Traummaterial läßt sich partiell kommandieren.

Machen wir uns klar, daß dieser letzte Erklärungsversuch
der Gegner auf eine weit gründlichere Erledigung der Infantilszenen hinausläuft, als anfangs angekündigt wurde. Sie
sollten nicht Wirklichkeiten sein, sondern Phantasien. Nun
wird es offenbar: nicht Phantasien des Kranken, sondern des
Analytikers selbst, die er aus irgend welchen persönlichen
Komplexen dem Analysierten aufdrängt. Der Analytiker freilich, der diesen Vorwurf hört, wird sich zu seiner Beruhigung
vorführen, wie allmählich die Konstruktion dieser angeblich
von ihm eingegebenen Phantasie zu stande gekommen ist, wie
unabhängig sich doch deren Ausgestaltung in vielen Punkten
von der ärztlichen Anregung benommen hat, wie von einer
gewissen Phase der Behandlung an alles auf sie hin zu kon-
vergieren schien, und wie nun in der Synthese die verschiedensten merkwürdigen Erfolge von ihr ausstrahlen, wie
die großen und die kleinsten Probleme und Sonderbarkeiten
der Krankengeschichte ihre Lösung in der einen Annahme
fänden, und wird geltend machen, daß er sich nicht den
Scharfsinn zutraut, eine Begebenheit auszuhecken, welche alle
diese Ansprüche in einem erfüllen kann. Aber auch dieses
Plaidoyer wird nicht auf den anderen Teil wirken, der die
Analyse nicht selbst erlebt hat. Raffinierte Selbsttäuschung
— wird es von der einen Seite lauten, Stumpfheit der Beurteilung — von der anderen; eine Entscheidung wird nicht
zu fällen sein.

Wenden wir uns zu einem anderen Moment, welches die
gegnerische Auffassung der konstruierten Infantilszenen unterstützt. Es ist folgendes: Alle die Prozesse, welche zur Aufklärung dieser fraglichen Bildungen als Phantasien herangezogen worden sind, bestehen wirklich und sind als bedeutungsvoll anzuerkennen. Die Abwendung des Interesses

von den Aufgaben des realen Lebens,*) die Existenz von Phantasien als Ersatzbildungen für die unterlassenen Aktionen,
die regressive Tendenz, die sich in diesen Schöpfungen aus-
spricht — regressiv in mehr als einem Sinne, insofern gleichzeitig ein Zurückweichen vor dem Leben und ein Zurück-
greifen auf die Vergangenheit eintritt —, all das trifft zu
und läßt sich regelmäßig durch die Analyse bestätigen. Man
sollte meinen, es würde auch hinreichen, die in Rede stehenden angeblichen frühinfantilen Reminiszenzen aufzuklären, und
diese Erklärung hätte nach den ökonomischen Prinzipien der
Wissenschaft das Vorrecht vor einer anderen, die ohne neue
und befremdliche Annahmen nicht ausreichen kann.

Ich gestatte mir, an dieser Stelle darauf aufmerksam zu
machen, daß die Widersprüche in der heutigen psychoanalytischen Literatur gewöhnlich nach dem Prinzip des P a r s
p r o t o t o angefertigt werden. Man greift aus einem hoch
zusammengesetzten Ensemble einen Anteil der wirksamen
Faktoren heraus, proklamiert diesen als die Wahrheit und
widerspricht nun zu dessen Gunsten dem anderen Anteil und
dem Ganzen. Sieht man etwa näher zu, welcher Gruppe dieser
Vorzug zugefallen ist, so findet man, es ist die, welche das
bereits anderswoher Bekannte enthält oder sich am ehesten
ihm anschließt. So bei J u n g die Aktualität und die Regression, bei A d l e r die egoistischen Motive. Zurückgelassen, als
Irrtum verworfen, wird aber gerade das, was an der Psychoanalyse neu ist und ihr eigentümlich zukommt. Auf diesem
Wege lassen sich die revolutionären Vorstöße der unbequemen
Psychoanalyse am leichtesten zurückweisen.

Es ist nicht überflüssig hervorzuheben, daß keines der

---

*) Ich ziehe aus guten Gründen vor zu sagen: Die Abwendung der
L i b i d o von den aktuellen K o n f l i k t e n.

Momente, welche die gegnerische Auffassung zum Verständnis der Kindheitsszenen heranzieht, von Jung als Neuheit gelehrt zu werden brauchte. Der aktuelle Konflikt, die Abwendung von der Realität, die Ersatzbefriedigung in der Phantasie, die Regression auf Material der Vergangenheit, dies alles hat, und zwar in der nämlichen Zusammenfügung, vielleicht mit geringer Abänderung der Terminologie, von jeher einen integrierenden Bestandteil meiner eigenen Lehre gebildet. Es war nicht das Ganze derselben, nur der Anteil der Verursachung, der von der Realität her zur Neurosenbildung in regressiver Richtung einwirkt. Ich habe daneben noch Raum gelassen für einen zweiten progredienten Einfluß, der von den Kindheitseindrücken her wirkt, der vom Leben zurückweichenden Libido den Weg weist und die sonst unerklärliche Regression auf die Kindheit verstehen läßt. So wirken die beiden Momente nach meiner Auffassung bei der Symptombildung zusammen, aber ein früheres Zusammenwirken scheint mir ebenso bedeutungsvoll. Ich behaupte, daß der Kindheitseinfluß sich bereits in der Anfangssituation der Neurosenbildung fühlbar macht, indem er in entscheidender Weise mitbestimmt, ob und an welcher Stelle das Individuum in der Bewältigung der realen Probleme des Lebens versagt.

Im Streit steht also die Bedeutung des infantilen Moments. Die Aufgabe geht dahin, einen Fall zu finden, der diese Bedeutung, jedem Zweifel entzogen, erweisen kann. Ein solcher ist aber der Krankheitsfall, den wir hier so ausführlich behandeln, der durch den Charakter ausgezeichnet ist, daß der Neurose im späteren Leben eine Neurose in frühen Jahren der Kindheit vorhergeht. Gerade darum habe ich ja

diesen Fall zur Mitteilung gewählt. Sollte jemand ihn
etwa darum ablehnen wollen, weil ihm die Tierphobie nicht
wichtig genug erscheint, um als selbständige Neurose anerkannt zu werden, so will ich ihn darauf verweisen, daß ohne
Intervall an diese Phobie ein Zwangszeremoniell, Zwangshandlungen und Gedanken anschließen, von denen in den folgenden Abschnitten dieser Schrift die Rede sein wird.

Eine neurotische Erkrankung im vierten und fünften Jahr
der Kindheit beweist vor allem, daß die infantilen Erlebnisse
für sich allein im stande sind, eine Neurose zu produzieren,
ohne daß es dazu der Flucht vor einer im Leben gestellten
Aufgabe bedürfte. Man wird einwenden, daß auch an das
Kind unausgesetzt Aufgaben herantreten, denen es sich vielleicht entziehen möchte. Das ist richtig, aber das Leben eines
Kindes vor der Schulzeit ist leicht zu übersehen, man kann
ja untersuchen, ob sich eine die Verursachung der Neurose
bestimmende „Aufgabe" darin findet. Man entdeckt aber
nichts anderes als Triebregungen, deren Befriedigung dem
Kind unmöglich, deren Bewältigung es nicht gewachsen ist,
und die Quellen, aus denen diese fließen.

Die enorme Verkürzung des Intervalls zwischen dem
Ausbruch der Neurose und der Zeit der in Rede stehenden
Kindheitserlebnisse läßt, wie zu erwarten stand, das regressive
Stück der Verursachung aufs äußerste einschrumpfen und
bringt den progredienten Anteil derselben, den Einfluß früherer Eindrücke unverdeckt zum Vorschein. Von diesem Verhältnis wird diese Krankengeschichte, wie ich hoffe, ein deutliches Bild geben. Auf die Frage nach der Natur der Urszenen oder frühesten in der Analyse eruierten Kindheitserlebnisse gibt die Kindheitsneurose noch aus anderen Gründen eine entscheidende Antwort.

Nehmen wir als unwidersprochene Voraussetzung an, daß
eine solche Urszene technisch richtig entwickelt worden sei,
daß sie unerläßlich sei zur zusammenfassenden Lösung aller
Rätsel, welche uns die Symptomatik der Kindheitserkrankung aufgibt, daß alle Wirkungen von ihr ausstrahlen, wie
alle Fäden der Analyse zu ihr hingeführt haben, so ist es
mit Rücksicht auf ihren Inhalt unmöglich, daß sie etwas anderes sei als die Reproduktion einer vom Kinde erlebten Realität. Denn das Kind kann wie auch der Erwachsene Phantasien nur produzieren mit irgendwo erworbenem Material;
die Wege dieser Erwerbung sind dem Kinde zum Teil (wie
die Lektüre) verschlossen, der für die Erwerbung zu Gebote
stehende Zeitraum ist kurz und leicht nach solchen Quellen
zu durchforschen.

In unserem Falle enthält die Urszene das Bild des geschlechtlichen Verkehrs zwischen den Eltern in einer für
gewisse Beobachtungen besonders günstigen Stellung. Es
würde nun gar nichts für die Realität dieser Szene beweisen,
wenn wir sie bei einem Kranken fänden, dessen Symptome,
also die Wirkungen der Szene, irgendwann in seinem späteren
Leben hervorgetreten wären. Ein solcher kann zu den verschiedensten Zeitpunkten des langen Intervalls die Eindrücke,
Vorstellungen und Kenntnisse erworben haben, die er dann in
ein Phantasiebild verwandelt, in seine Kindheit zurückprojiziert und an seine Eltern heftet. Aber wenn die Wirkungen
einer solchen Szene im vierten und fünften Lebensjahr hervortreten, so muß das Kind diese Szene in noch früherem
Alter mitangesehen haben. Dann bleiben aber alle die befremdenden Folgerungen aufrecht, die sich uns aus der Analyse
der infantilen Neurose ergeben haben. Es sei denn, es wolle
jemand annehmen, der Patient habe nicht nur diese Urszene

unbewußt phantasiert, sondern ebenso seine Charakterveränderung, seine Wolfsangst und seinen religiösen Zwang kon-
fabuliert, welcher Auskunft aber sein sonstiges nüchternes
Wesen und die dirckte Tradition in seiner Familie widersprechen würde. Es muß also dabei bleiben — ich sehe keine
andere Möglichkeit —, entweder ist die von seiner Kindheitsneurose ausgehende Analyse überhaupt ein Wahnwitz, oder
es ist alles so richtig, wie ich es oben dargestellt habe.

Wir haben an einer früheren Stelle auch an der Zwei-
deutigkeit Anstoß genommen, daß des Patienten Vorliebe für
die weiblichen Nates und für den Koitus in derjenigen Stellung, bei der diese besonders hervortreten, eine Ableitung
von dem beobachteten Koitus der Eltern zu fordern schien,
während doch solche Bevorzugung ein allgemeiner Zug der
zur Zwangsneurose disponierten archaischen Konstitutionen
ist. Hier bietet sich eine nahe liegende Auskunft, die den
Widerspruch als Überdeterminierung löst. Die Person, an
welcher er diese Position beim Koitus beobachtet, war doch
sein leiblicher Vater, von dem er diese konstitutionelle Vorliebe auch ererbt haben konnte. Weder die spätere Krankheit des Vaters noch die Familiengeschichte sprechen dagegen; ein Vatersbruder ist, wie bereits erwähnt, in einem
Zustand gestorben, der als Ausgang eines schweren Zwangs-
leidens aufgefaßt werden muß.

Wir erinnern uns in diesem Zusammenhange, daß die
Schwester bei der Verführung des $3^1/_2$jährigen Knaben gegen
die brave alte Kinderfrau die sonderbare Verleumdung ausgesprochen, sie stelle alle 'Leute auf den Kopf und greife
ihnen dann an die Genitalien.*) Es mußte sich uns da die Idee
aufdrängen, daß vielleicht auch die Schwester in ähnlich zar-
tem Alter dieselbe Szene mitangesehen wie später der Bru-

*) Vgl. S. 592.

der und sich daher die Anregung für das Auf-den-Kopf-stellen beim sexuellen Akt geholt hätte. Diese Annahme brächte auch einen Hinweis auf eine Quelle ihrer eigenen sexuellen Voreiligkeit.

[Ich hatte ursprünglich nicht die Absicht, die Diskussion über den Realwert der „Urszenen" an dieser Stelle weiter zu führen, aber da ich unterdes veranlaßt worden bin, dieses Thema in meinen „Vorlesungen zur Einführung in die Psychoanalyse" in breiterem Zusammenhange und nicht mehr in polemischer Absicht zu behandeln, so wäre es irreführend, wollte ich die Anwendung der dort bestimmenden Gesichtspunkte auf den uns hier vorliegenden Fall unterlassen. Ich setze also ergänzend und berichtigend fort: Es ist doch noch eine andere Auffassung der dem Traume zu Grunde liegenden Urszene möglich, welche die vorhin getroffene Entscheidung um ein gutes Stück ablenkt und uns mancher Schwierigkeiten überhebt. Die Lehre, welche die Infantilszenen zu regressiven Symbolen herabdrücken will, wird zwar auch bei dieser Modifikation nichts gewinnen; sie scheint mir überhaupt durch diese — wie durch jede andere — Analyse einer Kinderneurose endgültig erledigt.

Ich meine nämlich, man kann sich den Sachverhalt auch in folgender Art zurechtlegen. Auf die Annahme, daß das Kind einen Koitus beobachtet, durch dessen Anblick es die Überzeugung gewonnen, daß die Kastration mehr sein könne als eine leere Drohung, können wir nicht verzichten; auch läßt uns die Bedeutung, welche späterhin den Stellungen von Mann und Weib für die Angstentwicklung und als Liebesbedingung zukommt, keine andere Wahl, als zu schließen, es müsse ein Coitus a tergo, more ferrarum gewesen sein. Aber ein anderes Moment ist nicht so unersetzlich und mag fallen gelassen werden. Es war vielleicht nicht ein Koitus der Eltern, sondern ein Tierkoitus, den das Kind beobachtet und dann auf die Eltern geschoben, als ob es erschlossen hätte, die Eltern machten es auch nicht anders.

Dieser Auffassung kommt vor allem zu gute, daß die Wölfe des Traumes ja eigentlich Schäferhunde sind und auch in der Zeichnung als solche erscheinen. Kurz vor dem Traum war der Knabe wiederholt zu den Schafherden mitgenommen worden, wo er solche große weiße Hunde sehen und sie wahrscheinlich auch beim Koitus beobachten konnte. Ich möchte auch die Dreizahl, die der Träumer ohne jede weitere Motivierung hinstellte, hieher beziehen und annehmen, es sei ihm im Gedächtnis geblieben, daß er drei solcher Beobachtungen an den Schäferhunden gemacht. Was in der erwartungsvollen Erregtheit seiner Traumnacht hinzukam, war dann die Übertragung des ‘ kürzlich gewonnenen Erinnerungsbildes mit allen seinen Einzelheiten auf die Eltern, wodurch aber erst jene mächtigen Affektwirkungen ermöglicht wurden. Es gab jetzt ein nachträgliches Verständnis jener vielleicht vor wenigen Wochen oder Monaten empfangenen Eindrücke, ein Vorgang, wie ihn vielleicht jeder von uns an sich selbst erlebt haben mag. Die Übertragung von den koitierenden Hunden auf die Eltern vollzog sich nun nicht mittels eines an Worte gebundenen Schlußverfahrens, sondern indem eine reale Szene vom Beisammensein der Eltern in der Erinnerung aufgesucht wurde, welche sich mit der Koitussituation verschmelzen ließ. Alle in der Traumanalyse behaupteten Details der Szene mochten genau reproduziert sein. Es war wirklich an einem Sommernachmittag, während das Kind an Malaria litt, die Eltern waren in weißer Kleidung beide anwesend, als das Kind aus seinem Schlaf erwachte, aber — die Szene war

harmlos. Das Übrige hatte der spätere Wunsch des Wiß-
begierigen, auch die Eltern bei ihrem Liebesverkehr zu be-
lauschen, auf Grund seiner Erfahrungen an den Hunden hinzugefügt, und nun entfaltete die so phantasierte Szene alle
die Wirkungen, die wir ihr nachgesagt haben, die nämlichen,
als ob sie durchaus real gewesen und nicht aus zwei Bestand-
teilen, einem früheren indifferenten und einem späteren, höchst
eindrucksvollen, zusammengekleistert worden wäre.

Es ist sofort ersichtlich, um wieviel das Maß der uns
zugemuteten Glaubensleistung erleichtert wird. Wir brauchen
nicht mehr anzunehmen, daß die Eltern den Koitus in Gegenwart des, wenn auch sehr jugendlichen, Kindes vollzogen
haben, was für viele von uns eine unliebsame Vorstellung ist.
Der Betrag der Nachträglichkeit wird sehr herabgesetzt; sie
bezieht sich jetzt nur auf einige Monate des vierten Lebens-
jahres und greift überhaupt nicht in die dunkeln ersten Kindheitsjahre zurück. An dem Verhalten des Kindes, welches von
den Hunden auf die Eltern überträgt und sich vor dem Wolf
anstatt vor dem Vater fürchtet, bleibt kaum etwas Befremd-
liches. Es befindet sich ja in der Entwicklungsphase seiner
Weltanschauung, die in „Totem und Tabu" als die Wiederkehr des Totemismus gekennzeichnet worden ist. Die Lehre,
welche die Urszenen der Neurosen durch Zurückphantasieren
aus späteren Zeiten aufklären will, scheint in unserer Beobachtung trotz des zarten Alters von vier Jahren bei unserem
Neurotiker eine starke Unterstützung zu finden. So jung er
ist, so hat er es doch zu stande gebracht, einen Eindruck
aus dem vierten Jahr durch ein phantasiertes Trauma mit
$1^1/_2$ Jahren zu ersetzen; diese Regression erscheint aber weder
rätselhaft noch tendenziös. Die Szene, die herzustellen war,
mußte gewisse Bedingungen erfüllen, welche infolge der Le-

bensumstände des Träumers gerade nur in dieser frühen Zeit
zu finden waren, wie z. B. die eine, daß er sich im Schlafzimmer der Eltern im Bette befand.

Für die Richtigkeit der hier vorgeschlagenen Auffassung
wird es aber den meisten Lesern geradezu entscheidend
scheinen, was ich aus den analytischen Ergebnissen an anderen Fällen hinzugeben kann. Die Szene einer Beobachtung
des Sexualverkehrs der Eltern in sehr früher Kindheit — sei
sie nun reale Erinnerung oder Phantasie — ist in den Analysen
neurotischer Menschenkinder wahrlich keine Seltenheit. Vielleicht findet sie sich ebenso häufig bei den nicht neurotisch
Gewordenen. Vielleicht gehört sie zum regelmäßigen Bestand
ihres — bewußten oder unbewußten — Erinnerungsschatzes.
So oft ich aber eine solche Szene durch Analyse entwickeln
konnte, zeigte sie dieselbe Eigentümlichkeit, die uns auch
bei unserem Patienten stutzig machte, sie bezog sich auf den
Coitus a tergo, der allein dem Zuschauer die Inspektion der
Genitalien ermöglicht. Da braucht man wohl nicht länger zu
bezweifeln, daß es sich nur um eine Phantasie handelt, die
vielleicht regelmäßig durch die Beobachtung des tierischen
Sexualverkehrs angeregt wird. Ja noch mehr; ich habe an-
gedeutet, daß meine Darstellung der „Urszene" unvollständig geblieben ist, indem ich mir für später aufsparte mitzuteilen, auf welche Weise das Kind den Verkehr der Eltern
stört. Ich muß jetzt hinzufügen, daß auch die Art dieser
Störung in allen Fällen die nämliche ist.

Ich kann mir denken, daß ich mich jetzt schweren Ver-
dächtigungen von Seiten der Leser dieser Krankengeschichte
ausgesetzt habe. Wenn mir diese Argumente zu Gunsten einer
solchen Auffassung der „Urszene" zu Gebote standen, wie
könnte ich es überhaupt verantworten, zuerst eine so absurd

erscheinende andere zu vertreten? Oder sollte ich im Intervall zwischen der ersten Niederschrift der Krankengeschichte
und diesem Zusatz jene neuen Erfahrungen gemacht haben,
die mich zur Abänderung meiner anfänglichen Auffassung
genötigt haben, und wollte dies aus irgend welchen Motiven
nicht eingestehen? Ich gestehe dafür etwas anderes ein: daß ich
die Absicht habe, die Diskussion über den Realwert der Urszene
diesmal mit einem non liquet zu beschließen. Diese Krankengeschichte ist noch nicht zu Ende; in ihrem weiteren Verlauf wird ein Moment auftauchen, welches die Sicherheit stört,
deren wir uns jetzt zu erfreuen glauben. Dann wird wohl nichts
anderes übrig bleiben als der Verweis auf die Stellen in meinen
„Vorlesungen", in denen ich das Problem der Urphantasien
oder Urszenen behandelt habe.]

VI. DIE ZWANGSNEUROSE.

Zum drittenmal erfuhr er nun eine Beeinflussung, die
seine Entwicklung in entscheidender Weise abänderte. Als
er 4½ Jahre alt war und sein Zustand von Reizbarkeit und
Ängstlichkeit sich noch immer nicht gebessert hatte, entschloß
sich die Mutter, ihn mit der biblischen Geschichte bekannt
zu machen, in der Hoffnung, ihn so abzulenken und zu erheben. Es gelang ihr auch; die Einführung der Religion machte
der bisherigen Phase ein Ende, brachte aber eine Ablösung
der Angstsymptome durch Zwangssymptome mit sich. Er hatte
bisher nicht leicht einschlafen können, weil er fürchtete, ähnlich schlechte Dinge zu träumen wie in jener Nacht vor Weihnachten; er mußte jetzt vor dem Zubettgehen alle Heiligen-
bilder im Zimmer küssen, Gebete hersagen und ungezählte
Kreuze über seine Person und sein Lager schlagen.

Seine Kindheit gliedert sich uns nun übersichtlich in folgende Epochen: erstens die Vorzeit bis zur Verführung (3¹/₄ J.), in welche die Urszene fällt, zweitens, die Zeit der Charakterveränderung bis zum Angsttraum (4 J.), drittens, die der Tierphobie bis zur Einführung in die Religion (4¹/₂ J.), und von da an die der Zwangsneurose bis nach dem zehnten Jahr. Eine momentane und glatte Ersetzung einer Phase durch die nächstfolgende liegt weder in der Natur der Verhältnisse, noch in der unseres Patienten, für den im Gegenteil die Er-haltung alles Vergangenen und die Koexistenz der verschieden-artigsten Strömungen charakteristisch waren. Die Schlimmheit schwand nicht, als die Angst auftrat, und setzte sich lang-sam abnehmend in die Zeit der Frömmigkeit fort. Von der Wolfsphobie ist aber in dieser letzten Phase nicht mehr die Rede. Die Zwangsneurose verlief diskontinuierlich; der erste Anfall war der längste und intensivste, andere traten zu acht und zu zehn Jahren auf, jedesmal nach Veranlassungen, die in ersichtlicher Beziehung zum Inhalt der Neurose standen. Die Mutter erzählte ihm die heilige Geschichte selbst und ließ ihm außerdem durch die Nanja aus einem Buch, das mit Illustrationen geschmückt war, darüber vorlesen. Das Haupt-gewicht bei der Mitteilung fiel natürlich auf die Passions-geschichte. Die Nanja, die sehr fromm und abergläubisch war, gab ihre Erläuterungen dazu, mußte aber auch alle Einwen-dungen und Zweifel des kleinen Kritikers anhören. Wenn die Kämpfe, die ihn nun zu erschüttern begannen, schließlich in einen Sieg des Glaubens ausliefen, so war der Einfluß der Nanja nicht unbeteiligt daran.

Was er mir als Erinnerung von seinen Reaktionen auf die Einführung in die Religion mitteilte, traf zunächst auf meinen entschiedenen Unglauben. Das konnten, meinte ich, nicht die Gedanken eines $4^{1}/_{2}$—5jährigen Kindes sein; wahrscheinlich schob er in diese frühe Vergangenheit zurück, was aus dem Nachdenken des bald 30jährigen Erwachsenen entsprang.*) Allein der Patient wollte von dieser Korrektur nichts wissen; es gelang nicht, ihn wie bei so vielen anderen Urteilsverschiedenheiten zwischen uns zu überführen; der Zusammenhang seiner erinnerten Gedanken mit seinen berichteten Symptomen sowie deren Einfügung in seine sexuelle Entwicklung nötigten mich schließlich, vielmehr ihm Glauben zu schenken. Ich sagte mir dann auch, daß gerade die Kritik gegen die Lehren der Religion, die ich dem Kinde nicht zutrauen wollte, nur von einer verschwindenden Minderzahl der Erwachsenen zu stande gebracht wird.

Ich werde nun das Material seiner Erinnerungen vorbringen und erst dann nach einem Weg suchen, der zum Verständnis desselben führt.

Der Eindruck, den er von der Erzählung der heiligen Geschichte empfing, war, wie er berichtet, anfangs kein angenehmer. Er sträubte sich zuerst gegen den Leidenscharakter der Person Christi, dann gegen den ganzen Zusammenhang seiner Geschichte. Er richtete seine unzufriedene Kritik gegen Gottvater. Wenn er allmächtig sei, so sei es seine Schuld, daß die Menschen schlecht seien und andere quälen, wofür sie dann in die Hölle kommen. Er hätte sie gut machen sollen; er sei selbst verantwortlich für alles Schlechte

---

*) Ich machte auch wiederholt den Versuch, die Geschichte des Kranken wenigstens um ein Jahr vorzuschieben, also die Verführung auf $4^{1}/_{4}$ Jahre, den Traum auf den fünften Geburtstag usw. zu verlegen. An den Intervallen war ja nichts zu gewinnen, allein der Patient blieb auch hierin unbeugsam, ohne mich übrigens vom letzten Zweifel daran befreien zu können. Für den Eindruck, den seine Geschichte macht, und alle daran geknüpften Erörterungen und Folgerungen wäre ein solcher Aufschub um ein Jahr offenbar gleichgültig.

und alle Qualen. Er nahm Anstoß an dem Gebot, die andere Wange hinzuhalten, wenn man einen Schlag auf die eine empfangen habe, daran, daß Christus am Kreuz gewünscht habe, der Kelch solle an ihm vorübergehen, aber auch daran, daß kein Wunder geschehen sei, um ihn als Gottes Sohn zu erweisen. So war also sein Scharfsinn geweckt und wußte mit unerbittlicher Strenge die Schwächen der heiligen Dichtung auszuspüren.

Zu dieser rationalistischen Kritik gesellten sich aber sehr bald Grübeleien und Zweifel, die uns die Mitarbeit geheimer Regungen verraten können. Eine der ersten Fragen, dié ér an die Nanja richtete, war, ob Christus auch einen Hintern gehabt habe. Die Nanja gab die Auskunft, er sei ein Gott gewesen und auch ein Mensch. Als Mensch habe er alles gehabt und getan wie die anderen Menschen. Das befriedigte ihn nun gar nicht, aber er wußte sich selbst zu trösten, indem er sich sagte, der Hintere sei ja nur die Fortsetzung der Beine. Die kaum beschwichtigte Angst, die heilige Person erniedrigen zu müssen, flammte wieder auf, als ihm die weitere Frage auftauchte, ob Christus auch geschissen habe. Die Frage getraute er sich nicht, der frommen Nanja vorzulegen, aber er fand selbst eine Ausflucht, die sie ihm nicht hätte besser zeigen können. Da Christus Wein aus dem Nichts gemacht, hätte er auch das Essen zu nichts machen und sich so die Defäkation ersparen können.

Wir werden uns dem Verständnis dieser Grübeleien nähern, wenn wir an ein vorhin besprochenes Stück seiner Sexualentwicklung anknüpfen. Wir wissen, daß sich sein Sexualleben seit der Zurückweisung durch die Nanja und die damit verbundene Unterdrückung der beginnenden Genitalbetätigung nach den Richtungen des Sadismus und Masochismus ent-

wickelt hatte. Er quälte, mißhandelte kleine Tiere, phantasierte vom Schlagen der Pferde, anderseits vom Geschlagenwerden des Thronfolgers.*) Im Sadismus hielt er die uralte
Identifizierung mit dem Vater aufrecht, im Masochismus hatte
er sich diesen zum Sexualobjekt erkoren. Er befand sich voll
in einer Phase der prägenitalen Organisation, in welcher ich
die Disposition zur Zwangsneurose erblicke. Durch die Einwirkung jenes Traumes, der ihn unter den Einfluß der Urszene brachte, hätte er den Fortschritt zur genitalen Organisation machen und seinen Masochismus gegen den Vater in
feminine Einstellung gegen ihn, in Homosexualität, verwandeln können. Allein dieser Traum brachte den Fortschritt
nicht, er ging in Angst aus. Das Verhältnis zum Vater, das
von dem Sexualziel, von ihm gezüchtigt zu werden, zum nächsten Ziel hätte führen sollen, vom Vater koitiert zu werden
wie ein Weib, wurde durch den Einspruch seiner narziß-
stischen Männlichkeit auf eine noch primitivere Stufe zurückgeworfen und unter Verschiebung auf einen Vaterersatz als
Angst, vom Wolf gefressen zu werden, abgespalten, aber keineswegs auf diese Weise erledigt. Vielmehr können wir dem kom-
pliziert erscheinenden Sachverhalt nur gerecht werden, wenn
wir an der Koexistenz der drei auf den Vater zielenden Sexualstrebungen festhalten. Er war vom Traume an im Unbewußten
homosexuell, in der Neurose auf dem Niveau des Kannibalis-
mus; herrschend blieb die frühere masochistische Einstellung.
Alle drei Strömungen hatten passive Sexualziele; es war dasselbe Objekt, die nämliche Sexualregung, aber es hatte sich
eine Spaltung derselben nach drei verschiedenen Niveaus
herausgebildet.

Die Kenntnis der heiligen Geschichte gab ihm nun die

---

*) Besonders von Schlägen auf den Penis. S. 601.

Möglichkeit, die vorherrschende masochistische Einstellung
zum Vater zu sublimieren. Er wurde Christus, was ihm durch
den gleichen Geburtstag besonders erleichtert war. Damit war
er etwas Großes geworden und auch — worauf vorläufig noch
nicht genug Akzent fiel — ein Mann. In dem Zweifel, ob
Christus einen Hintern haben kann, schimmert die verdrängte
homosexuelle Einstellung durch, denn die Grübelei konnte
nichts anderes bedeuten, als die Frage, ob er vom Vater gebraucht werden könne wie ein Weib, wie die Mutter in der
Urszene. Wenn wir zur Auflösung der anderen Zwangsideen
kommen, werden wir diese Deutung bestätigt finden. Der Verdrängung der passiven Homosexualität entsprach nun das Bedenken, daß es schimpflich sei, die heilige Person mit solchen Zumutungen in Verbindung zu bringen. Man merkt, er
bemühte sich, seine neue Sublimierung von dem Zusatz frei-
zuhalten, den sie aus den Quellen des Verdrängten bezog.
Aber es gelang ihm nicht.

Wir verstehen es noch nicht, warum er sich nun auch
gegen den passiven Charakter Christi und gegen die Miß-
handlung durch den Vater sträubte, und damit auch sein
bisheriges masochistisches Ideal, selbst in seiner Sublimierung,
zu verleugnen begann. Wir dürfen annehmen, daß dieser zweite
Konflikt dem Hervortreten der erniedrigenden Zwangsgedanken aus dem ersten Konflikt (zwischen herrschender masochistischer und verdrängter homosexueller Strömung) besonders günstig war, denn es ist nur natürlich, daß sich in einem
seelischen Konflikt alle Gegenstrebungen, wenn auch aus
den verschiedensten Quellen, miteinander summieren. Das
Motiv seines Sträubens und somit der an der Religion geübten Kritik werden wir aus neuen Mitteilungen kennen
lernen.

Aus den Mitteilungen über die heilige Geschichte hatte auch seine Sexualforschung Gewinn gezogen. Bisher hatte er keinen Grund zur Annahme gehabt, daß die Kinder nur von der Frau kommen. Im Gegenteile, die Nanja hatte ihn glauben lassen, er sei das Kind des Vaters, die Schwester das der Mutter, und diese nähere Beziehung zum Vater war ihm sehr wertvoll gewesen. Nun hörte er, daß Maria die Gottesgebärerin hieß. Also kamen die Kinder von der Frau und die Angabe der Nanja war nicht mehr zu halten. Ferner wurde er durch die Erzählungen irre gemacht, wer eigentlich der Vater Christi war. Er war geneigt, Josef dafür zu halten, denn er hörte ja, daß sie immer mitsammen gelebt hatten, aber die Nanja sagte: Josef war nur w i e sein Vater, der eigentliche Vater sei Gott gewesen. Daraus konnte er nichts machen. Er verstand nur soviel, wenn man überhaupt darüber diskutieren konnte, so war das Verhältnis zwischen Vater und Sohn kein so inniges, wie er sich's immer vorgestellt hatte.

Der Knabe fühlte gewissermaßen die Gefühlsambivalenz gegen den Vater, die in allen Religionen niedergelegt ist, heraus und griff seine Religion wegen der Lockerung dieses Vaterverhältnisses an. Natürlich hörte seine Opposition bald auf, ein Zweifel an der Wahrheit der Lehre zu sein, und wandte sich dafür direkt gegen die Person Gottes. Gott hatte seinen Sohn hart und grausam behandelt, aber er war nicht besser gegen die Menschen. Er hatte seinen Sohn geopfert und dasselbe von Abraham gefordert. Er begann Gott zu fürchten.

Wenn er Christus war, so war der Vater Gott. Aber der Gott, den ihm die Religion aufdrängte, war kein richtiger Ersatz für den Vater, den er geliebt hatte, und den er sich nicht wollte rauben lassen. Die Liebe zu diesem Vater

schuf ihm seinen kritischen Scharfsinn. Er wehrte sich gegen
Gott, um am Vater festhalten zu können, verteidigte dabei
eigentlich den alten Vater gegen den neuen. Er hatte da ein
schwieriges Stück der Ablösung vom Vater zu vollbringen.
Es war also die alte, in frühester Zeit offenbar gewor-
dene Liebe zu seinem Vater, der er die Energie zur Bekämpfung
Gottes und den Scharfsinn zur Kritik der Religion entnahm.
Aber anderseits war diese Feindseligkeit gegen den neuen
Gott auch kein ursprünglicher Akt, sie hatte ein Vorbild in
einer feindseligen Regung gegen den Vater, die unter dem
Einfluß des Angsttraumes entstanden war, und war im Grunde
nur ein Wiederaufleben derselben. Die beiden gegensätzlichen
Gefühlsregungen, die sein ganzes späteres Leben regieren sollten, trafen sich hier zum Ambivalenzkampfe beim Thema der
Religion. Was sich aus diesem Kampfe als Symptom ergab,
die blasphemischen Ideen, der Zwang, der ihn überfiel,
Gott—Dreck, Gott—Schwein zu denken, war darum auch ein
richtiges Kompromißergebnis, wie die Analyse dieser Ideen
im Zusammenhange der Analerotik uns zeigen wird.

Einige andere Zwangssymptome von minder typischer Art
führen ebenso sicher auf den Vater, lassen aber auch den Zusammenhang der Zwangsneurose mit den früheren Zufällen erkennen.

Zu dem Frömmigkeitszeremoniell, mit dem er am Ende
seine Gotteslästerungen sühnte, gehörte auch das Gebot,
unter gewissen Bedingungen in feierlicher Weise zu atmen.
Beim Kreuzeschlagen mußte er jedesmal tief einatmen oder
stark aushauchen. Hauch ist in seiner Sprache gleich Geist.
Das war also die Rolle des Heiligen Geistes. Er mußte den
Heiligen Geist einatmen oder die bösen Geister, von denen
er gehört und gelesen hatte,*) ausatmen. Diesen bösen Gei-

---

*) Dies Symptom hatte sich, wie wir hören werden, mit dem sechsten
Jahr, als er lesen konnte, entwickelt.

stern schrieb er auch die blasphemischen Gedanken zu, für die er sich soviel Buße auferlegen mußte. ·Er war aber genötigt auszuhauchen, wenn er Bettler, Krüppel, häßliche, alte, erbarmenswerte Leute sah, und diesen Zwang verstand er nicht, mit den Geistern zusammenzubringen. Er gab sich selbst nur die Rechenschaft, er tue es, um nicht zu werden wie diese.

Dann brachte die Analyse im Anschluß an einen Traum die Aufklärung, daß das Ausatmen beim Anblick der bedauernswerten Personen erst nach dem sechsten Jahre begonnen hatte und an den Vater anschloß. Er hatte den Vater lange Monate nicht gesehen, als die Mutter einmal sagte, sie würde mit den Kindern in die Stadt fahren und ihnen etwas zeigen, was sie sehr erfreuen würde. Sie brachte sie dann in ein Sanatorium, in dem sie den Vater wiedersahen; er sah schlecht aus und tat dem Sohne sehr leid. Der Vater war also auch das Urbild all der Krüppel, Bettler und Armen, vor denen er ausatmen mußte, wie er sonst das Urbild der Fratzen ist, die man in Angstzuständen sieht, und der Karikaturen, die man zum Hohne zeichnet. Wir werden noch an anderer Stelle erfahren, daß diese Mitleidseinstellung auf ein besonderes Detail der Urszene zurückgeht, welches so spät in der Zwangsneurose zur Wirkung kam.

Der Vorsatz, nicht zu werden wie diese, der sein Ausatmen vor den Krüppeln motivierte, war also die alte Vateridentifizierung, ins Negativ gewandelt. Doch kopierte er dabei den Vater auch im positiven Sinne, denn das starke Atmen war eine Nachahmung des Geräusches, das er beim Koitus von Vater ausgehend gehört hatte.*) Der Heilige Geist dankte

---

*) Die reale Natur der Urszene vorausgesetzt!

seinen Ursprung diesem Zeichen der sinnlichen Erregung des Mannes. Durch die Verdrängung wurde dies Atmen zum bösen Geist, für den noch eine andere Genealogie bestand, die Malaria nämlich, an der er zur Zeit der Urszene gelitten hatte.

Die Ablehnung dieser bösen Geister entsprach einem unverkennbar asketischen Zug, der sich noch in anderen Reaktionen äußerte. Als er hörte, daß Christus einmal böse Geister in Säue gebannt hatte, die dann in einen Abgrund stürzten, dachte er daran, daß die Schwester in ihren ersten Kinderjahren vor seiner Erinnerung vom Klippenweg des Hafens an den Strand herabgerollt war. Sie war auch so ein böser Geist und eine Sau; von hier führte ein kurzer Weg zu Gott — Schwein. Der Vater selbst hatte sich als ebenso von Sinnlichkeit beherrscht erwiesen. Als er die Geschichte der ersten Menschen erfuhr, fiel ihm die Ähnlichkeit seines Schicksals mit dem Adams auf. Er wunderte sich heuchlerischerweise im Gespräch mit der Nanja, daß Adam sich durch ein Weib hatte ins Unglück stürzen lassen, und versprach der Nanja, er werde nie heiraten. Eine Verfeindung mit dem Weibe wegen der Verführung durch die Schwester in seinem späteren Liebesleben noch oft genug stören. Die schaffte sich um diese Zeit starken Ausdruck. Sie sollte ihn Schwester wurde ihm zur dauernden Verkörperung der Versuchung und der Sünde. Wenn er gebeichtet hatte, kam er sich rein und sündenfrei vor. Dann schien es ihm aber, als ob die Schwester darauf lauerte, ihn wieder in Sünde zu stürzen, und ehe er sich's versah, hatte er eine Streitszene mit der Schwester provoziert, durch die er wieder sündig wurde. So war er genötigt, die Tatsache der Verführung immer wieder von Neuem zu reproduzieren. Seine blasphemischen Ge-

danken hatte er übrigens, so sehr sie ihn drückten, niemals
in der Beichte preisgegeben.

Wir sind unversehens in die Symptomatik der späteren
Jahre der Zwangsneurose geraten und wollen darum mit
Hinwegsetzung über soviel, was dazwischen liegt, über ihren
Ausgang berichten. Wir wissen schon, daß sie, von ihrem
permanenten Bestand abgesehen, zeitweise Verstärkungen
erfuhr, das eine Mal, was uns noch nicht durchsichtig
sein kann, als ein Knabe in derselben Straße starb,
mit dem er sieh identifizieren konnte. Als er zehn Jahre alt
war, bekam er einen deutschen Hofmeister, der sehr bald
großen Einfluß auf ihn gewann. Es ist sehr lehrreich, daß
seine ganze schwere Frömmigkeit dahinschwand, um nie
wieder aufzuleben, nachdem er gemerkt und in belehrenden
Gesprächen mit dem Lehrer erfahren hatte, daß dieser Vaterersatz keinen Wert auf Frömmigkeit legte und nichts von der
Wahrheit der Religion hielt. Die Frömmigkeit fiel mit der
Abhängigkeit vom Vater, der nun von einem neuen, umgäng-
licheren Vater abgelöst wurde. Dies geschah allerdings nicht
ohne ein letztes Aufflackern der Zwangsneurose, von dem der
Zwang besonders erinnert wurde, an die Heilige Dreieinigkeit
zu denken, so oft er auf der Straße drei Häufchen Kot bei-
sammenliegen sah. Er gab eben nie einer Anregung nach, ohne
noch einen Versuch zu machen, das Entwertete festzuhalten.
Als der Lehrer ihm von den Grausamkeiten gegen die kleinen
Tiere abredete, machte er auch diesen Untaten ein Ende, aber
nicht, ohne sich vorher noch einmal im Zerschneiden von
Raupen gründlich genug getan zu haben. Er benahm sich
noch in der analytischen Behandlung ebenso, indem er eine
passagere „negative Reaktion" entwickelte; nach jeder ein-
schneidenden Lösung versuchte er für eine kurze Weile, deren

Wirkung durch eine Verschlechterung des gelösten Symptoms zu negieren. Man weiß, daß Kinder sich ganz allgemein ähnlich gegen Verbote benehmen. Wenn man sie angefahren hat, weil sie z. B. ein unleidliches Geräusch produzieren, so wiederholen sie es nach dem Verbot noch einmal, ehe sie damit aufhören. Sie haben dabei erreicht, daß sie anscheinend freiwillig aufgehört und dem Verbot getrotzt haben.

Unter dem Einfluß des deutschen Lehrers entstand eine neue und bessere Sublimierung seines Sadismus, der entsprechend der nahen Pubertät damals die Oberhand über den Masochismus gewonnen hatte. Er begann fürs Soldatenwesen zu schwärmen, für Uniformen, Waffen und Pferde, und nährte damit kontinuierliche Tagträume. So war er unter dem Einfluß eines Mannes von seinen passiven Einstellungen losgekommen und befand sich zunächst in ziemlich normalen Bahnen. Eine Nachwirkung der Anhänglichkeit an den Lehrer, der ihn bald darauf verließ, war es, daß er in seinem späteren Leben das deutsche Element (Ärzte, Anstalten, Frauen) gegen das heimische (Vertretung des Vaters) bevorzugte, woraus noch die Übertragung in der Kur großen Vorteil zog.

In die Zeit vor der Befreiung durch den Lehrer fällt noch ein Traum, den ich erwähne, weil er bis zu seiner Gelegenheit in der Kur vergessen war. Er sah sich auf einem Pferd reitend von einer riesigen Raupe verfolgt. Er erkannte in dem Traum eine Anspielung auf einen früheren aus der Zeit vor dem Lehrer, den wir längst gedeutet hatten. In diesem früheren Traum sah er den Teufel im schwarzen Gewand und in der aufrechten Stellung, die ihn seinerzeit am Wolf und am Löwen so sehr erschreckt hatte. Mit dem ausgestreckten Finger wies er auf eine riesige Schnecke hin. Er hatte bald erraten, daß dieser Teufel der Dämon aus einer

bekannten Dichtung, der Traum selbst die Umarbeitung eines
sehr verbreiteten Bildes sei, das den Dämon in einer Liebes-
szene mit einem Mädchen darstellte. Die Schnecke war an
der Stelle des Weibes als exquisit weibliches Sexualsymbol.
Durch die zeigende Gebärde des Dämons geleitet, konnten
wir bald als den Sinn des Traumes angeben, daß er sich nach
jemand sehne, der ihm die letzten noch fehlenden Belehrungen über die Rätsel des Geschlechtsverkehrs geben sollte.
wie seinerzeit der Vater in der Urszene die ersten.

Zu dem späteren Traum, in dem das weibliche Symbol
durch das männliche ersetzt war, erinnerte er ein bestimmtes
Erlebnis kurz vorher. Er ritt eines Tages auf dem Landgut an einem schlafenden Bauern vorüber, neben dem sein
Junge lag. Dieser weckte den Vater und sagte ihm etwas,
worauf der Vater den Reitenden zu beschimpfen und zu verfolgen begann, so daß er sich rasch auf seinem Pferd ent-
fernte. Dazu die zweite Erinnerung, daß es auf demselben
Gut Bäume gab, die ganz weiß, ganz von Raupen umsponnen
waren. Wir verstehen, daß er auch vor der Realisierung der
Phantasie die Flucht ergriff, daß der Sohn beim Vater schlafe,
und daß er die weißen Bäume heranzog, um eine Anspielung
an den Angsttraum von den weißen Wölfen auf dem Nußbaum herzustellen. Es war also ein direkter Ausbruch der
Angst vor jener femininen Einstellung zum Mann, gegen
die er sich zuerst durch die religiöse Sublimierung geschützt
hatte und bald durch die militärische noch wirksamer schützen sollte.

Es wäre aber ein großer Irrtum anzunehmen, daß nach
der Aufhebung der Zwangssymptome keine permanenten Wirkungen der Zwangsneurose übrig geblieben wären. Der Prozeß
hatte zu einem Sieg des frommen Glaubens über die kritisch

forschende Auflehnung geführt und hatte die Verdrängung
der homosexuellen Einstellung zur Voraussetzung gehabt. Aus
beiden Faktoren ergaben sich dauernde Nachteile. Die intellektuelle Betätigung blieb seit dieser ersten großen Nieder-
lage schwer geschädigt. Es entwickelte sich kein Lerneifer,
es zeigte sich nichts mehr von dem Scharfsinn, der seinerzeit
im zarten Alter von fünf Jahren die Lehren der Religion kritisch zersetzt hatte. Die während jenes Angsttraumes erfolgte
Verdrängung der überstarken Homosexualität reservierte diese
bedeutungsvolle Regung für das Unbewußte, erhielt sie so bei
der ursprünglichen Zieleinstellung und entzog sie all den
Sublimierungen, zu denen sie sich sonst bietet. Es fehlten
dem Patienten darum alle die sozialen Interessen, welche dem
Leben Inhalt geben. Erst als in der analytischen Kur die
Lösung dieser Fesselung der Homosexualität gelang, konnte
sich der Sachverhalt zum Besseren wenden, und es war sehr
merkwürdig mitzuerleben, wie — ohne direkte Mahnung des
Arztes — jedes befreite Stück der homosexuellen Libido eine
Anwendung im Leben und eine Anheftung an die großen ge-
meinsamen Geschäfte der Menschheit suchte.

VII. ANALEROTIK UND KASTRATIONSKOMPLEX.

Ich bitte den Leser sich zu erinnern, daß ich diese Geschichte einer infantilen Neurose sozusagen als Nebenprodukt
während der Analyse einer Erkrankung im reiferen Alter gewonnen habe. Ich mußte sie also aus noch kleineren Brocken
zusammensetzen, als sonst der Synthese zu Gebote stehen.
Diese sonst nicht schwierige Arbeit findet eine natürliche
Grenze, wo es sich darum handelt, ein vieldimensionales Ge-
bilde in die Ebene der Deskription zu bannen. Ich muß mich
also damit begnügen, Gliederstücke vorzulegen, die der Le-

ser zum lebenden Ganzen zusammenfügen mag. Die geschilderte Zwangsneurose entstand, wie wiederholt betont, auf dem
Boden einer sadistisch-analen Konstitution. Es war aber bisher
nur von dem einen Hauptfaktor, dem Sadismus und seinen
Umwandlungen, die Rede. Alles, was die Analerotik betrifft.
ist mit Absicht beiseite gelassen worden und soll hier ge-
sammelt nachgetragen werden.

Die Analytiker sind längst einig darüber, daß den viel-
fachen Triebregungen, die man als Analerotik zusammenfaßt,
eine außerordentliche, gar nicht zu überschätzende Bedeutung
für den Aufbau des Sexuallebens und der seelischen Tätigkeit überhaupt zukommt. Ebenso, daß eine der wichtigsten
Äußerungen der umgebildeten Erotik aus dieser Quelle in der
Behandlung des Geldes vorliegt, welcher wertvolle Stoff im
Laufe des Lebens das psychische Interesse an sich gezogen hat,
das ursprünglich dem Kot, dem Produkt der Analzone, ge-
bührte. Wir haben uns gewöhnt, das Interesse am Gelde, soweit
es libidinöser und nicht rationeller Natur ist, auf Exkrementall-
lust zurückzuführen und vom normalen Menschen zu verlangen, daß er sein Verhältnis zum Gelde durchaus von libidinösen Einflüssen frei halte und es nach realen Rücksichten regle.

Bei unserem Patienten war zur Zeit seiner späteren Erkrankung dies Verhältnis in besonders argem Maße gestört,
und dies war nicht das Geringste an seiner Unselbständigkeit
und Lebensuntüchtigkeit. Er war durch Erbschaft von Vater
und Onkel sehr reich geworden, legte manifesterweise viel
Wert darauf, für reich zu gelten, und konnte sich sehr kränken, wenn man ihn darin unterschätzte. Aber er wußte nicht.
wieviel er besaß, was er verausgabte, was er übrig behielt.
Es war schwer zu sagen, ob man ihn geizig oder verschwen-

derisch heißen sollte. Er benahm sich bald so, bald anders,
niemals in einer Art, die auf eine konsequente Absicht hindeuten konnte. Nach einigen auffälligen Zügen, die ich weiter unten anführen werde, konnte man ihn für einen ver-
stockten Geldprotzen halten, der in dem Reichtum den größten Vorzug seiner Person erblickt und Gefühlsinteressen neben Geldinteressen nicht einmal in Betracht ziehen läßt. Aber
er schätzte andere nicht nach ihrem Reichtum ein und zeigte
sich bei vielen Gelegenheiten vielmehr bescheiden, hilfs-
bereit und mitleidig. Das Geld war eben seiner bewußten Verfügung entzogen und bedeutete für ihn irgend etwas anderes.

Ich habe schon erwähnt (S. 596), daß ich die Art sehr
bedenklich fand, wie er sich über den Verlust der Schwester, die in den letzten Jahren sein bester Kamerad geworden
war, mit der Überlegung tröstete: Jetzt brauche er die Erbschaft von den Eltern nicht mit ihr zu teilen. Auffälliger
vielleicht war noch die Ruhe, mit welcher er dies erzählen
konnte, als hätte er kein Verständnis für die so eingestandene
Gefühlsroheit. Die Analyse rehabilitierte ihn zwar, indem sie
zeigte, daß der Schmerz um die Schwester nur eine Verschiebung erfahren hatte, aber es wurde nun erst recht unverständlich, daß er in der Bereicherung einen Ersatz für die
Schwester hatte finden wollen.

Sein Benehmen in einem anderen Falle erschien ihm selbst
rätselhaft. Nach dem Tode des Vaters wurde das hinter-
lassene Vermögen zwischen ihm und der Mutter aufgeteilt.
Die Mutter verwaltete es und kam seinen Geldansprüchen, wie
er selbst zugab, in tadelloser, freigebiger Weise entgegen.
Dennoch pflegte jede Besprechung über Geldangelegenheiten
zwischen ihnen mit den heftigsten Vorwürfen von seiner
Seite zu endigen, daß sie ihn nicht liebe, daß sie daran denke,

an ihm zu sparen, und daß sie ihn wahrscheinlich am liebsten
tot sehen möchte, um allein über das Geld zu verfügen. Die
Mutter beteuerte dann weinend ihre Uneigennützigkeit, er
schämte sich und konnte mit Recht versichern, daß er das
gar nicht von ihr denke, aber er war sicher, dieselbe Szene
bei nächster Gelegenheit zu wiederholen.

Daß der Kot für ihn lange Zeit vor der Analyse Geldbedeutung gehabt hat, geht aus vielen Zufällen hervor, von
denen ich zwei mitteilen will. In einer Zeit, da der Darm
noch unbeteiligt an seinem Leiden war, besuchte er einmal
in einer großen Stadt einen armen Vetter. Als er wegging,
machte er sich Vorwürfe, daß er diesen Verwandten nicht
mit Geld unterstütze, und bekam unmittelbar darauf den
„vielleicht stärksten Stuhldrang seines Lebens". Zwei Jahre
später setzte er wirklich diesem Vetter eine Rente aus. Der
andere Fall: Mit 18 Jahren während der Vorbereitung zur
Maturitätsprüfung besuchte er einen Kollegen und verab-
redete mit ihm, was die gemeinsame Angst, bei der Prüfung
durchzufallen, ratsam erscheinen ließ.*) Man hatte beschlos-
sen, den Schuldiener zu bestechen, und sein Anteil an der
aufzubringenden Summe war natürlicherweise der größte. Auf
dem Heimwege dachte er, er wolle gern noch mehr geben,
wenn er nur durchkomme, wenn ihm bei der Prüfung nur
nichts passiere, und wirklich passierte ihm ein anderes Malheur, ehe er noch bei seiner Haustüre war.**)

Wir sind darauf vorbereitet zu hören, daß er in seiner
späten Erkrankung an sehr hartnäckigen, wenn auch mit ver-

---

*) Der Patient teilte mit, daß seine Muttersprache die im Deutschen
bekannte Verwendung des Wortes „Durchfall" zur Bezeichnung von Darmstörungen nicht kennt.

**) Diese Redensart ist in der Muttersprache de Patienten gleichsinnig
wie im Deutschen.

schiedenen Anlässen schwankenden Störungen der Darmfunktion litt. Als er in meine Behandlung trat, hatte er sich an Lavements gewöhnt, die ihm ein Begleiter machte; spontane Entleerungen kamen Monate hindurch nicht vor, wenn nicht eine plötzliche Erregung von einer bestimmten Seite her dazukam, in deren Folge sich normale Darmtätigkeit für einige Tage herstellen konnte. Seine Hauptklage war, daß die Welt für ihn in einen Schleier gehüllt sei, oder er durch einen Schleier von der Welt getrennt sei. Dieser Schleier zerriß nur in dem einen Moment, wenn beim Lavement der Darminhalt den Darm verließ, und dann fühlte er sich auch wieder gesund und normal.*)

Der Kollege, an den ich den Patienten zur Begutachtung seines Darmzustandes wies, war einsichtsvoll genug, denselben für einen funktionellen oder selbst psychisch bedingten zu erklären, und sich eingreifender Medikation zu enthalten. Übrigens nützte weder diese noch die angeordnete Diät. In den Jahren der analytischen Behandlung gab es keinen spontanen Stuhlgang (von jenen plötzlichen Beeinflussungen abgesehen). Der Kranke ließ sich überzeugen, daß jede intensivere Bearbeitung des störrischen Organs den Zustand noch verschlimmern würde, und gab sich damit zufrieden, ein- oder zweimal in der Woche durch ein Lavement oder ein Abführmittel eine Darmentleerung zu erzwingen.

Ich habe bei der Besprechung der Darmstörungen dem späteren Krankheitszustand des Patienten einen breiteren Raum gelassen, als es sonst im Plane dieser mit seiner Kindheitsneurose beschäftigten Arbeit liegt. Dafür waren zwei Gründe maßgebend, erstens, daß die Darmsymptomatik sich

---

*) Dieselbe Wirkung, ob er das Lavement von einem anderen machen ließ oder es selbst besorgte.

eigentlich wenig verändert aus der Kinderneurose in die spätere fortgesetzt hatte, und zweitens, daß ihr bei der Beendigung der Behandlung eine Hauptrolle zufiel.

Man weiß, welche Bedeutung der Zweifel für den Arzt hat, der eine Zwangsneurose analysiert. Er ist die stärkste Waffe des Kranken, das bevorzugte Mittel seines Widerstandes. Dank diesem Zweifel konnte auch unser Patient, hinter einer respektvollen Indifferenz verschanzt, Jahre hindurch die Bemühungen der Kur von sich abgleiten lassen. Es änderte sich nichts, und es fand sich kein Weg, ihn zu überzeugen. Endlich erkannte ich die Bedeutung der Darmstörung für meine Absichten; sie repräsentierte das Stückchen Hysterie, welches regelmäßig zu Grunde einer Zwangsneurose gefunden wird. Ich versprach dem Patienten die völlige Herstellung seiner Darmtätigkeit, machte· seinen Unglauben durch diese Zusage offenkundig, und hatte dann die Befriedigung, seinen Zweifel schwinden zu sehen, als der Darm wie ein hysterisch affiziertes Organ bei der Arbeit „mitzusprechen" begann, und im Laufe weniger Wochen seine normale, so lange beeinträchtigte Funktion wiedergefunden hatte.

Ich kehre nun zur Kindheit des Patienten zurück, in eine Zeit, zu welcher der Kot unmöglich Geldbedeutung für ihn gehabt haben kann.

Darmstörungen sind sehr frühzeitig bei ihm aufgetreten, vor allem die häufigste und für das Kind normalste, die Inkontinenz. Wir haben aber gewiß recht, wenn wir für diese frühesten Vorfälle eine pathologische Erklärung ablehnen und in ihnen nur einen Beweis für die Absicht sehen, sich in der an die Entleerungsfunktion geknüpften Lust nicht stören oder aufhalten zu lassen. Ein starkes Vergnügen an analen Witzen und Schaustellungen, wie es sonst der natürlichen

Derbheit mancher Gesellschaftsklassen entspricht, hatte sich bei ihm bis über den Beginn der späteren Erkrankung erhalten.

Zur Zeit der englischen Gouvernante traf es sich wiederholt, daß er und die Nanja das Schlafzimmer der Verhaßten teilen mußten. Die Nanja konstatierte dann mit Verständnis, daß er gerade in diesen Nächten ins Bett gemacht hatte, was sonst lange nicht mehr der Fall gewesen war. Er schämte sich dessen gar nicht; es war eine Äußerung des Trotzes gegen die Gouvernante.

Ein Jahr später (zu 4¹/₂ Jahren), in der Angstzeit, passierte es ihm, daß er bei Tage die Hose schmutzig machte. Er schämte sich entsetzlich, und jammerte, als er gereinigt wurde: er könne so nicht mehr leben. Dazwischen hatte sich also etwas verändert, auf dessen Spur wir durch die Verfolgung seiner Klage geführt wurden. Es stellte sich heraus, daß er die Worte: so könne er nicht mehr leben, jemand anderem nachgeredet hatte. Irgend einmal*) hatte ihn die Mutter mitgenommen, während sie den Arzt, der sie besucht hatte, zur Bahnstation begleitete. Sie klagte während dieses Weges über ihre Schmerzen und Blutungen und brach in die nämlichen Worte aus: So kann ich nicht mehr leben, ohne zu erwarten, daß das an der Hand geführte Kind sie im Gedächtnis behalten werde. Die Klage, die er übrigens in seiner späteren Krankheit ungezählte Male wiederholen sollte, bedeutete also eine — Identifizierung mit der Mutter.

Ein der Zeit und dem Inhalt nach fehlendes Mittelglied zwischen beiden Vorfällen stellte sich bald in der Erinnerung

---

*) Es ist nicht näher bestimmt worden, wann es war, aber jedenfalls vor dem Angsttraum mit vier Jahren, wahrscheinlich vor der Reise der Eltern.

ein. Es geschah einmal zu Beginn seiner Angstzeit, daß die
besorgte Mutter Warnungen ausgehen ließ, die Kinder vor
der Dysenterie zu behüten, die in der Nähe des Gutes aufgetreten war. Er erkundigte sich, was das sei, und als er gehört hatte, bei der Dysenterie finde man Blut im Stuhl, wurde
er sehr ängstlich und behauptete, daß auch in seinem Stuhlgang Blut sei; er fürchtete, an der Dysenterie zu sterben, ließ
sich aber durch die Untersuchung überzeugen, daß er sich
geirrt habe und nichts zu fürchten brauche. Wir verstehen,
daß sich in dieser Angst die Identifizierung mit der Mutter
durchsetzen wollte, von deren Blutungen er im Gespräch mit
dem Arzt gehört hatte. Bei seinem späteren Identifizierungs-
versuch (mit 4½ Jahren) hatte er das Blut fallen gelassen;
er verstand sich nicht mehr, vermeinte sich zu schämen und
wußte nicht, daß er von Todesangst geschüttelt wurde, die
sich in seiner Klage aber unzweideutig verriet.

Die unterleibsleidende Mutter war damals überhaupt
ängstlich für sich und die Kinder; es ist durchaus wahrscheinlich, daß seine Ängstlichkeit sich neben ihren eigenen Motiven auf die Identifizierung mit der Mutter stützte.

Was sollte nun die Identifizierung mit der Mutter bedeuten?

Zwischen der kecken Verwendung der Inkontinenz mit
3½ Jahren und dem Entsetzen vor ihr mit 4½ Jahren liegt
der Traum, mit dem seine Angstzeit begann, der ihm nachträgliches Verständnis der mit 1½ Jahren erlebten Szene*)
und Aufklärung über die Rolle der Frau beim Geschlechtsakt
brachte. Es liegt nahe, auch die Wandlung in seinem Verhalten gegen die Defäkation mit dieser großen Umwälzung zusammenzubringen. Dysenterie war ihm offenbar der Name der

---

*) Siehe vorhin S. 625.

Krankheit, über die er die Mutter klagen gehört hatte, mit
der man nicht leben könne; die Mutter galt ihm nicht als
unterleibs-, sondern als darmkrank. Unter dem Einfluß der
Urszene erschloß sich ihm der Zusammenhang, daß die Mutter durch das, was der Vater mit ihr vorgenommen,*) krank
geworden sei, und seine Angst. Blut im Stuhle zu haben,
ebenso krank zu sein wie die Mutter, war die Ablehnung
der Identifizierung mit der Mutter in jener sexuellen Szene,
dieselbe Ablehnung, mit der er aus dem Traum erwacht war.
Die Angst war aber auch der Beweis, daß er in der späteren
Bearbeitung der Urszene sich an die Stelle der Mutter gesetzt, ihr diese Beziehung zum Vater geneidet hatte. Das Organ,
an dem sich die Identifizierung mit dem Weibe, die passiv
homosexuelle Einstellung zum Manne äußern konnte, war die
Analzone. Die Störungen in der Funktion dieser Zone hatten
nun die Bedeutung von homosexuellen Zärtlichkeitsregungen
bekommen und behielten sie auch während der späteren Erkrankung bei.

An dieser Stelle müssen wir nun einen Einwand anhören, dessen Diskussion viel zur Klärung der scheinbar ver-
worrenen Sachlage beitragen kann. Wir haben ja annehmen
müssen, daß er während des Traumvorganges verstanden, das
Weib sei kastriert, habe anstatt des männlichen Gliedes eine
Wunde, die dem Geschlechtsverkehr diene, die Kastration sei
die Bedingung der Weiblichkeit, und dieses drohenden Ver-
lustes wegen habe er die feminine Einstellung zum Manne
verdrängt und sei mit Angst aus der homosexuellen Schwärmerei erwacht. Wie verträgt sich dies Verständnis des Geschlechtsverkehrs, diese Anerkennung der Vagina, mit der Auswahl des Darmes zur Identifizierung mit dem Weib? Ruhen
_____
*) Wobei er ja wahrscheinlich nicht irre ging.

die Darmsymptome nicht auf der wahrscheinlich älteren, der
Kastrationsangst voll widersprechenden Auffassung, daß der
Darmausgang die Stelle des sexuellen Verkehrs sei?

Gewiß, dieser Widerspruch besteht, und die beiden Auf-
fassungen vertragen sich gar nicht miteinander. Die Frage
ist nur, ob sie sich zu vertragen brauchen. Unser Befremden
rührt nur daher, daß wir immer geneigt sind, die unbewußten
seelischen Vorgänge wie die bewußten zu behandeln und an
die tiefgehenden Verschiedenheiten der beiden psychischen
Systeme zu vergessen.

Als die erregte Erwartung des Weihnachtstraumes ihm das
Bild des einst beobachteten (oder konstruierten) Geschlechts-
verkehres der Eltern vorzauberte, trat gewiß zuerst die alte
Auffassung desselben auf, derzufolge die das Glied aufnehmende
Körperstelle des Weibes der Darmausgang war. Was konnte er
auch anderes geglaubt haben, als er mit $1^1/_2$ Jahren Zuschauer
dieser Szene war?*) Aber nun kam das, was sich mit vier
Jahren neu ereignete. Seine seitherigen Erfahrungen, die ver-
nommenen Andeutungen der Kastration, wachten auf und
warfen einen Zweifel auf die „Kloakentheorie", legten ihm
die Erkenntnis des Geschlechtsunterschiedes und der sexuellen Rolle des Weibes nahe. Er benahm sich dabei, wie sich
überhaupt Kinder benehmen, denen man eine unerwünschte
Aufklärung — eine sexuelle oder andersartige — gibt. Er
verwarf das Neue — in unserem Falle aus Motiven der Kastrationsangst — und hielt am Alten fest. Er entschied sich
für den Darm gegen die Vagina in derselben Weise und aus
ähnlichen Motiven, wie er später gegen Gott für den Vater
Partei nahm. Die neue Aufklärung wurde abgewiesen, die alte
Theorie festgehalten; die letztere durfte das Material für die

_____
*) Oder solange er den Koitus der Hunde nicht verstand.

Identifizierung mit dem Weib abgeben, die später als Angst
vor dem Darmtod auftrat, und für die ersten religiösen Skru-
pel, ob Christus einen Hintern gehabt habe u. dgl. Nicht
als ob die neue Einsicht wirkungslos geblieben wäre; ganz im
Gegenteile, sie entfaltete eine außerordentlich starke Wirkung, indem sie zum Motiv wurde, den ganzen Traumvorgang
in der Verdrängung zu erhalten und von späterer bewußter
Verarbeitung auszuschließen. Aber damit war ihre Wirkung erschöpft; auf die Entscheidung des sexuellen Problems nahm sie
keinen Einfluß. Es war freilich ein Widerspruch, daß von da an
Kastrationsangst bestehen konnte neben der Identifizierung
mit dem Weib mittels des Darmes, aber doch nur ein logischer
Widerspruch, was nicht viel besagt. Der ganze Vorgang ist
vielmehr jetzt charakteristisch dafür, wie das Unbewußte arbeitet. Eine Verdrängung ist etwas anderes als eine Verurteilung.

Als wir die Genese der Wolfsphobie studierten, verfolgten
wir die Wirkung der neuen Einsicht in den geschlechtlichen
Akt; jetzt, wo wir die Störungen der Darmtätigkeit untersuchen,
befinden wir uns auf dem Boden der alten Kloakentheorie.
Die beiden Standpunkte bleiben durch eine Verdrängungs-
stufe voneinander getrennt. Die durch den Verdrängungsakt
abgewiesene weibliche Einstellung zum Manne zieht sich gleichsam in die Darmsymptomatik zurück und äußert sich in den
häufig auftretenden Diarrhöen, Obstipationen und Darm-
schmerzen der Kinderjahre. Die späteren sexuellen Phantasien,
die auf der Grundlage richtiger Sexualerkenntnis aufgebaut
sind, können sich nun in regressiver Weise als Darmstörungen
äußern. Wir verstehen dieselben aber nicht, ehe wir den Be-
deutungswandel des Kotes seit den ersten Kindheitszeiten aufgedeckt haben.*)

*) Vgl.: Über Triebumsetzungen usw. Diese Sammlung V. (S. 139.)

Ich habe an einer früheren Stelle erraten lassen, daß vom
Inhalt der Urszene ein Stück zurückgehalten ist, das ich nun
nachtragen kann. Das Kind unterbrach endlich das Beisammensein der Eltern durch eine Stuhlentleerung, die sein
Geschrei motivieren konnte. Für die Kritik dieses Zusatzes
gilt alles das, was ich vorhin von dem anderen Inhalt derselben
Szene in Diskussion gezogen habe. Der Patient akzeptierte
diesen von mir konstruierten Schlußakt und schien ihn durch
„passagere Symptombildung" zu bestätigen. Ein weiterer Zusatz, den ich vorgeschlagen hatte, daß der Vater über die
Störung unzufrieden seinem Unmut durch Schimpfen Luft
gemacht hatte, mußte wegfallen. Das Material der Analyse
reagierte nicht darauf.

Das Detail, das ich jetzt hinzugefügt habe, darf natürlich mit dem anderen Inhalt der Szene nicht in eine Linie
gestellt werden. Es handelt sich bei ihm nicht um einen Eindruck von außen, dessen Wiederkehr man in soviel späteren
Zeichen zu erwarten hat, sondern um eine eigene Reaktion
des Kindes. Es würde sich an der ganzen Geschichte nichts
ändern, wenn diese Äußerung damals unterblieben oder wenn
sie von später her in den Vorgang der Szene eingesetzt wäre.
Ihre Auffassung ist aber nicht zweifelhaft. Sie bedeutet eine
Erregtheit der Analzone (im weitesten Sinne). In anderen
Fällen ähnlicher Art hat eine solche Beobachtung des Sexualverkehrs mit einer Harnentleerung geendigt; ein erwachsener
Mann würde unter den gleichen Verhältnissen eine Erektion
verspüren. Daß unser Knäblein als Zeichen seiner sexuellen
Erregung eine Darmentleerung produziert, ist als Charakter
seiner mitgebrachten Sexualkonstitution zu beurteilen. Er stellt
sich sofort passiv ein, zeigt mehr Neigung zur späteren Identifizierung mit dem Weibe als mit dem Manne.

Er verwendet dabei den Darminhalt wie jedes andere Kind in einer seiner ersten und ursprünglichsten Bedeutungen. Der Kot ist das erste Geschenk, das erste Zärtlichkeitsopfer des Kindes, ein Teil des eigenen Leibes, dessen man sich entäußert, aber auch nur zu Gunsten einer geliebten Person.*) Die Verwendung zum Trotz wie in unserem Falle mit $3^1/_2$ Jahren gegen die Gouvernante ist nur die negative Wendung dieser früheren Geschenkbedeutung. Der „Grumus merdae", den die Einbrecher am Tatorte hinterlassen, scheint beides zu bedeuten: den Hohn und die regressiv ausgedrückte Entschädigung. Immer, wenn eine höhere Stufe erreicht ist, kann die frühere noch im negativ erniedrigten Sinne Verwendung finden. Die Verdrängung findet ihren Ausdruck in der Gegensätzlichkeit.**)

Auf einer späteren Stufe der Sexualentwicklung nimmt der Kot die Bedeutung des Kindes an. Das Kind wird ja durch den After geboren wie der Stuhlgang. Die Geschenkbedeutung des Kotes läßt diese Wandlung leicht zu. Das Kind wird im Sprachgebrauch als ein „Geschenk" bezeichnet; es wird häufiger vom Weibe ausgesagt, daß sie dem Manne „ein

---

*) Ich glaube, es läßt sich leicht bestätigen, daß Säuglinge nur die Personen, die von ihnen gekannt und geliebt werden, mit ihren Exkrementen beschmutzen; Fremde würdigen sie dieser Auszeichnung nicht. In den „Drei Abhandlungen zur Sexualtheorie" habe ich die allererste Verwendung des Kotes zur autoerotischen Reizung der Darmschleimhaut erwähnt; als Fortschritt schließt sich nun an, daß die Rücksicht auf ein Objekt für die Defäkation maßgebend wird, dem das Kind dabei gehorsam oder gefällig ist. Diese Relation setzt sich dann fort, indem sieb auch das ältere Kind nur von gewissen bevorzugten Personen auf den Topf setzen, beim Urinieren belfen läßt, wobei aber auch andere Befriedigungsabsiehten in Betracht kommen.

**) Es gibt im Unbewußten bekanntlich kein „Nein"; Gegensätze fallen zusammen. Die Negation wird erst durch den Vorgang der Verdrängung eingeführt.

Kind geschenkt" hat, aber im Gebrauch des Unbewußten wird mit Recht die andere Seite des Verhältnisses, daß das
Weib das Kind vom Manne als Geschenk „empfangen" hat,
ebenso berücksichtigt.

Die G e l d bedeutung des Kotes zweigt nach einer anderen Richtung von der Geschenkbedeutung ab.

Die frühe Deckerinnerung unseres Kranken, daß er einen
ersten Wutanfall produziert, weil er zu Weihnachten nicht
genug Geschenke bekommen habe, enthüllt nun ihren tieferen Sinn. Was er vermißte, war die Sexualbefriedigung, die
er anal gefaßt hatte. Seine Sexualforschung war vor dem Traum
darauf vorbereitet und hatte es während des Traumvorganges
begriffen, daß der Sexualakt das Rätsel der Herkunft der
kleinen Kinder löse. Er hatte die kleinen Kinder schon vor
dem Traum nicht gemocht. Einmal fand er einen kleinen,
noch nackten Vogel, der aus dem Nest gefallen war, hielt ihn
für einen kleinen Menschen und grauste sich vor ihm. Die
Analyse wies nach, daß all die kleinen Tiere, Raupen, Insek-
ten, gegen die er wütete, ihm kleine Kinder bedeutet hatten.*)
Sein Verhältnis zur älteren Schwester hatte ihm Anlaß gegeben, viel über die Beziehung der älteren Kinder zu den jüngeren nachzudenken; als ihm die Nanja einmal gesagt hatte,
die Mutter habe ihn so lieb, weil er der jüngste sei, hatte er
ein begreifliches Motiv bekommen zu wünschen, daß ihm kein
jüngeres Kind nachfolgen möge. Die Angst vor diesem jüngsten wurde dann unter dem Einfluß des Traumes, der ihm den
Verkehr der Eltern vorführte, neu belebt.

Wir sollen also zu den uns bereits bekannten eine neue
Sexualströmung hinzufügen, die wie die anderen von der im

---

*) Ebenso das Ungeziefer, das in Träumen und Phobien häufig für
die kleinen Kinder steht.

Traum reproduzierten Urszene ausgeht. In der Identifizierung mit dem Weibe (der Mutter) ist er bereit, dem Vater ein Kind zu schenken, und eifersüchtig auf die Mutter, die das schon getan hat und vielleicht wieder tun wird.

Auf dem Umweg über den gemeinsamen Ausgang der Geschenkbedeutung kann nun das Geld die Kindbedeutung an sich ziehen und solcher Art den Ausdruck der femininen (homosexuellen) Befriedigung übernehmen. Dieser Vorgang vollzog sich bei unserem Patienten, als er einmal zur Zeit, da beide Geschwister in einem deutschen Sanatorium weilten, sah, daß der Vater der Schwester zwei große Geldnoten gab. Er hatte den Vater in seiner Phantasie immer mit der Schwester verdächtigt; nun erwachte seine Eifersucht, er stürzte sich auf die Schwester, als sie allein waren, und forderte mit solchem Ungestüm und mit solchen Vorwürfen seinen Anteil am Gelde, daß ihm die Schwester weinend das Ganze hinwarf. Es war nicht allein das reale Geld gewesen, das ihn gereizt hatte, viel mehr noch das Kind, die anale Sexualbefriedigung vom Vater. Mit dieser konnte er sich dann trösten, als — zu Lebzeiten des Vaters — die Schwester gestorben war. Sein empörender Gedanke bei der Nachricht ihres Todes bedeutete eigentlich nichts anderes als: Jetzt bin ich das einzige Kind, jetzt muß der Vater mich allein lieb haben. Aber der homosexuelle Hintergrund dieser durchaus bewußtseinsfähigen Erwägung war so unerträglich, daß ihre Verkleidung in schmutzige Habsucht wohl als große Erleichterung ermöglicht wurde.

Ähnlich wenn er nach dem Tode des Vaters der Mutter jene ungerechten Vorwürfe machte, daß sie ihn ums Geld betrügen wolle, daß sie das Geld lieber habe als ihn. Die alte Eifersucht, daß sie noch ein anderes Kind als ihn geliebt, die Möglichkeit, daß sie sich noch nach ihm ein anderes Kind gewünscht, zwangen ihn zu Beschuldigungen, deren Haltlosigkeit er selbst erkannte.

Durch diese Analyse der Kotbedeutung wird uns nun klargelegt, daß die Zwangsgedanken, die Gott in Verbindung mit Kot bringen mußten, noch etwas anderes bedeuteten als die Schmähung, für die er sie erkannte. Sie waren vielmehr echte Kompromißergebnisse, an denen eine zärtliche, hingebende Strömung ebenso Anteil hatte wie eine feindselig beschimpfende. „Gott — Kot" war wahrscheinlich eine Abkürzung für ein Anerbieten, wie man es im Leben auch in ungekürzter Form zu hören bekommt. „Auf Gott scheißen", „Gott etwas scheißen" heißt auch, ihm ein Kind schenken, sich von ihm ein Kind schenken lassen. Die alte negativ erniedrigte Geschenkbedeutung und die später aus ihr entwickelte Kindbedeutung sind in den Zwangsworten miteinander vereinigt. In der letzteren kommt eine feminine Zärtlichkeit zum Ausdruck, die Bereitwilligkeit, auf seine Männlichkeit zu verzichten, wenn man dafür als Weib geliebt werden kann. Also gerade jene Regung gegen Gott, die in dem Wahnsystem des paranoischen Senatspräsidenten Schreber*) in unzweideutigen Worten ausgesprochen wird.

Wenn ich später von der letzten Symptomlösung bei meinem Patienten berichten werde, wird sich noch einmal zeigen lassen, wie die Darmstörung sich in den Dienst der homosexuellen Strömung gestellt und die feminine Einstellung zum Vater ausgedrückt hatte. Eine neue Bedeutung des Kotes soll uns jetzt den Weg zur Besprechung des Kastrationskomplexes bahnen.

Indem die Kotsäule die erogene Darmschleimheit reizt,

---

*) Siehe dessen Analyse in Sammlung Kl. Schriften z. Neurosenlehre, Dritte Folge.

spielt sie die Rolle eines aktiven Organs für dieselbe, benimmt
sie sich wie der Penis gegen die Vaginalschleimhaut und wird
gleichsam zum Vorläufer desselben in der Epoche der Kloake.
Das Hergeben des Kotes zu Gunsten (aus Liebe zu) einer
anderen Person wird seinerseits zum Vorbild der Kastration,
es ist der erste Fall des Verzichtes auf ein Stück des eigenen
Körpers,*) um die Gunst eines geliebten Anderen zu gewinnen. Die sonst narzißtische Liebe zu seinem Penis entbehrt
also nicht eines Beitrages von seiten der Analerotik. Der Kot,
das Kind, der Penis ergeben also eine Einheit, einen unbewußten Begriff — sit venia verbo —, den des vom Körper ab-
trennbaren Kleinen. Auf diesen Verbindungswegen können sich
Verschiebungen und Verstärkungen der Libidobesetzung vollziehen, die für die Pathologie von Bedeutung sind und von
der Analyse aufgedeckt worden.

Die anfängliche Stellungnahme unseres Patienten gegen
das Problem der Kastration ist uns bekannt geworden. Er
verwarf sie und blieb auf dem Standpunkt des Verkehrs im
After. Wenn ich gesagt habe, daß er sie verwarf, so ist die
nächste Bedeutung dieses Ausdrucks, daß er von ihr nichts
wissen wollte im Sinne der Verdrängung. Damit war eigentlich kein Urteil über ihre Existenz gefällt, aber es war so
gut, als ob sie nicht existierte. Diese Einstellung kann aber
nicht die definitive, nicht einmal für die Jahre seiner Kindheitsneurose geblieben sein. Späterhin finden sich gute Be-
weise dafür, daß er die Kastration als Tatsache anerkannt
hatte. Er hatte sich auch in diesem Punkte benommen, wie
es für sein Wesen kennzeichnend war, was uns allerdings die
Darstellung wie die Einfühlung so außerordentlich erschwert.
Er hatte sich zuerst gesträubt und dann nachgegeben, aber

---

*) Als welches der Kot durchaus vom Kinde behandelt wird.

die eine Reaktion hatte die andere nicht aufgehoben. Am
Ende bestanden bei ihm zwei gegensätzliche Strömungen nebeneinander, von denen die eine die Kastration verabscheute, die
andere bereit war, sie anzunehmen und sich mit der Weiblichkeit als Ersatz zu trösten. Die dritte, älteste und tiefste,
welche die Kastration einfach verworfen hatte, wobei das
Urteil über ihre Realität noch nicht in Frage kam, war gewiß auch noch aktivierbar. Ich habe von eben diesem Patienten an anderer Stelle*) eine Halluzination aus seinem
fünften Jahr erzählt, zu der ich hier nur einen kurzen Kom-
mentar hinzuzufügen habe:

„Als ich fünf Jahre alt war, spielte ich im Garten neben meiner Kinderfrau und schnitzelte mit meinem Taschen-
messer an der Rinde eines jener Nußbäume, die auch in meinem Traum**) eine Rolle spielen.***) Plötzlich bemerkte ich
mit unaussprechlichem Schrecken, daß ich mir den kleinen
Finger der (rechten oder linken?) Hand so durchgeschnitten
hatte, daß er nur noch an der Haut hing. Schmerz spürte ich
keinen, aber eine große Angst. Ich getraute mich nicht, der
wenige Schritte entfernten Kinderfrau etwas zu sagen, sank
auf die nächste Bank und blieb da sitzen, unfähig, noch einen
Blick auf den Finger zu werfen. Endlich wurde ich ruhig, faßte
den Finger ins Auge, und siehe da, er war ganz unverletzt."

---

*) Über fausse reconnaissance („déjà raconté") während der psycho-
analytischen Arbeit. Intern. Zeitschr. f. ärztl. Psychoanalyse. I. 1913. (Diese
Sammlung VI.)

**) Vgl. Märchenstoffe in Träumen. Intern. Zeitschr. f. ärztl. Psycho-
analyse, I. 2. Heft.

***) Korrektur bei späterer Erzählung: Ich glaube, ich schnitt nicht
in den Baum. Das ist eine Verschmelzung mit einer anderen Erinnerung,
die auch halluzinatorisch gefälscht sein muß, daß ich in einen Baum
einen Schnitt mit dem Messer machte, und daß dabei Blut aus dem
Baume kam.

Wir wissen, daß mit $4^1/_2$ Jahren nach der Mitteilung
der heiligen Geschichte bei ihm jene intensive Denkarbeit
einsetzte, die in die Zwangsfrömmigkeit auslief. Wir dürfen
also annehmen, daß diese Halluzination in die Zeit fällt, in
der er sich zur Anerkennung der Realität der Kastration entschloß, und daß sie vielleicht gerade diesen Schritt mar-
kieren sollte. Auch die kleine Korrektur des Patienten ist
nicht ohne Interesse. Wenn er dasselbe schaurige Erlebnis
halluzinierte, das Tasso im „Befreiten Jerusalem" von seinem
Helden Tancred berichtet, so ist wohl die Deutung gerechtfertigt, daß auch für meinen kleinen Patienten der Baum
ein Weib bedeutete. Er spielte also dabei den Vater und
brachte die ihm bekannten Blutungen der Mutter mit der
von ihm erkannten Kastration der Frauen, „der Wunde", in
Beziehung.

Die Anregung zur Halluzination vom abgeschnittenen
Finger gab ihm, wie er später berichtete, die Erzählung, daß
einer Verwandten, die mit sechs Zehen geboren wurde, dieses
überzählige Glied gleich nachher mit einem Beil abgehackt
wurde. Die Frauen hatten also keinen Penis, weil er ihnen
bei der Geburt abgenommen wurde. Auf diesem Wege akzeptierte er zur Zeit der Zwangsneurose, was er schon während
des Traumvorganges erfahren und damals durch Verdrängung
von sich gewiesen hatte. Auch die rituelle Beschneidung Christi,
wie der Juden überhaupt, konnte ihm während der Lektüre
der heiligen Geschichte und der Gespräche über sie nicht
unbekannt bleiben.

Es ist ganz unzweifelhaft, daß ihm um diese Zeit der
Vater zu jener Schreckensperson wurde, von der die Kastration droht. Der grausame Gott, mit dem er damals rang,
der die Menschen schuldig werden läßt, um sie dann zu be-

strafen, der seinen Sohn und die Söhne der Menschen opfert, warf seinen Charakter auf den Vater zurück, den er anderseits gegen diesen Gott zu verteidigen suchte. Der Knabe hat hier ein phylogenetisches Schema zu erfüllen und bringt es zu stande, wenngleich seine persönlichen Erlebnisse nicht dazu stimmen mögen. Die Kastrationsdrohungen oder Andeutungen, die er erfahren hatte, waren vielmehr von Frauen ausgegangen,*) aber das konnte das Endergebnis nicht für lange aufhalten. Am Ende wurde es doch der Vater, von dem er die Kastration befürchtete. In diesem Punkte siegte die Heredität über das akzidentelle Erleben; in der Vorgeschichte der Menschheit ist es gewiß der Vater gewesen, der die Kastration als Strafe übte und sie dann zur Beschneidung ermäßigte. Je weiter er auch im Verlauf des Prozesses der Zwangsneurose in der Verdrängung der Sinnlichkeit kam,**) desto natürlicher mußte es ihm werden, den Vater, den eigentlichen Vertreter der sinnlichen Betätigung, mit solchen bösen Absichten auszustatten.

Die Identifizierung des Vaters mit dem Kastrator***) wurde bedeutungsvoll als die Quelle einer intensiven, bis zum Todeswunsch gesteigerten, unbewußten Feindseligkeit gegen ihn und der darauf reagierenden Schuldgefühle. Soweit benahm er sich aber normal, d. h. wie jeder Neurotiker, der von einem positiven Ödipuskomplex besessen ist. Das Merkwürdige war dann,

---

*) Wir wissen es von der Nanja und werden es von einer anderen Frau noch erfahren.

**) Siehe die Belege dafür S. 653.

***) Zu den quälendsten, aber auch groteskesten Symptomen seines späteren Leidens gehörte sein Verhältnis zu jedem — Schneider, bei dem er ein Kleidungsstück bestellt hatte, sein Respekt und seine Schüchternheit vor dieser hohen Person, seine Versuche, sie durch unmäßige Trinkgelder für sich einzunehmen, und seine Verzweiflung über den Erfolg der Arbeit, wie immer sie ausgefallen sein mochte.

daß auch hiefür bei ihm eine Gegenströmung existierte, bei
der der Vater vielmehr der Kastrierte war und als solcher
sein Mitleid herausforderte.

Ich habe bei der Analyse des Atemzeremoniells beim Anblick von Krüppeln, Bettlern usw. zeigen können, daß auch
dieses Symptom auf den Vater zurückging, der ihm als Kran-
ker bei dem Besuch in der Anstalt leid getan hatte. Die
Analyse gestattete diesen Faden noch weiter zurückzuver-
folgen. Es gab in sehr früher Zeit, wahrscheinlich noch vor
der Verführung ($3^1/_4$ Jahre) auf dem Gute einen armen Tag-
löhner, der das Wasser ins Haus zu tragen hatte. Er konnte
nicht sprechen, angeblich weil man ihm die Zunge abgeschnitten hatte. Wahrscheinlich war es ein Taubstummer. Der Kleine
liebte ihn sehr und bedauerte ihn vom Herzen. Als er gestorben war, suchte er ihn am Himmel.*) Das war also der
erste von ihm bemitleidete Krüppel; nach dem Zusammenhang und der Anreihung in der Analyse unzweifelhaft ein
Vaterersatz.

Die Analyse schloß an ihn die Erinnerung an andere ihm
sympathische Diener an, von denen er hervorhob, daß sie
kränklich oder Juden (Beschneidung!) gewesen waren. Auch
der Lakai, der ihn bei seinem Malheur mit $4^1/_2$ Jahren rei-
nigen half, war ein Jude und schwindsüchtig und genoß sein
Mitleid. Alle diese Personen fallen in die Zeit vor dem Besuch des Vaters im Sanatorium, also vor die Symptombildung, die vielmehr durch das Ausatmen eine Identifizierung
mit den Bedauerten fernhalten sollte. Dann wandte sich die
Analyse plötzlich im Anschluß an einen Traum in die Vorzeit

---

*) Ich erwähne in diesem Zusammenhange Träume, die später als
der Angsttraum, aber noch auf dem ersten Gut vorfielen und die Koitusszene als Vorgang zwischen Himmelskörpern darstellten.

zurück und ließ ihn die Behauptung aufstellen, daß er bei
dem Koitus der Urszene des Verschwinden des Penis beobachtet, den Vater darum bemitleidet und sich über das Wie-
dererscheinen des verloren Geglaubten gefreut habe. Also eine
neue Gefühlsregung, die wiederum von dieser Szene ausgeht.
Der narzißtische Ursprung des Mitleids, für den das Wort
selbst spricht, ist hier übrigens ganz unverkennbar.

VIII. NACHTRÄGE AUS DER URZEIT. — LÖSUNG.

In vielen Analysen geht es so zu, daß, wenn man sich
dem Ende nähert, plötzlich neues Erinnerungsmaterial auftaucht, welches bisher sorgfältig verborgen gehalten wurde.
Oder es wird einmal eine unscheinbare Bemerkung hinge-
worfen, im gleichgültigen Ton, als wäre es etwas Über-
flüssiges, zu dieser kommt ein andermal etwas hinzu, was
den Arzt bereits aufhorchen läßt, und endlich erkennt man
in jenem geringgeschätzten Brocken Erinnerung den Schlüs-
sel zu den wichtigsten Geheimnissen, welche die Neurose des
Kranken umkleidete.

Frühzeitig hatte mein Patient eine Erinnerung aus der
Zeit erzählt, da seine Schlimmheit in Angst umzuschlagen
pflegte. Er verfolgte einen schönen großen Schmetterling mit
gelben Streifen, dessen große Flügel in spitze Fortsätze ausliefen, — also einen Admiral. Plötzlich erfaßte ihn, als der
Schmetterling sich auf eine Blume gesetzt hatte, eine schreckliche Angst vor dem Tier und er lief schreiend davon.

Diese Erinnerung kehrte von Zeit zu Zeit in der Analyse
wieder und forderte ihre Erklärung, die sie lange nicht erhielt. Es war doch von vornherein anzunehmen, daß ein solches Detail nicht seinetwegen selbst einen Platz im Gedächtnis behalten hatte, sondern als Deckerinnerung Wichtigeres

vertrat, womit es irgendwie verknüpft war. Er sagte eines
Tages, ein Schmetterling heiße in seiner Spraehe: Babusehka,
altes Mütterehen; überhaupt seien ihm die Schmetterlinge wie
Frauen und Mädchen, die Käfer und Raupen wie Knaben er-
sehienen. Also mußte wohl die Erinnerung an ein weibliehes
Wesen bei jener Angstszene waeh geworden sein. Ich will
nicht verschweigen, daß ieh damals die Mögliehkeit vorsehlug,
die gelben Streifen des Admirals hätten an die ähnliehe Strei-
fung eines Kleidungsstüekes, das eine Frau trug, gemahnt.
Ieh tue das nur, um an einem Beispiel zu zeigen, wie unzu-
reiehend in der Regel die Kombination des Arztes zur Lösung der aufgeworfenen Fragen ist, wie sehr man Unrecht
tut, die Phantasie und die Suggestion des Arztes für die Ergebnisse der Analyse verantwortlich zu maehen.

In einem ganz anderen Zusammenhange, viele Monate
später, machte dann der Patient die Bemerkung, das Öffnen
und Sehließen der Flügel, als der Sehmetterling saß, hätte
den unheimliehen Eindruck auf ihn gemaeht. Dies wäre so
gewesen, wie wenn eine Frau die Beine öffnet, und die Beine
ergäben dann die Figur einer römisehen V, bekanntlieh die
Stunde, um welehe schon in seinen Knabenjahren, aber aueh
jetzt noch, eine Verdüsterung seiner Stimmung einzutreten
pflegte.

Das war ein Einfall, auf den ieh nie gekommen wäre,
dessen Sehätzung aber durch die Erwägung gewann, daß der
darin bloßgelegte Assoziationsvorgang so recht infantilen Charakter hatte. Die Aufmerksamkeit der Kinder, habe ieh oft
bemerkt, wird durch Bewegungen weit mehr angezogen als
dureh ruhende Formen, und sie stellen oft Assoziationen auf
Grund von ähnlieher Bewegung her, die von uns Erwachsenen
vernaehlässigt oder unterlassen werden.

Dann ruhte das kleine Problem wieder für lange Zeit. Ich will noch die wohlfeile Vermutung erwähnen, daß die spitzen oder stangenartigen Fortsätze der Schmetterlingsflügel eine Bedeutung als Genitalsymbole gehabt haben könnten.

Eines Tages tauchte schüchtern und undeutlich eine Art von Erinnerung auf, es müßte sehr frühe, noch vor der Kinderfrau ein Kindermädchen gegeben haben, das ihn sehr lieb hatte. Sie hatte denselben Namen wie die Mutter. Gewiß erwiderte er ihre Zärtlichkeit. Also eine verschollene erste Liebe. Wir einigten uns aber, irgend etwas müßte da vorgefallen sein, was später von Wichtigkeit wurde.

Dann korrigierte er ein anderes Mal seine Erinnerung. Sie könne nicht so geheißen haben wie die Mutter, das war ein Irrtum von ihm, der natürlich bewies, daß sie ihm in der Erinnerung mit der Mutter zusammengeflossen war. Ihr richtiger Name sei ihm auch auf einem Umwege eingefallen. Er habe plötzlich an einen Lagerraum auf dem ersten Gute denken müssen, in dem das abgenommene Obst aufbewahrt wurde, und an eine gewisse Sorte Birnen von ausgezeichnetem Geschmack, große Birnen mit gelben Streifen auf ihrer Schale. Birne heißt in seiner Sprache G r u s c h a, und dies war auch der Name des Kindermädchens.

Also wurde es klar, daß sich hinter der Deckerinnerung des gejagten Schmetterlings das Gedächtnis des Kindermädchens verbarg. Die gelben Streifen saßen aber nicht auf ihrem Kleid, sondern auf dem der Birne, die so hieß wie sie selbst. Aber woher die Angst bei der Aktivierung der Erinnerung an sie? Die nächste plumpe Kombination hätte lauten können, bei diesem Mädchen habe er als kleines Kind zuerst die Bewegungen der Beine gesehen, die er sich mit dem Zeichen der römischen V fixiert hatte, Bewegungen, die das Genitale zugänglich machen. Wir ersparten uns diese Kombination und warteten auf weiteres Material.

Sehr bald kam nun die Erinnerung an eine Szene, unvollständig, aber soweit sie erhalten war, bestimmt. Gruscha lag auf dem Boden, neben ihr ein Kübel und ein aus Ruten gebundener kurzer Besen; er war dabei und sie neckte ihn oder machte ihn aus.

Was daran fehlte, war von anderen Stellen her leicht einzusetzen. Er hatte in den ersten Monaten der Kur von einer zwanghaft aufgetretenen Verliebtheit in ein Bauernmädchen erzählt, bei der er sich mit 18 Jahren den Anlaß zu seiner späteren Erkrankung geholt hatte. Damals hatte er sich in der auffälligsten Weise gesträubt, den Namen des Mädchens mitzuteilen. Es war ein ganz vereinzelter Widerstand; er war der analytischen Grundregel sonst ohne Rückhalt gehorsam. Aber er behauptete, er müsse sich so sehr schämen, diesen Namen auszusprechen, weil er rein bäuerlich sei; ein vornehmeres Mädchen würde ihn nie tragen. Der Name, den man endlich erfuhr, war M a t r o n a. Er hatte mütterlichen Klang. Das Schämen war offenbar deplaciert. Der Tatsache selbst, daß diese Verliebtheiten ausschließlich die niedrigsten Mädchen betrafen, schämte er sich nicht, nur des Namens. Wenn das Abenteuer mit der Matrona etwas Gemeinsames mit der Gruschaszene haben konnte, dann war das Schämen in diese frühe Begebenheit zurückzuversetzen.

Er hatte ein anderes Mal erzählt, als er die Geschichte von J o h a n n e s H u ß erfuhr, wurde er von ihr sehr ergriffen, und seine Aufmerksamkeit blieb an den Bündeln von Reisig hängen, die man zu seinem Scheiterhaufen schleppte. Die Sympathie für H u ß erweckt nun einen ganz bestimmten Verdacht; ich habe sie bei jugendlichen Patienten oft gefunden und immer auf dieselbe Weise aufklären können. Einer derselben hatte sogar eine dramatische Bearbeitung der Schicksale des Huß geliefert; er begann sein Drama an dem Tage zu schreiben, der ihm das Objekt seiner geheim gehaltenen Verliebtheit entzog. Huß stirbt den Feuertod, er wird wie andere, welche die gleiche Bedingung erfüllen, der Held der ehemaligen Enuretiker. Die Reisigbündel beim Scheiterhaufen des Huß stellte mein Patient selbst mit dem Besen (Rutenbündel) des Kindermädchens zusammen.

Dieses Material fügte sich zwanglos zusammen, um die Lücke in der Erinnerung der Szene mit der Gruscha auszufüllen. Er hatte, als er dem Mädchen beim Aufwaschen des Bodens zusah, ins Zimmer uriniert und sie darauf eine gewiß scherzhafte Kastrationsdrohung ausgesprochen.*)

Ich weiß nicht, ob die Leser schon erraten können, warum ich diese frühinfantile Episode so ausführlich mitgeteilt habe.**) Sie stellt eine wichtige Verbindung her zwischen der Urszene und dem späteren Liebeszwang, der so entscheidend für sein Schicksal geworden ist, und führt überdies eine Liebesbedingung ein, welche diesen Zwang aufklärt.

Als er das Mädchen auf dem Boden liegen sah, mit dem Aufwaschen desselben beschäftigt, kniend, die Nates vorgestreckt, den Rücken horizontal gehalten, fand er an ihr

---

*) Es ist sehr merkwürdig, daß die Reaktion der Beschämung so innig mit der unfreiwilligen Harnentleerung verbunden ist (täglichen wie nächtlichen), und nicht, wie man erwarten sollte, ebenso mit der Stuhlinkontinenz. Die Erfahrung läßt hierüber gar keinen Zweifel bestehen. Auch die regelmäßige Beziehung der Harninkontinenz zum Feuer gibt zu denken. Es ist möglich, daß in diesen Reaktionen und Zusammenhängen Niederschläge aus der Kulturgeschichte der Menschheit vorliegen, die tiefer hinab reichen als alles, was uns durch seine Spuren im Mythus und im Folklore erhalten ist.

**) Ihre Zeit fällt etwa um $2^{1}/_{2}$ Jahre, zwischen der angeblichen Koitusbeobachtung und der Verführung.

die Stellung wieder, welche die Mutter in der Koitusszene eingenommen hatte. Sie wurde ihm zur Mutter, die sexuelle Erregung infolge der Aktivierung jenes Bildes*) ergriff ihn, und er benahm sich männlich gegen sie wie der Vater, dessen Aktion er damals ja nur als ein Urinieren verstanden haben konnte. Sein auf den Boden Urinieren war eigentlich ein Verführungsversuch und das Mädchen antwortete darauf mit einer Kastrationsdrohung, als ob sie ihn verstanden hätte.

Der von der Urszene ausgehende Zwang übertrug sich auf diese Szene mit der Gruscha und wirkte durch sie fort. Die Liebesbedingung erfuhr aber eine Abänderung, welche den Einfluß der zweiten Szene bezeugt; sie übertrug sich von der Position des Weibes auf dessen Tätigkeit in solcher Position. Dies wurde z. B. in dem Erlebnis mit der Matrone evident. Er machte einen Spaziergang durch das Dorf, welches zu dem (späteren) Gut gehörte, und sah am Rand des Teiches ein kniendes Bauernmädchen, damit beschäftigt, Wäsche im Teich zu waschen. Er verliebte sich in die Wäscherin augenblicklich und mit unwiderstehlicher Heftigkeit, obwohl er ihr Gesicht noch gar nicht sehen konnte. Sie war ihm durch Lage und Tätigkeit an die Stelle der Gruscha getreten. Wir verstehen nun, wie sich das Schämen, das dem Inhalt der Szene mit der Gruscha galt, an den Namen der Matrona knüpfen konnte.

Den zwingenden Einfluß der Gruschaszene zeigt noch deutlicher ein anderer Anfall von Verliebtheit, einige Jahre vorher. Ein junges Bauernmädchen, das im Hause Dienste leistete, hatte ihm schon lange gefallen, aber er hatte es über sich vermocht, sich ihr nicht zu nähern. Eines Tages packte ihn die Verliebtheit, als er sie allein im Zimmer traf.

*) Vor dem Traume!

Er fand sie auf dem Boden liegend. mit Aufwaschen beschäftigt, Kübel und Besen neben sich, also ganz wie das Mädchen in seiner Kindheit.

Selbst seine definitive Objektwahl, die für sein Leben so bedeutungsvoll wurde, erweist sich durch ihre näheren Umstände, die hier nicht anzuführen sind, als abhängig von der gleichen Liebesbedingung, als ein Ausläufer des Zwanges, der von der Urszene aus über die Szene mit Grusche seine Liebeswahl beherrschte. Ich habe an früherer Stelle bemerkt, daß ich das Bestreben zur Erniedrigung des Liebesobjekts bei dem Patienten wohl anerkenne. Es ist auf Reaktion gegen den Druck der ihm überlegenen Schwester zurückzuführen. Aber ich versprach damals zu zeigen, daß dies Motiv (S. 596) selbstherrlicher Natur nicht das einzig bestimmende gewesen ist, sondern eine tiefere Determinierung durch rein erotische Motive verdeckt. Die Erinnerung an das den Boden aufwaschende, allerdings in seiner Position erniedrigte Kindermädchen, brachte diese Motivierung zum Vorschein. Alle späteren Liebesobjekte waren Ersatzpersonen dieser einen, die selbst durch den Zufall der Situation zum ersten Mutterersatz geworden war. Der erste Einfall des Patienten zum Problem der Angst vor dem Schmetterling läßt sich nachträglich leicht als fernliegende Anspielung an die Urszene erkennen (die fünfte Stunde). Die Beziehung der Gruschaszene zur Kastrationsdrohung bestätigte er durch einen besonders sinnreichen Traum, den er auch selbst zu übersetzen verstand. Er sagte: Ich habe geträumt, ein Mann reißt einer Espe die Flügel aus. Espe? mußte ich fragen, was meinen Sie damit? — Nun, das Insekt mit den gelben Streifen am Leib, das stechen kann. Es muß eine Anspielung an die Gruscha, die gelbgestreifte Birne, sein. — Wespe, meinen Sie also, konnte ich korrigieren. —

Heißt es Wespe? Ich habe wirklich geglaubt, es heißt Espe. (Er bediente sich wie so viele andere seiner Fremdsprachigkeit zur Deckung von Symptomhandlungen.) Aber Espe, das bin ja ich, S. P. (die Initialen seines Namens). Die Espe ist natürlich eine verstümmelte Wespe. Der Traum sagt klar, er räche sich an der Gruscha für ihre Kastrationsandrohung.

Die Aktion des 2¹/₂jährigen in der Szene mit Gruscha ist die erste uns bekanntgewordene Wirkung der Urszene, sie stellt ihn als Kopie des Vaters dar und läßt uns eine Entwicklungstendenz in der Richtung erkennen, die später den Namen der männlichen verdienen wird. Durch die Verführung wird er in eine Passivität gedrängt, die allerdings auch schon durch sein Benehmen als Zusehauer beim elterlichen Verkehr vorbereitet ist.

Ich muß aus der Behandlungsgeschichte noch hervorheben, daß man den Eindruck empfing, mit der Bewältigung der Gruschaszene, des ersten Erlebnisses, das er wirklich erinnern konnte und ohne mein Vermuten und Dazutun erinnerte, sei die Aufgabe der Kur gelöst gewesen. Es gab von da an keine Widerstände mehr, man brauchte nur noch zu sammeln und zusammenzusetzen. Die alte Traumatheorie, die ja auf Eindrücke aus der psychoanalytischen Therapie aufgebaut war, kam mit einem Male wieder zur Geltung. Aus kritischem Interesse machte ich noch einmal den Versuch, dem Patienten eine andere Auffassung seiner Geschichte aufzudrängen, die dem nüchternen Verstand willkommener wäre. An der Szene mit Gruscha sei ja nicht zu zweifeln, aber sie bedeute an und für sich nichts und sei hinterher verstärkt worden durch Regression von den Ereignissen seiner Objektwahl, die sich infolge der Erniedrigungstendenz von der Schwester weg auf die Dienstmädchen geworfen hätte. Die Koitusbeobachtung aber sei eine Phantasie seiner späteren Jahre, deren historischer Kern die Beobachtung oder das Erlebnis etwa eines harmlosen Lavements gewesen sein könnte. Vielleicht meinen manche Leser, erst mit diesen Annahmen hätte ich mich dem Verständnis des Falles genähert; der Patient sah mich verständnislos und etwas verächtlich an, als ich ihm diese Auffassung vortrug, und reagierte niemals wieder auf dieselbe. Meine eigenen Argumente gegen solche Rationalisierung habe ich oben im Zusammenhange entwickelt.

[Die Gruschaszene enthält aber nicht nur die für das Leben des Patienten entscheidenden Bedingungen der Objektwahl und behütet uns so vor dem Irrtum, die Bedeutung der Erniedrigungstendenz gegen das Weib zu überschätzen. Sie vermag mich auch zu rechtfertigen, wenn ich es vorhin abgelehnt habe, die Zurückführung der Urszene auf eine kurz vor dem Traum angestellte Tierbeobachtung ohne jedes Bedenken als die einzig mögliche Lösung zu vertreten (S. 67). Sie war in der Erinnerung des Patienten spontan und ohne mein Dazutun aufgetaucht. Die auf sie zurückgehende Angst vor dem gelbgestreiften Schmetterling bewies, daß sie einen bedeutungsvollen Inhalt gehabt hatte, oder daß es möglich geworden war, ihrem Inhalt nachträglich solche Bedeutung zu verleihen. Dies Bedeutungsvolle, was in der Erinnerung fehlte, war durch die sie begleitenden Einfälle und die daran zu knüpfenden Schlüsse mit Sicherheit zu ergänzen. Es ergab sich dann, daß die Schmetterlingsangst durchaus analog war der Wolfsangst, in beiden Fällen Angst vor der Kastration, zunächst bezogen auf die Person, welche die Kastrationsdrohung zuerst ausgesprochen hatte, sodann auf die andere verlegt, an der sie nach dem phylogenetischen Vorbild Anheftung finden mußte. Die Szene mit Gruscha war mit $2^1/_2$ Jahren

vorgefallen, das Angsterlebnis mit dem gelben Schmetterling
aber sicherlich nach dem Angsttraum. Es ließ sich leicht
verstehen, daß das spätere Verständnis für die Möglichkeit
der Kastration nachträglich aus der Szene mit Gruscha die
Angst entwickelt hatte; aber diese Szene selbst enthielt nichts
Anstößiges oder Unwahrscheinliches, vielmehr durchaus ba-
nale Einzelheiten, an denen zu zweifeln man keinen Grund
hatte. Nichts forderte dazu auf, sie auf eine Phantasie des
Kindes zurückzuführen; es erscheint auch kaum möglich.

Es entsteht nun die Frage, sind wir berechtigt in dem
Urinieren des stehenden Knaben, während das auf den Knien
liegende Mädchen den Boden aufwäscht, einen Beweis seiner
sexuellen Erregtheit zu sehen? Dann würde diese Erregung
den Einfluß eines früheren Eindrucks bezeugen, der ebensowohl die Tatsächlichkeit der Urszene, wie eine vor $2^1/_2$
Jahren gemachte Beobachtung an Tieren sein könnte. Oder
war jene Situation durchaus harmlos, die Harnentleerung des
Kindes eine rein zufällige, und die ganze Szene wurde erst
später in der Erinnerung sexualisiert, nachdem ähnliche
Situationen als bedeutungsvoll erkannt worden waren?

Hier getraue ich mich nun zu keiner Entscheidung. Ich
muß sagen, ich rechne es der Psychoanalyse bereits hoch an,
daß sie zu solchen Fragestellungen gekommen ist. Aber ich
kann es doch nicht verleugnen, daß die Szene mit Gruscha,
die Rolle, die in ihr in der Analyse zufiel, und die Wirkungen, die im Leben von ihr ausgingen, sich doch am unge-
zwungensten und vollständigsten erklären, wenn man die Urszene, die andere Male eine Phantasie sein mag, hier als
Realität gelten läßt. Sie behauptet im Grunde nichts Un-
mögliches; die Annahme ihrer Realität verträgt sich auch
ganz gut mit dem anregenden Einfluß der Tierbeobach-

tungen, auf welche die Schäferhunde des Traumbildes hindeuten.

Von diesem unbefriedigenden Abschluß wende ich mich zur Behandlung der Frage, die ich in den „Vorlesungen zur Einführung in die Psychoanalyse" versucht habe. Ich möchte selbst gerne wissen, ob die Urszene bei meinem Patienten Phantasie oder reales Erlebnis war, aber mit Rücksicht auf andere ähnliche Fälle muß man sagen, es sei eigentlich nicht sehr wichtig, dies zu entscheiden. Die Szenen von Beobachtung des elterlichen Sexualverkehrs, von Verführung in der Kindheit und von Kastrationsandrohung sind unzweifelhafter ererbter Besitz, phylogenetische Erbschaft, aber sie können ebensowohl Erwerb persönlichen Erlebens sein. Bei meinem Patienten war die Verführung durch die ältere Schwester eine unbestreitbare Realität; warum nicht auch die Beobachtung des elterlichen Koitus?

Wir sehen nur in der Urgeschichte der Neurose, daß das Kind zu diesem phylogenetischen Erleben greift, wo sein eigenes Erleben nicht ausreicht. Es füllt die Lücken der individuellen Wahrheit mit prähistorischer Wahrheit aus, setzt die Erfahrung der Vorahnen an die Stelle der eigenen Erfahrung ein. In der Anerkennung dieser phylogenetischen Erbschaft stimme ich mit Jung (Die Psychologie der unbewußten Prozesse 1917, eine Schrift, die meine „Vorlesungen" nicht mehr beeinflussen konnte) völlig zusammen; aber ich halte es für methodisch unrichtig, zur Erklärung aus der Phylogenese zu greifen, ehe man die Möglichkeiten der Ontogenese erschöpft hat; ich sehe nicht ein, warum man der kindheitlichen Vorzeit hartnäckig eine Bedeutung bestreiten will, die man der Ahnenvorzeit bereitwillig zugesteht; ich kann nicht verkennen, daß die phylogenetischen Motive und

Produktionen selbst der Aufklärung bedürftig sind, die ihnen
in einer ganzen Reihe von Fällen aus der individuellen Kindheit zu teil werden kann, und zum Schlusse verwundere ich
mich nicht darüber, wenn die Erhaltung der nämlichen Bedingungen beim einzelnen organisch wiedererstehen läßt, was
diese einst in Vorzeiten geschaffen und als Disposition zum
Wiedererwerb vererbt haben.]

　　In die Zwischenzeit zwischen Urszene und Verführung
($1^1/_2$—$3^1/_4$ Jahre) ist noch der stumme Wasserträger einzu-
schieben, der für ihn Vaterersatz war wie die Gruscha
Mutterersatz. Ich glaube, es ist unberechtigt, hier von einer
Erniedrigungstendenz zu reden, wiewohl sich beide Eltern
durch dienende Personen vertreten finden. Das Kind setzt sich
über die sozialen Unterschiede hinweg, die ihm noch wenig
bedeuten, und reiht auch geringere Leute an die Eltern an,
wenn sie ihm ähnlich wie die Eltern Liebe entgegenbringen.
Ebensowenig Bedeutung hat diese Tendenz für die Ersetzung
der Eltern durch Tiere, deren Geringschätzung vom Kinde
ganz ferne liegt. Ohne Rücksicht auf solche Erniedrigung werden Onkel und Tanten zum Elternersatz herangezogen, wie
auch für unseren Patienten durch mehrfache Erinnerungen
bezeugt ist.

　　In dieselbe Zeit gehört noch eine dunkle Kunde von einer
Phase, in der er nichts essen wollte außer Süßigkeiten, so
daß man Sorge für sein Fortkommen hatte. Man erzählte ihm
von einem Onkel, der ebenso das Essen verweigert hatte und
dann jung an der Auszehrung starb. Er hörte auch, daß er
im Alter von drei Monaten so schwer krank gewesen war (an
einer Lungenentzündung?), daß man schon das Totenhemd
für ihn bereit gemacht hatte. Es gelang ihm ängstlich zu
machen, so daß er wieder aß; in späteren Kindheitsjahren

übertrieb er sogar diese Verpflichtung, wie um sich gegen den angedrohten Tod zu schützen. Die Todesangst, die man damals zu seinem Schutz wachgerufen hatte, zeigte sich später wieder, als die Mutter vor der Dysenteriegefahr warnte; sie provozierte noch später einen Anfall der Zwangsneurose (S. 77). Wir wollen versuchen, ihren Ursprüngen und Bedeutungen an späterer Stelle nachzugehen.

Für die Eßstörung möchte ich die Bedeutung einer allerersten neurotischen Erkrankung in Anspruch nehmen; so daß Eßstörung, Wolfsphobie, Zwangsfrömmigkeit die vollständige Reihe der infantilen Erkrankungen ergeben, welche die Disposition für den neurotischen Zusammenbruch in den Jahren nach der Pubertät mit sich bringen. Man wird mir entgegenhalten, daß wenige Kinder solchen Störungen wie einer vorübergehenden Eßunlust · oder einer Tierphobie entgehen. Aber dies Argument ist mir sehr willkommen. Ich bin bereit zu behaupten, daß jede Neurose eines Erwachsenen sich über seiner Kinderneurose aufbaut, die aber nicht immer intensiv genug ist, um aufzufallen und als solche erkannt zu werden. Die theoretische Bedeutung der infantilen Neurosen für die Auffassung der Erkrankungen, die wir als Neurosen behandeln und nur von den Einwirkungen des späteren Lebens ableiten wollen, wird durch jenen Einwand nur gehoben. Hätte unser Patient nicht zu seiner Eßstörung und seiner Tierphobie noch die Zwangsfrömmigkeit hinzubekommen, so würde sich seine Geschichte von der anderer Menschenkinder nicht auffällig unterscheiden, und wir wären um wertvolle Materialien, die uns vor naheliegenden Irrtümern bewahren können, ärmer.

Die Analyse wäre unbefriedigend, wenn sie nicht das Verständnis jener Klage brächte, in die der Patient sein Leiden zusammenfaßte. Sie lautete, daß ihm die Welt durch einen

Schleier verhüllt sei, und die psychoanalytische Schulung weist die Erwartung ab, daß diese Worte bedeutungslos und wie zufällig gewählt sein sollten. Der Schleier zerriß — merkwürdigerweise — nur in einer Situation, nämlich, wenn infolge eines Lavements der Stuhlgang den After passierte. Dann fühlte er sich wieder wohl und sah die Welt für eine ganz kurze Weile klar. Mit der Deutung dieses „Schleiers" ging es ähnlich schwierig wie bei der Schmetterlingsangst. Auch hielt er nicht an dem Schleier fest, dieser verflüchtigte sich ihm weiter zu einem Gefühl von Dämmerung, „ténèbres", und anderen ungreifbaren Dingen.

Erst kurz vor dem Abschied von der Kur besann er sich, er habe gehört, daß er in einer „Glückshaube" zur Welt gekommen sei. Darum habe er sich immer für ein besonderes Glückskind gehalten, dem nichts Böses widerfahren könne. Erst dann verließ ihn diese Zuversicht, als er die gonorrhoische Erkrankung als schwere Beschädigung an seinem Körper anerkennen mußte. Vor dieser Kränkung seines Narzißmus brach er zusammen. Wir werden sagen, er wiederholte damit einen Mechanismus, der schon einmal bei ihm gespielt hatte. Auch seine Wolfsphobie brach aus, als er vor die Tatsache, daß eine Kastration möglich sei, gestellt wurde, und die Gonorrhoe reihte er offenbar der Kastration an.

Die Glückshaube ist also der Schleier, der ihn vor der Welt und ihm die Welt verhüllte. Seine Klage ist eigentlich eine erfüllte Wunschphantasie, sie zeigt ihn wieder in den Mutterleib zurückgekehrt, allerdings die Wunschphantasie der Weltflucht. Sie ist zu übersetzen: Ich bin so unglücklich im Leben, ich muß wieder in den Mutterschoß zurück.

Was soll es aber bedeuten, daß dieser symbolische, einmal real gewesene, Schleier in dem Moment der Stuhlentleerung nach dem Klysma zerreißt, daß seine Krankheit unter dieser Bedingung von ihm weicht? Der Zusammenhang gestattet uns zu antworten: Wenn der Geburtsschleier zerreißt, so erblickt er die Welt und wird wiedergeboren. Der Stuhlgang ist das Kind, als welches er zum zweitenmal zu einem glücklicheren Leben geboren wird. Das wäre also die Wiedergeburtsphantasie, auf die Jung kürzlich die Aufmerksamkeit gelenkt, und der er eine so dominierende Stellung im Wunschleben der Neurotiker eingeräumt hat.

Das wäre schön, wenn es vollständig wäre. Gewisse Einzelheiten der Situation und die Rücksicht auf den erforderlichen Zusammenhang mit der speziellen Lebensgeschichte nötigen uns, die Deutung weiter zu führen. Die Bedingung der Wiedergeburt ist, daß ihm ein Mann ein Klysma verabreicht (diesen Mann hat er erst später notgedrungen selbst ersetzt). Das kann nur heißen, er hat sich mit der Mutter identifiziert, der Mann spielt den Vater, das Klysma wiederholt den Begattungsakt, als dessen Frucht das Kotkind — wiederum er — geboren wird. Die Wiedergeburtsphantasie ist also eng mit der Bedingung der sexuellen Befriedigung durch den Mann verknüpft. Die Übersetzung lautet jetzt also: Nur wenn er sich dem Weib substituieren, die Mutter ersetzen darf, um sich vom Vater befriedigen zu lassen und ihm ein Kind zu gebären, dann ist seine Krankheit von ihm gewichen. Die Wiedergeburtsphantasie war also hier nur eine verstümmelte, zensurierte Wiedergabe der homosexuellen Wunschphantasie.

Sehen wir näher zu, so müssen wir eigentlich bemerken, daß der Kranke in dieser Bedingung seiner Heilung nur die Situation der sogenannten Urszene wiederholt: Damals wollte er sich der Mutter unterschieben; das Kotkind hat er, wie wir längst vorher angenommen hatten, in jener Szene selbst produziert. Er ist noch immer fixiert, wie gebannt, an die Szene, die für sein Sexualleben entscheidend wurde, deren Wiederkehr ·in jener Traumnacht sein Kranksein eröffnete. Das Zerreißen des Schleiers ist analog dem Öffnen der Augen, dem Aufgehen der Fenster. Die Urszene ist zur Heilbedingung umgebildet worden.

Das, was durch die Klage, und was durch die Ausnahme dargestellt ist, kann man leicht zu einer Einheit zusammenziehen, die dann ihren ganzen Sinn offenbart. Er wünscht sich in den Mutterleib zurück, nicht um dann einfach wiedergeboren zu werden, sondern um dort beim Koitus vom Vater getroffen zu werden, von ihm die Befriedigung zu bekommen, ihm ein Kind zu gebären.

Vom Vater geboren worden zu sein, wie er anfänglich gemeint hatte, von ihm sexuell befriedigt zu werden, ihm ein Kind zu schenken, dies unter Preisgebung seiner Männlichkeit, und in der Sprache der Analerotik ausgedrückt: mit diesen Wünschen ist der Kreis der Fixierung an den Vater geschlossen, hiemit hat die Homosexualität ihren höchsten und intimsten Ausdruck gefunden.*)

Ich meine, von diesem Beispiel her fällt auch ein Licht auf Sinn und Ursprung der Mutterleibs- wie der Wiedergeburtsphantasie. Die erstere ist häufig so wie in unserem Falle aus der Bindung an den Vater hervorgegangen. Man wünscht sich in den Leib der Mutter, um sich ihr beim Koitus zu substituieren, ihre Stelle beim Vater einzunehmen. Die Wiedergeburtsphantasie ist wahrscheinlich regelmäßig eine

---

*) Der mögliche Nebensinn, daß der Schleier das Hymen darstellt, welches beim Verkehr mit dem Manne zerreißt, trifft nicht genau mit der Heilbedingung zusammen und hat keine Beziehung zum Leben des Patienten, für den die Virginität keine Bedeutung hatte.

Milderung, sozusagen ein Euphemismus, für die Phantasie des inzestuösen Verkehrs mit der Mutter, eine anagogische Abkürzung derselben, um den Ausdruck von H. Silberer zu gebrauchen. Man wünscht sich in die Situation zurück, in der man sich in den Genitalien der Mutter befand, wobei sich der Mann mit seinem Penis identifiziert, durch ihn vertreten läßt. Dann enthüllen sich die beiden Phantasien als Gegenstücke, die je nach der männlichen oder weiblichen Einstellung des Betreffenden dem Wunsch nach dem Sexualverkehr mit dem Vater oder der Mutter Ausdruck geben. Es ist die Möglichkeit nicht abzuweisen, daß in der Klage und Heilbedingung unseres Patienten beide Phantasien, also auch beide Inzestwünsche, vereinigt sind.

Ich will noch einmal den Versuch machen, die letzten Ergebnisse der Analyse nach dem gegnerischen Vorbild umzudeuten: Der Patient beklagt seine Weltflucht in einer typischen Mutterleibsphantasie, erblickt seine Heilung allein von einer typisch gefaßten Wiedergeburt. Diese letztere drückt er in analen Symptomen entsprechend seiner vorwiegenden Veranlagung aus. Nach dem Vorbild der analen Wiedergeburtsphantasie hat er sich eine Kinderszene zurechtgemacht, die seine Wünsche in archaisch-symbolischen Ausdrucksmitteln wiederholt. Seine Symptome verketten sich dann, als ob sie von einer solchen Urszene ausgingen. Zu diesem ganzen Rückweg mußte er sich entschließen, weil er auf eine Lebensaufgabe stieß, für deren Lösung er zu faul war, oder weil er allen Grund hatte, seinen Minderwertigkeiten zu mißtrauen und sich durch solche Veranstaltungen am besten vor Zurücksetzung zu schützen meinte.

Das wäre alles gut und schön, wenn der Unglückliche nur nicht schon mit vier Jahren einen Traum gehabt hatte,

mit dem seine Neurose begann, der durch die Erzählung des
Großvaters vom Schneider und vom Wolf angeregt wurde,
und dessen 'Deutung die Annahme einer solchen Urszene notwendig macht. An diesen kleinlichen, aber unantastbaren Tatsachen scheitern leider die Erleichterungen, die uns die Theorien von Jung und Adler verschaffen wollen. Wie die Sachen liegen, scheint mir die Wiedergeburtsphantasie eher ein
Abkömmling der Urszene, als umgekehrt die Urszene eine
Spiegelung der Wiedergeburtsphantasie zu sein. Vielleicht darf
man auch annehmen, der Patient sei damals, vier Jahre, nach
seiner Geburt doch zu jung gewesen, um sich bereits eine
Wiedergeburt zu wünschen. Aber dieses letztere Argument
muß ich doch zurückziehen; meine eigenen Beobachtungen
beweisen, daß man die Kinder unterschätzt hat, und daß man
nicht mehr weiß, was man ihnen zutrauen darf.*)

---

*) Ich gebe zu, daß diese Frage die heikelste der ganzen analytischen
Lehre ist. Ich habe nicht der Mitteilungen von Adler oder Jung bedurft,
um mich mit der Möglichkeit kritisch zu beschäftigen, daß die von der
Analyse behaupteten, vergessenen Kindheitserlebnisse — in unwahrscheinlich früher Kindheit erlebt! — vielmehr auf Phantasien beruhen, die bei
späten Anlässen geschaffen werden, und daß man überall dort die Äußerung
eines konstitutionellen Momeuts oder einer phylogenetisch erhaltenen Disposition anzunehmen habe, wo man die Nachwirkung eines solchen infantilen Eindrucks in den Analysen zu finden glaubt. Im Gegenteile, kein
Zweifel hat mich mehr in Anspruch genommen, keine andere Unsicherheit
entschiedener von Publikationen zurückgehalten. Sowohl die Rolle der
Phantasien für die Symptombildung als auch das „Zurückphantasieren" von
späten Anregungen her in die Kindheit und das nachträgliche Sexualisieren
derselben habe ich als erster kennen gelehrt, worauf keiner der Gegner
hingewiesen hat. (Siehe Traumdeutung, I. Auflage, S. 49, und die Anmer-
kungen zu dem Fall von Zwangsneurose 1908 [S. 161 der Sammlung kleiner
Schriften, dritte Folge].) Wenn ich dennoch die schwierigere und unwahr-
scheinlichere Auffassung als die meinige festgehalten habe, so geschah es
mit Argumenten, wie sie der hier beschriebene Fall oder jede andere infantile Neurose dem Untersucher aufdrängen, und die ich jetzt neuerdings
den Lesern zur Entscheidung vorlege.

IX. ZUSAMMENFASSUNGEN UND PROBLEME.

Ich weiß nicht, ob es dem Leser des vorstehenden Analysenberichtes gelungen ist, sich ein deutliches Bild von der Entstehung und Entwicklung des Krankseins bei meinem Patienten zu machen. Vielmehr ich fürchte, es ist nicht der Fall gewesen. Aber, so wenig ich sonst für die Kunst meiner Darstellung Partei genommen habe, diesmal möchte ich doch auf mildernde Umstände plaidieren. Es ist eine Aufgabe gewesen, die noch niemals zuvor in Angriff genommen wurde, in die Beschreibung so frühe Phasen und so tiefe Schichten des Seelenlebens einzuführen, und es ist besser, man löst sie schlecht, als man ergreift vor ihr die Flucht, was ja überdies mit gewissen Gefahren für den Verzagten verbunden sein soll. Man zeigt also lieber kühnlich, daß man sich durch das Bewußtsein seiner Minderwertigkeiten nicht hat abhalten lassen.

Der Fall selbst war nicht besonders günstig. Was den Reichtum der Auskünfte über die Kindheit ermöglichte, daß man das Kind durch das Medium des Erwachsenen studieren konnte, mußte mit den ärgsten Zerstücklungen der Analyse und den entsprechenden Unvollständigkeiten in der Darstellung erkauft werden. Persönliche Eigentümlichkeiten, ein dem unserigen fremder Nationalcharakter, machten die Einfühlung mühsam. Der Abstand zwischen der liebenswürdig entgegenkommenden Persönlichkeit des Kranken, seiner scharfen Intelligenz, vornehmen Denkungsart und seinem völlig ungebändigtem Triebleben machte eine überlange Vorbereitungs- und Erziehungsarbeit notwendig, durch welche die Übersicht erschwert wurde. An dem Charakter des Falles, welcher der Beschreibung die härtesten Aufgaben stellte, ist der Patient selbst aber völlig unschuldig. Wir haben es in der Psycho-

logie des Erwachsenen glücklich dahin gebracht, die seelischen
Vorgänge in bewußte und unbewußte zu scheiden und beide
in klaren Worten zu beschreiben. Vom Kinde läßt diese Unterscheidung uns beinahe im Stiche. Man ist oft in Verlegen-
heit anzugeben, was man als bewußt und was man als unbewußt bezeichnen möchte. Vorgänge, die die herrschenden geworden sind, und die nach ihrem späteren Verhalten den bewußten gleichgestellt werden müssen, sind beim Kinde dennoch nicht bewußt gewesen. Man kann leicht verstehen,
warum; das Bewußte hat beim Kinde noch nicht alle seine
Charaktere gewonnen, es ist noch in der Entwicklung begriffen und besitzt nicht recht die Fähigkeit, sich in Sprach-
vorstellungen umzusetzen. Die Verwechslung, deren wir uns
sonst regelmäßig schuldig machen, zwischen dem Phänomen,
als Wahrnehmung im Bewußtsein aufzutreten, und der Zugehörigkeit zu einem angenommenen psychischen System, das
wir irgendwie konventionell benennen sollten, das wir aber
gleichfalls Bewußtsein (System Bw) heißen, diese Verwechslung ist harmlos bei der psychologischen Beschreibung
des Erwachsenen, aber irreführend für die des kleinen Kindes. Auch die Einführung des „Vorbewußten" nützt hier nicht
viel, denn das Vorbewußte des Kindes braucht sich mit dem
des Erwachsenen ebensowenig zu decken. Man begnügt sich
also damit, die Dunkelheit, klar erkannt zu haben.

Es ist selbstverständlich, daß ein Fall wie der hier beschriebene Anlaß geben könnte, alle Ergebnisse und Probleme der Psychoanalyse in Diskussion zu ziehen. Es wäre
eine unendliche und eine ungerechtfertigte Arbeit. Man muß
sich sagen, daß man aus einem einzigen Fall nicht alles erfahren, an ihm nicht alles entscheiden kann, und sich darum
begnügen, ihn für das zu verwerten, was er am deutlichsten

zeigt. Die Erklärungsaufgabe in der Psychoanalyse ist überhaupt enge begrenzt. Zu erklären sind die auffälligen Symptombildungen durch Aufdeckung ihrer Genese; die psychischen Mechanismen und Triebvorgänge, zu denen man so geführt wird, sind nicht zu erklären, sondern zu beschreiben. Um aus den Feststellungen über diese beiden letzteren Punkte neue Allgemeinheiten zu gewinnen, sind zahlreiche solche gut und tief analysierte Fälle erforderlich. Sie sind nicht leicht zu haben, jeder einzelne verbraucht jahrelange Arbeit. Der Fortschritt in diesen Gebieten kann sich also nur langsam vollziehen. Die Versuchung liegt freilich sehr nahe, sich damit zu begnügen, daß man bei einer Anzahl von Personen die psychische Oberfläche „ankratzt", und das Unterlassene dann durch Spekulationen ersetzt, die man unter die Patronanz irgend einer philosophischen Richtung stellt. Man kann auch praktische Bedürfnisse zu Gunsten dieses Verfahrens geltend machen, aber die Bedürfnisse der Wissenschaft lassen sich durch kein Surrogat befriedigen.

Ich will versuchen, eine synthetische Übersicht der Sexualentwicklung meines Patienten zu entwerfen, bei der ich mit den frühesten Anzeichen beginnen kann. Das erste, was wir über ihn hören, ist die Störung der Eßlust, die ich nach anderen Erfahrungen, aber doch mit aller Zurückhaltung, als den Erfolg eines Vorgangs auf sexuellem Gebiet auffassen will. Als die erste kenntliche Sexualorganisation habe ich die sogenannte k a n n i b a l e oder o r a l e betrachten müssen, in welcher die ursprüngliche Anlehnung der Sexualerregung an den Eßtrieb noch die Szene beherrscht. Direkte Äußerungen dieser Phase werden nicht zu erwarten sein, wohl aber Anzeichen bei eingetretenen Störungen. Die Beeinträchtigung des Eßtriebs — die natürlich sonst auch andere Ur

sachen haben kann — macht uns dann aufmerksam, daß eine
Bewältigung sexueller Erregung dem Organismus nicht gelungen ist. Das Sexualziel dieser Phase könnte nur der Kanni-
balismus, das Fressen sein; es kommt bei unserem Patienten
durch Regression von einer höheren Stufe her in der Angst
zum Vorschein: vom Wolf gefressen zu werden. Diese Angst
mußten wir uns ja übersetzen: vom Vater koitiert zu werden.
Es ist bekannt, daß es in weit vorgerückteren Jahren, bei Mädchen in den Zeiten der Pubertät oder bald nachher, eine
Neurose gibt, welche die Sexualablehnung durch Anorexie
ausdrückt; man wird sie in Beziehung zu dieser oralen Phase
des Sexuallebens bringen dürfen. Auf der Höhe des verlieb-
ten Paroxysmus („Ich könnte dich fressen vor Liebe") und im
zärtlichen Verkehr mit kleinen Kindern, wobei der Erwachsene sich selbst wie infantil gebärdet, tritt das Liebesziel der
oralen Organisation wieder auf. Ich habe an anderer Stelle die
Vermutung ausgesprochen, daß der Vater unseres Patienten
selbst das „zärtliche Schimpfen" gehabt, mit dem Kleinen
Wolf oder Hund gespielt und ihn im Scherz mit dem Auffressen bedroht hat. (S. 609.) Der Patient hat diese Vermutung
durch sein auffälliges Benehmen in der Übertragung nur bestätigt. So oft er vor Schwierigkeiten der Kur auf die Übertragung zurückwich, drohte er mit dem Auffressen und später
mit allen anderen möglichen Mißhandlungen, was alles nur
Ausdruck von Zärtlichkeit war.

Der Sprachgebrauch hat gewisse Prägungen dieser oralen
Sexualphase dauernd angenommen, er spricht von einem
„appetitlichen" Liebesobjekt, nennt die Geliebte „süß". Wir erinnern uns, daß unser kleiner Patient auch nur Süßes essen
wollte. Süßigkeiten, Bonbons vertreten im Traume regelmäßig
Liebkosungen, sexuelle Befriedigungen.

Es scheint, daß zu dieser Phase auch eine Angst gehört (im Falle von Störung natürlich), die als Lebensangst auftritt und sich an alles heften kann, was dem Kinde als geeignet bezeichnet wird. Bei unserem Patienten wurde sie dazu benützt, um ihn zur Überwindung seiner Eßunlust, ja zur Überkompensation derselben· anzuleiten. Auf die mögliche Quelle seiner Eßstörung werden wir geleitet, wenn wir — auf dem Boden jener vielberedeten Annahme — daran erinnern, daß die Koitusbeobachtung, von welcher so viele nachträgliche Wirkungen ausgingen, in das Alter von $1^1/_2$ Jahren sicherlich vor der Zeit der Eßschwierigkeiten fällt. Vielleicht dürfen wir annehmen, daß sie die Prozesse der Sexualreifung beschleunigt und so auch direkte, wenn auch unscheinbare Wirkungen entfaltet hat.

Ich weiß natürlich auch, daß man die Symptomatik dieser Periode, die Wolfsangst, die Eßstörung anders und einfacher erklären kann, ohne Rücksicht auf die Sexualität und eine prägenitale Organisationsstufe derselben. Wer die Zeichen der Neurotik und den Zusammenhang der Erscheinungen gern vernachlässigt, wird diese andere Erklärung vorziehen und ich werde ihn daran nicht hindern können. Es ist schwer, über diese Anfänge des Sexuallebens anders als auf den angezeigten Umwegen etwas Zwingendes zu eruieren.

Die Szene mit der Gruscha (um $2^1/_2$ Jahre) zeigt uns unseren Kleinen zu Beginn einer Entwicklung, welche die Anerkennung als normal verdient, vielleicht bis auf ihre Vorzeitigkeit: Identifizierung mit dem Vater, Harnerotik in Vertretung der Männlichkeit. Sie steht ja auch ganz unter dem Einfluß der Urszene. Die Vateridentifizierung haben wir bisher als eine narzißtische aufgefaßt, mit Rücksicht auf den Inhalt der Urszene können wir es nicht abweisen, daß sie bereits

der Stufe der Genitalorganisation entspricht. Das männliche
Genitale hat seine Rolle zu spielen begonnen und setzt sie
unter dem Einfluß der Verführung durch die Schwester fort.
Man bekommt aber den Eindruck, daß die Verführung
nicht bloß die Entwicklung fördert, sondern sie noch in
höherem Grade stört und ablenkt. Sie gibt ein passives Sexualziel, welches mit der Aktion des männlichen Genitales im
Grunde unverträglich ist. Beim ersten äußeren Hindernis, bei
der Kastrationsandeutung der Nanja, bricht (mit $3^3/_4$ Jahren) die noch zaghafte genitale Organisation zusammen und
regrediert auf die ihr vorhergehende Stufe der sadistisch-
analen Organisation, welche vielleicht sonst mit ebenso leich-
ten Anzeichen wie bei anderen Kindern durchlaufen worden
wäre.

Die sadistisch-anale Organisation ist leicht als Fort-
bildung der oralen zu erkennen. Die gewaltsame Muskel-
betätigung am Objekt, die sie auszeichnet, findet ihre Stelle
als vorbereitender Akt für das Fressen, das dann als Sexualziel ausfällt. Der vorbereitende Akt wird ein selbständiges
Ziel. Die Neuheit gegen die vorige Stufe besteht wesentlich
darin, daß das aufnehmende, passive Organ, von der Mund-
zone abgesondert, an der Analzone ausgebildet wird. Biologische Parallelen oder die Auffassung der prägenitalen menschlichen Organisationen als Reste von Einrichtungen, die in
manchen Tierklassen dauernd festgehalten werden, liegen hier
sehr nahe. Die Konstituierung des Forschertriebes aus seinen
Komponenten ist für diese Stufe gleichfalls charakteristisch.

Die Analerotik macht sich nicht auffällig bemerkbar. Der
Kot hat unter dem Einfluß des Sadismus seine zärtliche gegen
seine offensive Bedeutung vertauscht. An der Verwandlung
des Sadismus in Masochismus ist ein Schuldgefühl mitbe-

teiligt, welches auf Entwicklungsvorgänge in anderen als den sexuellen Sphären hinweist.

Die Verführung setzt ihren Einfluß fort, indem sie die Passivität des Sexualziels aufrechthält. Sie verwandelt jetzt den Sadismus zu einem großen Teil in sein passives Gegenstück, den Masochismus. Es ist fraglich, ob man den Charakter der Passivität ganz auf ihre Rechnung setzen darf, denn die Reaktion des 1½jährigen Kindes auf die Koitusbeobachtung war bereits vorwiegend eine passive. Die sexuelle Miterregung äußerte sich in einer Stuhlentleerung, an der allerdings auch ein aktiver Anteil zu unterscheiden ist. Neben dem Masochismus, der seine Sexualstrebung beherrscht und sich in Phantasien äußert, bleibt auch der Sadismus bestehen und betätigt sich gegen kleine Tiere. Seine Sexualforschung hat von der Verführung an eingesetzt, wesentlich zwei Probleme in Angriff genommen, woher die Kinder kommen, und ob ein Verlust des Genitales möglich ist, und verwebt sich mit den Äußerungen seiner Triebregungen. Sie lenkt seine sadistischen Neigungen auf die kleinen Tiere als Repräsentanten der kleinen Kinder.

Wir haben die Schilderung bis in die Nähe des vierten Geburtstages geführt, zu welchem Zeitpunkt der Traum die Koitusbeobachtung von 1½ Jahren zur nachträglichen Wirkung bringt. Die Vorgänge, die sich nun abspielen, können wir weder vollständig erfassen, noch sie hinreichend beschreiben. Die Aktivierung des Bildes, das nun dank der vorgeschrittenen intellektuellen Entwicklung verstanden werden kann, wirkt wie ein frisches Ereignis, aber auch wie ein neues Trauma, ein fremder Eingriff analog der Verführung. Die abgebrochene genitale Organisation wird mit einem Schlage wieder eingesetzt, aber der im Traum vollzogene Fortschritt kann nicht festgehalten werden. Es kommt vielmehr durch. einen Vorgang, den man nur einer Verdrängung gleichstellen kann, zur Ablehnung des Neuen und dessen Ersetzung durch eine Phobie.

Die sadistisch-anale Organisation bleibt also auch in der jetzt einsetzenden Phase der Tierphobie fortbestehen, nur sind ihr die Angsterscheinungen beigemengt. Das Kind setzt die sadistischen wie die masochistischen Betätigungen fort, doch reagiert es mit Angst gegen einen Teil derselben; die Verkehrung des Sadismus in sein Gegenteil macht wahrscheinlich weitere Fortschritte.

Aus der Analyse des Angsttraumes entnehmen wir, daß die Verdrängung sich an die Erkenntnis der Kastration anschließt. Das Neue wird verworfen, weil seine Annahme den Penis kosten würde. Eine sorgfältigere Überlegung läßt etwa Folgendes erkennen: Das Verdrängte ist die homosexuelle Einstellung im genitalen Sinne, die sich unter dem Einfluß der Erkenntnis gebildet hatte. Sie bleibt nun aber fürs Unbewußte erhalten, als eine abgesperrte tiefere Schichtung konstituiert. Der Motor dieser Verdrängung scheint die narzißtische Männlichkeit des Genitales zu sein, die in einen längst vorbereiteten Konflikt mit der Passivität des homosexuellen Sexualzieles gerät. Die Verdrängung ist also ein Erfolg der Männlichkeit.

Man käme in Versuchung, von hier aus ein Stück der psychoanalytischen Theorie abzuändern. Man glaubt doch mit Händen zu greifen, daß es der Konflikt zwischen männlichen und weiblichen Strebungen, also die Bisexualität, ist, aus der die Verdrängung und Neurosenbildung hervorgeht. Allein diese Auffassung ist lückenhaft. Von den beiden widerstreitenden Sexualregungen, ist die eine ichgerecht, die andere beleidigt das narzißtische Interesse; sie verfällt darum der Verdrängung. Es ist auch in diesem Falle das Ich, von dem die 'Verdrängung ins Werk gesetzt wird, zu Gunsten einer der sexuellen Strebungen. In anderen Fällen existiert ein solcher Konflikt zwischen Männlichkeit und Weiblichkeit nicht; es ist nur eine Sexualstrebung da, die Annahme heischt, aber gegen gewisse Mächte des Ichs verstößt und darum selbst verstoßen wird. Weit häufiger als Konflikte innerhalb der Sexualität selbst finden sich ja die anderen vor, die sich zwischen der Sexualität und den moralischen Ichtendenzen ergeben. Ein solcher moralischer Konflikt fehlt in unserem Falle. Die Betonung der Bisexualität als Motiv der Verdrängung wäre also zu enge; die des Konflikts zwischen Ich und Sexualstreben (Libido) deckt alle Vorkommnisse.

Der Lehre vom „männlichen Protest", wie sie Adler ausgebildet hat, ist entgegenzuhalten, daß die Verdrängung keineswegs immer die Partei der Männlichkeit nimmt und die Weiblichkeit betrifft; in ganzen großen Klassen von Fällen ist es die Männlichkeit, die sich vom Ich die Verdrängung gefallen lassen muß.

Eine gerechtere Würdigung des Verdrängungsvorganges in unserem Falle würde übrigens der narzißtischen Männlichkeit die Bedeutung des einzigen Motivs bestreiten. Die homosexuelle Einstellung, die während des Traumes zu stande kommt, ist eine so intensive, daß das Ich des kleinen Menschen an ihrer Bewältigung verzagt und sich durch den Verdrängungsvorgang ihrer erwehrt. Als Helfer bei dieser Absicht wird die ihr gegensätzliche narzißtische Männlichkeit des Genitales herangezogen. Daß alle narzißtischen Regungen vom Ich aus wirken und beim Ich verbleiben, die Verdrängungen gegen libidinöse Objektbesetzungen gerichtet sind, soll nur zur Vermeidung von Mißverständnissen ausgesprochen werden.

Wenden wir uns von dem Vorgang der Verdrängung, dessen restlose Bewältigung uns vielleicht nicht geglückt ist, zu dem Zustand, der sich beim Erwachen aus dem Traum ergibt. Wäre es wirklich die Männlichkeit gewesen, die während des Traumvorganges über die Homosexualität (Weiblichkeit) gesiegt hat, so müßten wir nun eine aktive Sexualstrebung von bereits ausgesprochen männlichem Charakter als die herrschende finden. Davon ist keine Rede, das Wesentliche der Sexualorganisation hat sich nicht geändert, die sadistisch-anale Phase setzt ihren Bestand fort, sie ist die herrschende geblieben. Der Sieg der Männlichkeit zeigt sich bloß darin, daß nun auf die passiven Sexualziele der herrschenden Organisation (die masochistisch, aber nicht weiblich sind) mit Angst reagiert wird. Es ist keine sieghafte männliche Sexualregung vorhanden, sondern nur eine passive und ein Sträuben gegen dieselbe.

Ich kann mir vorstellen, welche Schwierigkeiten die ungewohnte, aber unerläßliche scharfe Scheidung von aktiv-männlich und passiv-weiblich dem Leser bereitet, und will darum Wiederholungen nicht vermeiden. Den Zustand nach dem Traume kann man also in folgender Art beschreiben: Die Sexualstrebungen sind zerspalten worden, im Unbewußten ist die Stufe der genitalen Organisation erreicht und eine sehr intensive Homosexualität konstituiert, darüber besteht (virtuell im Bewußten) die frühere sadistische und überwiegend masochistische Sexualströmung, das Ich hat seine Stellung zur Sexualität im ganzen geändert, es befindet sich in Sexualablehnung und weist die herrschenden masochistischen Ziele mit Angst ab, wie es auf die tieferen homosexuellen mit der Bildung einer Phobie reagiert hat. Der Erfolg des Traumes war also nicht so sehr der Sieg einer männlichen Strömung, sondern die Reaktion gegen eine feminine und eine passive. Es wäre gewaltsam, dieser Reaktion den Charakter der Männlichkeit zuzuschreiben. Das Ich hat eben keine Sexualstrebungen, sondern nur das Interesse an seiner Selbstbewahrung und der Erhaltung seines Narzißmus.

Fassen wir nun die Phobie ins Auge. Sie ist auf dem Niveau der genitalen Organisation entstanden, zeigt uns den relativ einfachen Mechanismus einer Angsthysterie. Das Ich schützt sich durch Angstentwicklung vor dem, was es als übermächtige Gefahr wertet, vor der homosexuellen Befriedigung. Doch hinterläßt der Verdrängungsvorgang eine nicht zu übersehende Spur. Das Objekt, an das sich das gefürchtete Sexualziel geknüpft hat, muß sich vor dem Bewußtsein durch ein anderes vertreten lassen. Nicht die Angst vor dem Vater, sondern die vor dem Wolf wird bewußt. Es bleibt auch nicht bei der Bildung der Phobie mit dem einen Inhalt. Der Wolf ersetzt sich eine ganze Weile später durch den Löwen. Mit den sadistischen Regungen gegen die kleinen Tiere konkurriert eine Phobie vor ihnen als Vertreter der Nebenbuhler, der möglichen kleinen Kinder. Besonders interessant ist die Entstehung der Schmetterlingsphobie. Es ist wie eine Wiederholung des Mechanismus, der im Traum die Wolfsphobie erzeugt hat. Durch eine zufällige Anregung wird ein altes Erlebnis aktiviert, die Szene mit Gruscha, deren Kastrationsdrohung nachträglich zur Wirkung kommt, während sie, als sie vorfiel, ohne Eindruck geblieben war.*)

---

*) Die Gruschaszene war, wie erwähnt, eine spontane Erinnerungsleistung des Patienten, an welcher eine Konstruktion oder Anregung des Arztes keinen Anteil hatte; die Lücke in ihr wurde von der Analyse in

Man kann sagen, die Angst, welche in die Bildung dieser
Phobien eingeht, ist Kastrationsangst. Diese Aussage enthält
keinen Widerspruch gegen die Auffassung, die Angst sei aus
der Verdrängung homosexueller Libido hervorgegangen. In beiden Ausdrucksweisen meint man den nämlichen Vorgang, daß
das Ich der homosexuellen Wunschregung Libido entzieht,
welche in freischwebende Angst umgesetzt wird, sich dann
in Phobien binden läßt. In der ersten Ausdrucksweise hat man
nur das Motiv, welches das Ich treibt, mitbezeichnet.

Bei näherem Zusehen findet man nun, daß diese erste Erkrankung unseres Patienten (von der Eßstörung abzusehen)
durch das Herausgreifen der Phobie nicht erschöpft wird, sondern als eine echte Hysterie verstanden werden muß, der neben Angstsymptomen auch Konversionserscheinungen zukommen. Ein Anteil der homosexuellen Regung wird in dem bei
ihr beteiligten Organ festgehalten; der Darm benimmt sich
von da an und ebenso in der Spätzeit wie ein hysterisch affi-

einer Weise ausgefüllt, die tadellos genannt werden muß, wenn man auf
die Arbeitsweise der Analyse überhaupt Wert legt. Eine rationalistische
Aufklärung dieser Phobie könnte nur sagen: Es sei nichts Ungewöhnliches,
daß ein zur Ängstlichkeit disponiertes Kind auch einmal vor einem gelb-
streifigen Schmetterling einen Angstanfall bekomme, wahrscheinlich infolge einer ererbten Angstneigung. (Vgl. Stanley Hall, A synthetic genetic
study of fear. Amer. J. of Psychology XXV, 1914.) In Unwissenheit dieser
Ursache suche es nun nach einer Kindheitsanknüpfung für diese Angst und
benütze den Zufall der Namensgleichheit und der Wiederkehr der Streifen,
um sich die Phantasie eines Abenteuers mit dem noch erinnerten Kindermädchen zu konstruieren. Wenn aber die Nebensachen der an sich harmlosen Begebenheit, Aufwaschen, Kübel, Besen im späteren Leben die Macht
zeigen, dauernd und zwanghaft die Objektwahl des Menschen zu bestimmen,
so fällt der Schmetterlingsphobie eine unbegreifliche Bedeutung zu. Der
Sachverhalt wird mindestens ebenso merkwürdig wie der von mir behauptete, und der Gewinn aus der rationalistischen Auffassung dieser Szenen
ist zerronnen. Die Gruschaszene wird uns also besonders wertvoll, da wir
an ihr unser Urteil über die minder gesicherte Urszene vorbereiten können.

ziertes Organ. Die unbewußte, verdrängte Homosexualität hat sich in den Darm zurückgezogen. Gerade dieses Stück Hysterie hat dann bei der Lösung des späteren Krankseins die besten Dienste geleistet.

Nun soll es uns auch nicht am Mute mangeln, die noch komplizierteren Verhältnisse der Zwangsneurose in Angriff zu nehmen. Halten wir uns nochmals die Situation vor: eine herrschende masochistische und eine verdrängte homosexuelle Sexualströmung, dagegen ein in hysterischer Ablehnung befangenes Ich; welche Vorgänge wandeln diesen Zustand in den der Zwangsneurose um?

Die Verwandlung geschieht nicht spontan, durch innere Fortentwicklung, sondern durch fremden Einfluß von außen. Ihr sichtbarster Erfolg ist, daß das im Vordergrund stehende Verhältnis zum Vater, welches bisher in der Wolfsphobie Ausdruck gefunden hatte, sich nun in Zwangsfrömmigkeit äußert. Ich kann es nicht unterlassen, darauf hinzuweisen, daß der Vorgang bei diesem Patienten eine unzweideutige Bestätigung einer Behauptung liefert, die ich in „Totem und Tabu" über das Verhältnis des Totemtieres zur Gottheit aufgestellt habe.*) Ich entschied mich dort dafür, daß die Gottesvorstellung nicht eine Fortentwicklung des Totem sei, sondern sich unabhängig von ihm aus der gemeinsamen Wurzel beider zu seiner Ablösung erhebe. Der Totem sei der erste Vaterersatz, der Gott aber ein späterer, in dem der Vater seine menschliche Gestalt wiedergewinne. So finden wir es auch bei unserem Patienten. Er macht in der Wolfsphobie das Studium des totemistischen Vaterersatzes durch, welches nun abbricht und infolge neuer Relationen zwischen ihm und dem Vater durch eine Phase von religiöser Frömmigkeit ersetzt wird.

---

*) Totem und Tabu, p. 137, 1913.

Der Einfluß, welcher diese Wandlung hervorruft, ist die durch die Mutter vermittelte Bekanntschaft mit den Lehren der Religion und mit der heiligen Geschichte. Das Ergebnis wird das von der Erziehung gewünschte. Der sadistisch-masochistischen Sexualorganisation wird ein langsames Ende bereitet, die Wolfsphobie verschwindet rasch, an Stelle der Angstablehnung der Sexualität tritt eine höhere Form der Unterdrückung derselben. Die Frömmigkeit wird zur herrschenden Macht im Leben des Kindes. Allein diese Überwindungen gehen nicht ohne Kämpfe vor sich, als deren Zeichen die blasphemischen Gedanken erscheinen, und als deren Folge eine zwanghafte Übertreibung des religiösen Zeremoniells sich festsetzt.

Wenn wir von diesen pathologischen Phänomenen absehen, können wir sagen, die Religion hat in diesem Falle alles das geleistet, wofür sie in der Erziehung des Individuums eingesetzt wird. Sie hat seine Sexualstrebungen gebändigt, indem sie ihnen eine Sublimierung und feste Verankerung bot, seine familiären Beziehungen entwertet und damit einer drohenden Isolierung vorgebeugt, dadurch daß sie ihm den Anschluß an die große Gemeinschaft der Menschen eröffnete. Das wilde, verängstigte Kind wurde sozial, gesittet und erziehbar.

Der Hauptmotor des religiösen Einflusses war die Identifizierung mit der Christusgestalt, die ihm durch die Zufälligkeit seines Geburtsdatums besonders nahe gelegt war. Hier fand die übergroße Liebe zum Vater, welche die Verdrängung notwendig gemacht hatte, endlich einen Ausweg in eine ideale Sublimierung. Als Christus durfte man den Vater, der nun Gott hieß, mit einer Inbrunst lieben, die beim irdischen Vater vergeblich nach Entladung gesucht hatte. Die

Wege, auf denen man diese Liebe bezeugen konnte, waren von der Religion angezeigt, an ihnen haftete auch nicht das Schuldbewußtsein, das sich von den individuellen Liebesstrebungen nicht ablösen ließ. Wenn so die tiefste, bereits als unbewußte Homosexualität niedergeschlagene Sexualströmung noch drainiert werden konnte, so fand die oberflächlichere masochistische Strebung eine unvergleichliche Sublimierung ohne viel Verzicht in der Leidensgeschichte Christi, der sich im Auftrage und zu Ehren des göttlichen Vaters hatte mißhandeln und opfern lassen. So tat die Religion ihr Werk bei dem kleinen Entgleisten durch die Mischung von Befriedigung, Sublimierung, Ablenkung vom Sinnlichen auf rein geistige Prozesse, und die Eröffnung sozialer Beziehungen, die sie dem Gläubigen bietet.

Sein anfängliches Sträuben gegen die Religion hatte drei verschiedene Ausgangspunkte. Erstens war es überhaupt, wovon wir schon Beispiele gesehen haben, seine Art, alle Neuheiten abzuwehren. Er verteidigte jede einmal eingenommene Libidoposition in der Angst vor dem Verlust bei ihrem Aufgeben und im Mißtrauen gegen die Wahrscheinlichkeit eines vollen Ersatzes durch die neu zu beziehende. Es ist das eine wichtige und fundamentale psychologische Besonderheit, die ich in den drei Abhandlungen zur Sexualtheorie als Fähigkeit zur Fixierung aufgestellt habe. Jung hat sie unter dem Namen der psychischen „Trägheit" zur Hauptverursachung aller Mißerfolge der Neurotiker machen wollen. Ich glaube, mit Unrecht, sie reicht viel weiter hinaus und spielt auch im Leben nicht Nervöser ihre bedeutsame Rolle. Die Leichtbeweglichkeit oder Schwerflüssigkeit der libidinösen, und ebenso der andersartigen Energiebesetzungen ist ein besonderer Charakter, der vielen Normalen und nicht einmal allen

Nervösen eignet. und der bisher noch nicht in Zusammenhang mit anderem gebraeht ist, etwas wie eine Primzahl nicht weiter zerteilbares. Wir wissen nur das eine, daß die Eigensehaft der Beweglichkeit psychischer Besetzungen mit dem Lebensalter auffällig zurückgeht. Sie hat uns eine der Indikationen für die Grenzen der psyehoanalytischen Beeinflussung geliefert. Es gibt aber Personen, bei denen diese psychisehe Plastizität weit über die gewöhnliche Altersgrenze hinaus bestehen bleibt, und andere, bei denen sie sehr frühzeitig verloren geht. Sind es Neurotiker, so macht man mit Unbehagen die Entdeckung, daß unter scheinbar gleiehen Verhältnissen bei ihnen Veränderungen nicht rückgängig zu maehen sind, die man bei anderen mit Leiehtigkeit bewältigt hat. Es ist also auch bei den Umsetzungen psychischer Vorgänge der Begriff einer E n t r o p i e in Betracht zu ziehen, deren Maß sich einer Rückbildung des Geschehenen widersetzt.

Einen zweiten Angriffspunkt bot ihm die Tatsache, daß die Religionslehre selbst kein eindeutiges Verhältnis zu Gott— Vater zu ihrer Grundlage hat, sondern von den Anzeiehen der ambivalenten Einstellung durchsetzt ist, welche über ihrer Entstehung gewaltet hat. Diese Ambivalenz spürte er mit der hochentwiekelten eigenen heraus und knüpfte an sie jene scharfsinnige Kritik, welche uns von einem Kinde im fünften Lebensjahr so sehr Wunder nehmen mußte. Am bedeutsamsten war aber gewiß ein drittes Moment, auf dessen Wirkung wir die pathologisehen Ergebnisse seines Kampfes gegen die Religion zurückführen dürfen. Die zum Manne drängende Strömung, welehe von der Religion sublimiert werden sollte, war ja nicht mehr frei, sondern zum Teil durch Verdrängung abgesondert und damit der Sublimierung entzogen, an ihr ursprüngliches sexuelles Ziel gebunden. Kraft dieses

Zusammenhanges strebte der verdrängte Anteil sich den Weg zum sublimierten Anteil zu bahnen oder ihn zu sich herabzuziehen. Die ersten Grübeleien, die die Person Christi umspannen, enthielten bereits die Frage, ob dieser sublime Sohn auch das im Unbewußten festgehaltene sexuelle Verhältnis zum Vater erfüllen könne. Die Abweisungen dieses Bestrebens hatten keinen anderen Erfolg, als scheinbar blasphemische Zwangsgedanken entstehen zu lassen, in denen sich die körperliche Zärtlichkeit für Gott in der Form seiner Erniedrigung durchsetzte. Ein heftiger Abwehrkampf gegen diese Kompromißbildungen mußte dann zur zwanghaften Übertreibung aller der Tätigkeiten führen, in denen die Frömmigkeit, die reine Liebe zu Gott, ihren vorgezeichneten Ausweg fand. Endlich hatte die Religion gesiegt, aber ihre triebhafte Fundierung erwies sich unvergleichlich stärker als die Haftbarkeit ihrer Sublimierungsprodukte. Sowie das Leben einen neuen Vaterersatz brachte, dessen Einfluß sich gegen die Religion richtete, wurde sie fallen gelassen und durch anderes ersetzt. Gedenken wir noch der interessanten Komplikation, daß die Frömmigkeit unter dem Einfluß von Frauen entstand (Mutter und Kinderfrau), während männlicher Einfluß die Befreiung von ihr ermöglichte.

Die Entstehung der Zwangsneurose auf dem Boden der sadistisch-analen Sexualorganisation bestätigt im ganzen, was ich an anderer Stelle „über die Disposition zur Zwangsneurose"*) ausgeführt habe. Aber der vorherige Bestand einer starken Hysterie macht unseren Fall in dieser Hinsicht undurchsichtiger. Ich will die Übersicht über die Sexualentwicklung unseres Kranken beschließen, indem ich ein kurzes Streif-

---

*) Internat. Zeitschrift für ärztliche Psychoanalyse, I. Band, 1913, S. 525 ff. (Diese Sammlung III.)

licht auf deren spätere Wandlungen werfe. Mit den Pubertätsjahren trat bei ihm die normal zu nennende, stark sinnliche,
männliche Strömung mit dem Sexualziel der Genitalorganisation auf, deren Schicksale die Zeit bis zu seiner Spät-
erkrankung füllen. Sie knüpfte direkt an die Gruschaszene an,
entlehnte von ihr den Charakter zwanghafter, anfallsweise
kommender und schwindender Verliebtheit und hatte mit den
Hemmungen zu kämpfen, die von den Resten der infantilen
Neurosen ausgingen. Mit einem gewaltsamen Durchbruch zum
Weib hatte er sich endlich die volle Männlichkeit erkämpft;
dies Sexualobjekt wurde von nun an festgehalten, aber er
wurde des Besitzes nicht froh, denn eine starke, nun völlig
unbewußte Hinneigung zum Manne, die alle Kräfte der früheren
Phasen in sich vereinigte, zog ihn immer wieder vom weiblichen Objekt ab und nötigte ihn, in den Zwischenzeiten die
Abhängigkeit vom Weib zu übertreiben. Er legte der Kur die
Klage vor, daß er es beim Weibe nicht aushalten könne, und
alle Arbeit richtete sich darauf, sein ihm unbewußtes Verhältnis zum Manne aufzudecken. Seine Kindheit war, um es
formelhaft zusammenzufassen, durch das Schwanken zwischen
Aktivität und Passivität ausgezeichnet gewesen, seine Pubertätszeit durch das Ringen um die Männlichkeit, und die Zeit
von seiner Erkrankung an durch den Kampf um das Objekt
der männlichen Strebung. Der Anlaß seiner Erkrankung fällt
nicht unter die „neurotischen Erkrankungstypen", die ich als
Spezialfälle der „Versagung" zusammenfassen konnte,*) und
macht so auf eine Lücke in dieser Reihenbildung aufmerksam. Er brach zusammen, als eine organische Affektion des
Genitales seine Kastrationsangst aufleben machte, seinem
Narzißmus Abbruch tat und ihn zwang, die Erwartung einer

---

*) Zentralblatt für Psychoanalyse, II, 6, 1912.

persönlichen Bevorzugung durch das Schicksal aufzugeben. Er erkrankte also an einer narzißtischen „Versagung". Diese Überstärke seines Narzißmus stand in vollem Einklang mit den anderen Anzeichen einer gehemmten Sexualentwicklung, daß seine heterosexuelle Liebeswahl bei aller Energie so wenig psychische Strebungen in sich konzentrierte, und daß die homosexuelle Einstellung, die dem Narzißmus um so vieles näher liegt, sich als unbewußte Macht bei ihm mit solcher Zähigkeit behauptet hatte. Natürlich kann die psychoanalytische Kur bei solchen Störungen nicht einen momentanen Umschwung und eine Gleichstellung mit einer normalen Entwicklung herbeiführen, sondern nur die Hindernisse beseitigen und die Wege gangbar machen, damit die Einflüsse des Lebens die Entwicklung nach den besseren Richtungen durchsetzen können.

Als Besonderheiten seines psychischen Wesens, die von der psychoanalytischen Kur aufgedeckt, aber nicht weiter aufgeklärt und dementsprechend auch nicht unmittelbar beeinflußt werden konnten, stelle ich zusammen: die bereits besprochene Zähigkeit der Fixierung, die außerordentliche Ausbildung der Ambivalenzneigung, und als dritten Zug einer archaisch zu nennenden Konstitution die Fähigkeit, die verschiedenartigsten und widersprechendsten libidinösen Besetzungen alle nebeneinander funktionsfähig zu erhalten. Das beständige Schwanken zwischen denselben, durch welches Erledigung und Fortschritt lange Zeit ausgeschlossen erschienen, beherrschten das Krankheitsbild der Spätzeit, das ich ja hier nur streifen konnte. Ohne allen Zweifel war dies ein Zug aus der Charakteristik des Unbewußten, der sich bei ihm in die bewußt gewordenen Vorgänge fortgesetzt hatte; aber er zeigte sich nur an den Ergebnissen affektiver Regungen, auf rein logischen Gebieten bewies er vielmehr ein besonderes Geschick in der Aufspürung von Widersprüchen und Unverträglichkeiten. So empfing man von seinem Seelenleben einen Eindruck, wie ihn die altägyptische Religion macht, die dadurch für uns so unvorstellbar wird, daß sie die Entwicklungsstufen neben den Endprodukten konserviert, die ältesten Götter und Gottesbedeutungen wie die jüngsten fortsetzt, in eine Fläche ausbreitet, was in anderen Entwicklungen zu einem Tiefengebilde wird.

Ich habe nun zu Ende gebracht, was ich über diesen Krankheitsfall mitteilen wollte. Nur noch zwei der zahlreichen Probleme, die er anregt, scheinen mir einer besonderen Hervorhebung würdig. Das erste betrifft die phylogenetisch mitgebrachten Schemata, die wie philosophische „Kategorien" die Unterbringung der Lebenseindrücke besorgen. Ich möchte die Auffassung vertreten, sie seien Niederschläge der menschlichen Kulturgeschichte. Der Ödipuskomplex, der die Beziehung des Kindes zu den Eltern umfaßt, gehört zu ihnen, ist vielmehr das bestgekannte Beispiel dieser Art. Wo die Erlebnisse sich dem hereditären Schema nicht fügen, kommt es zu einer Umarbeitung derselben in der Phantasie, deren Werk im einzelnen zu verfolgen, gewiß nutzbringend wäre. Gerade diese Fälle sind geeignet, uns die selbständige Existenz des Schemas zu erweisen. Wir können oft bemerken, daß das Schema über das individuelle Erleben siegt, so wenn in unserem Falle der Vater zum Kastrator und Bedroher der kindlichen Sexualität wird, trotz eines sonst negativen Ödipuskomplexes. Eine andere Wirkung ist es, wenn die Amme an die Stelle der Mutter tritt oder mit ihr verschmolzen wird. Die Widersprüche des Erlebens gegen das Schema scheinen den infantilen Konflikten reichlichen Stoff zuzuführen.

Das zweite Problem liegt von diesem nicht fernab, es ist aber ungleich bedeutsamer. Wenn man das Verhalten des vierjährigen Kindes gegen die reaktivierte Urszene in Betracht zieht,*) ja wenn man nur an die weit einfacheren Reaktionen des $1^{1}/_{2}$jährigen Kindes beim Erleben dieser Szene denkt, kann man die Auffassung schwer von sich weisen, daß eine Art von schwer bestimmbarem Wissen, etwas wie eine Vorbereitung zum Verständnis, beim Kinde dabei mitwirkt.**) Worin dies bestehen mag, entzieht sich jeder Vorstellung; wir haben nur die eine ausgezeichnete Analogie mit dem weitgehenden instinktiven Wissen der Tiere zur Verfügung.

Gäbe es einen solchen instinktiven Besitz auch beim Menschen, so wäre es nicht zu verwundern, wenn er die Vorgänge des Sexuallebens ganz besonders beträfe, wenngleich er auf sie keineswegs beschränkt sein kann. Dieses Instinktive wäre der Kern des Unbewußten, eine primitive Geistestätigkeit, die später durch die zu erwerbende Menschheitsvernunft entthront und überlagert wird, aber so oft, vielleicht bei allen, die Kraft behält, höhere seelische Vorgänge zu sich herabzuziehen. Die Verdrängung wäre die Rückkehr zu dieser instinktiven Stufe, und der Mensch würde so mit seiner Fähigkeit zur Neurose seine große Neuerwerbung bezahlen und durch die Möglichkeit der Neurosen die Existenz der früheren instinktartigen Vorstufe bezeugen. Die Bedeutung der frühen Kindheitstraumen läge aber darin, daß sie diesem Unbewußten

---

*) Ich darf davon absehen, daß dies Verhalten erst zwei Dezennien später in Worte gefaßt werden konnte, denn alle Wirkungen, die wir von der Szene ableiten, haben sich ja in Form von Symptomen, Zwängen usw. bereits in der Kindheit und lange vor der Analyse geäußert. Dabei ist es gleichgültig, ob man sie als Urszene oder als Urphantasie gelten lassen will.

**) Von neuem muß ich betonen, daß diese Überlegungen müßig wären, wenn Traum und Neurose nicht der Kindheitszeit selbst angehörten.

einen Stoff zuführen, der es gegen die Aufzehrung durch die nachfolgende Entwicklung schützt.

Ich weiß, daß ähnliche Gedanken, die das hereditäre, phylogenetisch erworbene Moment im Seelenleben betonen, von verschiedenen Seiten ausgesprochen worden sind, ja ich meine, daß man allzu bereit war, ihnen einen Platz in der psychoanalytischen Würdigung einzuräumen. Sie erscheinen mir erst zulässig, wenn die Psychoanalyse in Einhaltung des korrekten Instanzenzuges auf die Spuren des Ererbten gerät, nachdem sie durch die Schichtung des individuell Erworbenen hindurchgedrungen ist.

II.

ZUR VORGESCHICHTE
DER ANALYTISCHEN TECHNIK.*)

In einem neuen Buche von H a v e l o c k E l l i s, dem hoch-
verdienten Sexualforscher und vornehmen Kritiker der Psychoanalyse, betitelt „The Philosophy of Conflict and other essays
in war-time, second series“, London 1919, ist ein Aufsatz:
„Psycho-Analysis in relation to sex“ enthalten, der sich nachzuweisen bemüht, daß das Werk des Schöpfers der Analyse
nicht als ein Stück wissenschaftlicher Arbeit, sondern als
eine künstlerische Leistung gewertet werden sollte. Es liegt
uns nahe, in dieser Auffassung eine neue Wendung des Widerstandes und eine Ablehnung der Analyse zu sehen, wenngleich sie in liebenswürdiger, ja in allzu schmeichelhafter
Weise verkleidet ist. Wir sind geneigt, ihr aufs entschie-
denste zu widersprechen.

Doch nicht solcher Widerspruch ist das Motiv unserer
Beschäftigung mit dem Essay von H a v e l o c k E l l i s, sondern die Tatsache, daß er durch seine große Belesenheit in
die Lage gekommen ist, einen Autor anzuführen, der die freie
Assoziation als Technik geübt und empfohlen hat, wenngleich
zu anderen Zwecken, und somit ein Recht hat, in dieser
Hinsicht als Vorläufer der Psychoanalytiker genannt zu werden. „Im Jahre 1857“, schreibt H a v e l o c k E l l i s, „ver-

*) Internationale Zeitschrift für Psychoanalyse, VI. 1920.

öffentlichte Dr. J. J. Garth Wilkinson, besser bekannt
als Dichter und Mystiker von der Richtung Swedenborgs
denn als Arzt, einen Band mystischer Gedichte in Knüttel-
versen, durch eine angeblich neue Methode, die er ‚Impression‘
nennt, hervorgebracht." „Man wählt ein Thema", sagt er,
„oder schreibt es nieder; sobald dies geschehen ist, darf
man den ersten Einfall (impression upon the mind), der sich
nach der Niederschrift des Titels ergibt, als den Beginn der
Ausarbeitung des Themas betrachten, gleichgültig wie son-
derbar oder nicht dazu gehörig das betreffende Wort oder
der Satz erscheinen mag." „Die erste Regung des Geistes,
das erste Wort, das sich einstellt, ist der Erfolg des Bestrebens, sich in das gegebene Thema zu vertiefen." Man
setzt das Verfahren in konsequenter Weise fort, und Garth
Wilkinson sagt: „Ich habe immer gefunden, daß es wie
infolge eines untrüglichen Instinkts ins Innere der Sache
führt." Diese Technik entsprach nach Wilkinsons Ansicht
einem aufs höchste gesteigerten Sich-gehen-lassen, einer Aufforderung an die tiefstliegenden unbewußten Regungen, sich
zur Äußerung zu bringen. Wille und Überlegung, mahnte er,
sind beiseite zu lassen; man vertraut sich der Eingebung
(influx) an und kann dabei finden, daß sich die geistigen
Fähigkeiten auf unbekannte Ziele einstellen."

„Man darf nicht außer acht lassen, daß Wilkinson,
obwohl er Arzt war, diese Technik zu religiösen und lite-
rarischen, niemals zu ärztlichen oder wissenschaftlichen
Zwecken in Anwendung zog, aber es ist leicht einzusehen,
daß es im wesentlichen die psychoanalytische Technik ist,
die hier die eigene Person zum Objekt nimmt, ein Beweis
mehr dafür, daß das Verfahren Freuds das eines Künstlers
(artist) ist."

Kenner der psychoanalytischen Literatur werden sich hier jener schönen Stelle im Briefwechsel S c h i l l e r s mit K ö r n e r erinnern *), in welcher der große Dichter und Denker (1788) demjenigen, der produktiv sein möchte, die Beachtung des freien Einfalls empfiehlt. Es ist zu vermuten, daß die angeblich neue W i l k i n s o n sche Technik bereits vielen anderen vorgeschwebt hat, und ihre systematische Anwendung in der Psychoanalyse wird uns nicht so sehr als Beweis für die künstlerische Artung F r e u d s erscheinen, wie als Konsequenz seiner nach Art eines Vorurteils festgehaltenen Überzeugung von der durchgängigen Determinierung alles seelischen Geschehens. Die Zugehörigkeit des freien Einfalles zum fixierten Thema ergab sich dann als die nächste und wahrscheinlichste Möglichkeit, welche auch durch die Erfahrung in der Analyse bestätigt wird, insofern nicht übergroße Widerstände den vermuteten Zusammenhang unkenntlich machen.

Indes darf man es als sicher annehmen, daß weder S c h i l l e r noch G a r t h W i l k i n s o n auf die Wahl der psychoanalytischen Technik Einfluß geübt haben. Mehr persönliche Beziehung scheint sich von einer anderen Seite her anzudeuten.

Vor kurzem machte Dr. Hugo D u b o w i t z in Budapest Dr. F e r e n c z i auf einen kleinen, nur $4^1/_2$ Seiten umfassenden Aufsatz von Ludwig B ö r n e aufmerksam, der, 1823 verfaßt, im ersten Band seiner Gesammelten Schriften (Ausgabe von 1862) abgedruckt ist. Er ist betitelt: „Die Kunst, in drei Tagen ein Originalschriftsteller zu werden" und trägt die bekannten Eigentümlichkeiten des Jean P a u l schen Stils, dem B ö r n e damals huldigte, an sich. Er schließt mit den Sätzen:

---

*) Entdeckt von O. R a n k und zitiert in der Traumdeutung, 5. Auflage, 1919, Seite 72.

„Und hier folgt die versprochene Nutzanwendung. Nehmt
einige Bogen Papier und schreibt drei Tage hintereinander,
ohne Falsch und Heuchelei alles nieder, was euch durch den
Kopf geht. Schreibt, was ihr denkt von euch selbst, von
euren Weibern, von dem Türkenkrieg, von Goethe, von Fonks
Kriminalprozeß, vom jüngsten Gericht, von euern Vorgesetzten
— und nach Verlauf der drei Tage werdet ihr vor Verwun-
derung, was ihr für neue unerhörte Gedanken gehabt, ganz
außer euch kommen. Das ist die Kunst, in drei Tagen ein
Originalschriftsteller zu werden!"

Als Prof. F r e u d veranlaßt wurde, diesen B ö r n e schen
Aufsatz zu lesen, machte er eine Reihe von Angaben, die für
die hier berührte Frage nach der Vorgeschichte der psychoanalytischen Einfallsverwertung bedeutungsvoll sein können.
Er erzählte, daß er B ö r n e s Werke im 14. Jahr zum Geschenk bekommen habe und dieses Buch heute, 50 Jahre
später, noch immer als das einzige aus seiner Jugendzeit be-
sitze. Dieser Schriftsteller sei der erste gewesen, in dessen
Schriften er sich vertieft habe. An den in Rede stehenden
Aufsatz könne er sich nicht erinnern, aber andere, in denselben Band aufgenommene, wie die Denkrede auf Jean Paul,
Der Eßkünstler, Der Narr im weißen Schwan, seien durch
lange Jahre ohne ersichtlichen Grund immer wieder in seiner
Erinnerung aufgetaucht. Er war besonders erstaunt, in der
Anweisung zum Originalschriftsteller einige Gedanken ausgesprochen zu finden, die er selbst immer gehegt und vertreten habe, z. B.: „Eine schimpfliche Feigheit zu denken,
hält uns alle zurück. Drückender als die Zensur der Regie-
rungen ist die Zensur, welche die öffentliche Meinung über
unsere Geisteswerke ausübt." (Hier findet sich übrigens die
„Zensur" erwähnt, die in der Psychoanalyse als Traumzensur

wiedergekommen ist .) „Nicht an Geist, an Charakter mangelt es den meisten Schriftstellern, um besser zu sein, als sie sind Aufrichtigkeit ist die Quelle aller Genialität, und die Menschen wären geistreicher, wenn sie sittlicher wären

Es scheint uns also nicht ausgeschlossen, daß dieser Hinweis vielleicht jenes Stück Kryptomnesie aufgedeckt hat, das in so vielen Fällen hinter einer anscheinenden Originalität vermutet werden darf.

III.

WEGE DER PSYCHOANALYTISCHEN THERAPIE.*)

(Rede, gehalten auf dem V. psychoanalytischen Kongreß in Budapest, September 1918.)

Meine Herren Kollegen!

Sie wissen, wir waren nie stolz auf die Vollständigkeit und Abgeschlossenheit unseres Wissens und Könnens; wir sind, wie früher so auch jetzt, immer bereit, die Unvollkommenheiten unserer Erkenntnis zuzugeben, Neues dazuzulernen und an unserem Vorgehen abzuändern, was sich durch Besseres ersetzen läßt.

Da wir nun nach langen, schwer durchlebten Jahren der Trennung wieder einmal zusammengetroffen sind, reizt es mich, den Stand unserer Therapie zu revidieren, der wir ja unsere Stellung in der menschlichen Gesellschaft danken, und Ausschau zu halten, nach welchen neuen Richtungen sie sich entwickeln könnte.

Wir haben als unsere ärztliche Aufgabe formuliert, den neurotisch Kranken zur Kenntnis der in ihm bestehenden unbewußten, verdrängten Regungen zu bringen und zu diesem Zwecke die Widerstände aufzudecken, die sich in ihm gegen solche Erweiterung seines Wissens von der eigenen Person sträuben. Wird mit der Aufdeckung dieser Widerstände auch deren Überwindung gewährleistet? Gewiß nicht immer, aber

---

*) Internationale Zeitschrift für ärztliche Psychoanalyse, V. 1919.

wir hoffen, dieses Ziel zu erreichen, indem wir seine Übertragung auf die Person des Arztes ausnützen, um unsere
Überzeugung von der Unzweckmäßigkeit der in der Kindheit vorgefallenen Verdrängungsvorgänge und von der Un-
durchführbarkeit eines Lebens nach dem ·Lustprinzip zu der
scinigen werden zu lassen. Die dynamischen Verhältnisse des
neuen Konflikts, durch den wir den Kranken führen, den
wir an die Stelle des früheren Krankheitskonflikts bei ihm
gesetzt haben, sind von mir an anderer Stelle klargelegt worden. Daran weiß ich derzeit nichts zu ändern.

Die Arbeit, durch welche wir dem Kranken das ver-
drängte Seelische in ihm zum Bewußtsein bringen, haben wir
Psychoanalyse genannt. Warum „Analyse", was Zerlegung,
Zersetzung bedeutet und an eine Analogie mit der Arbeit des
Chemikers an den Stoffen denken läßt, die er in der Natur
vorfindet und in sein Laboratorium bringt? Weil eine solche
Analogie in einem wichtigen Punkte wirklich besteht. Die
Symptome und krankhaften Äußerungen des Patienten sind
wie alle seine seelischen Tätigkeiten hochzusammengesetzter
Natur; die Elemente dieser Zusammensetzung sind im letzten
Grunde Motive, Triebregungen. Aber der Kranke weiß von
diesen elementaren Motiven nichts oder nur sehr Ungenügen-
des. Wir lehren ihn nun die Zusammensetzung dieser hoch-
komplizierten seelischen Bildungen verstehen, führen die
Symptome auf die sie motivierenden Triebregungen zurück,
weisen diese dem Kranken bisher unbekannten Triebmotive
in den Symptomen nach, wie der Chemiker den Grundstoff,
das chemische Element, aus dem Salz ausscheidet, in dem
es in Verbindung mit anderen Elementen unkenntlich geworden war. Und ebenso zeigen wir dem Kranken an seinen
nicht für krankhaft gehaltenen seelischen Äußerungen, daß

ihm deren Motivierung nur unvollkommen bewußt war, daß
andere Triebmotive bei ihnen mitgewirkt haben, die ihm un-
erkannt geblieben sind.

Auch das Sexualstreben der Menschen haben wir erklärt, indem wir es in seine Komponenten zerlegten, und
wenn wir einen Traum deuten, gehen wir so vor, daß wir
den Traum als Ganzes vernachlässigen und die Assoziation
an seine einzelnen Elemente anknüpfen.

Aus diesem berechtigten Vergleich der ärztlichen psychoanalytischen Tätigkeit mit einer chemischen Arbeit könnte
sich nun eine Anregung zu einer neuen Richtung unserer
Therapie ergeben. Wir haben den Kranken a n a l y s i e r t,
das heißt seine Seelentätigkeit in ihre elementaren Bestandteile zerlegt, diese Triebelemente einzeln und isoliert in ihm
aufgezeigt; was läge nun näher als zu fordern, daß wir ihm
auch bei einer neuen und besseren Zusammensetzung derselben
behilflich sein müssen? Sie wissen, diese Forderung ist auch
wirklich erhoben worden. Wir haben gehört: Nach der Analyse des kranken Seelenlebens muß die Synthese desselben
folgen! Und bald hat sich daran auch die Besorgnis geknüpft, man könnte zu viel Analyse und zu wenig Synthese
geben, und das Bestreben, das Hauptgewicht der psycho-
therapeutischen Einwirkung auf diese Synthese, eine Art
Wiederherstellung des gleichsam durch die Vivisektion Zer-
störten zu verlegen.

Ich kann aber nicht glauben, meine Herren, daß uns
in dieser Psychosynthese eine neue Aufgabe zuwächst. Wollte
ich mir gestatten, aufrichtig und unhöflich zu sein, so würde
ich sagen, es handelt sich 'da' um eine gedankenlose Phrase.
Ich bescheide mich zu bemerken, daß nur eine inhaltsleere
Überdehnung eines Vergleiches, oder, wenn Sie wollen, eine

unberechtigte Ausbeutung einer Namengebung vorliegt. Aber ein Name ist nur eine Etikette, zur Unterscheidung von anderem, ähnlichem, angebracht, kein Programm, keine Inhaltsangabe oder Definition. Und ein Vergleich braucht das Verglichene nur an einem Punkte zu tangieren und kann sich in allen anderen weit von ihm entfernen. Das Psychische ist etwas so einzig Besonderes, daß kein vereinzelter Vergleich seine Natur wiedergeben kann. Die psychoanalytische Arbeit bietet Analogien mit der chemischen Analyse, aber eben solche mit dem Eingreifen des Chirurgen oder der Einwirkung des Orthopäden oder der Beeinflussung des Erziehers. Der Vergleich mit der chemischen Analyse findet seine Begrenzung darin, daß wir es im Seelenleben mit Strebungen zu tun haben, die einem Zwang zur Vereinheitlichung und Zusammenfassung unterliegen. Ist es uns gelungen, ein Symptom zu zersetzen, eine Triebregung aus einem Zusammenhange zu befreien, so bleibt sie nicht isoliert, sondern tritt sofort in einen neuen ein *).

Ja im Gegenteil! Der neurotisch Kranke bringt uns ein zerrissenes, durch Widerstände zerklüftetes Seelenleben entgegen, und während wir daran analysieren, die Widerstände beseitigen, wächst dieses Seelenleben zusammen, fügt die große Einheit, die wir sein Ich heißen, sich alle die Triebregungen ein, die bisher von ihm abgespalten und abseits gebunden waren. So vollzieht sich bei dem analytisch Behandelten die Psychosynthese ohne unser Eingreifen, automatisch und unausweichlich. Durch die Zersetzung der Sym-

---

*) Ereignet sich doch während der chemischen Analyse etwas ganz Ähnliches. Gleichzeitig mit den Isolierungen, die der Chemiker erzwingt. vollziehen sich von ihm ungewollte Synthesen dank der freigewordenen Affinitäten und der Wahlverwandtschaft der Stoffe.

ptome und die Aufhebung der Widerstände haben wir die Bedingungen für sie geschaffen. Es ist nicht wahr, daß etwas in dem Kranken in seine Bestandteile zerlegt ist, was nun ruhig darauf wartet, bis wir es irgendwie zusammensetzen.

Die Entwicklung unserer Therapie wird also wohl andere Wege einschlagen, vor allem jenen, den kürzlich F e r e n c z i in seiner Arbeit über „Technische Schwierigkeiten einer Hysterieanalyse" (Nr. 1 dieses Jahrganges unserer Zeitschrift) als die „A k t i v i t ä t" des Analytikers gekennzeichnet hat.

Einigen wir uns rasch, was unter dieser Aktivität zu verstehen ist. Wir umschrieben unsere therapeutische Aufgabe durch die zwei Inhalte: Bewußtmachen des Verdrängten und Aufdeckung der Widerstände. Dabei sind wir allerdings aktiv genug. Aber sollen wir es dem Kranken überlassen, allein mit den ihm aufgezeigten Widerständen fertig zu werden? Können wir ihm dabei keine andere Hilfe leisten, als er durch den Antrieb der Übertragung erfährt? Liegt es nicht vielmehr sehr nahe, ihm auch dadurch zu helfen, daß wir ihn in jene psychische Situation versetzen, welche für die erwünschte Erledigung des Konflikts die günstigste ist. Seine Leistung ist doch auch abhängig von einer Anzahl von äußerlich konstellierenden Umständen. Sollen wir uns da bedenken, diese Konstellation durch unser Eingreifen in geeigneter Weise zu verändern? Ich meine, eine solche Aktivität des analytisch behandelnden Arztes ist einwandfrei und durchaus gerechtfertigt.

Sie bemerken, daß sich hier für uns ein neues Gebiet der analytischen Technik eröffnet, dessen Bearbeitung eingehende Bemühung erfordern und ganz bestimmte Vorschriften ergeben wird. Ich werde heute nicht versuchen, Sie in diese noch in Entwicklung begriffene Technik einzuführen, sondern mich damit begnügen, einen Grundsatz hervorzuheben, dem wahrscheinlich die Herrschaft auf diesem Gebiete zufallen wird. Er lautet: Die analytische Kur soll, soweit es möglich ist, in der Entbehrung — Abstinenz — durchgeführt werden. Wie weit es möglich ist, dies festzustellen, bleibe einer detaillierten Diskussion überlassen. Unter Abstinenz ist aber nicht die Entbehrung einer jeglichen Befriedigung zu verstehen — das wäre natürlich undurchführbar —, auch nicht, was man im populären Sinne darunter versteht, die Enthaltung vom sexuellen Verkehr, sondern etwas anderes, was mit der Dynamik der Erkrankung und der Herstellung weit mehr zu tun hat.

Sie erinnern sich daran, daß es eine Versagung war, die den Patienten krank gemacht hat, daß seine Symptome ihm den Dienst von Ersatzbefriedigungen leisten. Sie können während der Kur beobachten, daß jede Besserung seines Leidenszustandes das Tempo der Herstellung verzögert und die Triebkraft verringert, die zur Heilung drängt. Auf diese Triebkraft können wir aber nicht verzichten; eine Verringerung derselben ist für unsere Heilungsabsicht gefährlich. Welche Folgerung drängt sich uns also unabweisbar auf? Wir müssen, so grausam es klingt, dafür sorgen, daß das Leiden des Kranken in irgend einem wirksamen Maße kein vorzeitiges Ende finde. Wenn es durch die Zersetzung und Entwertung der Symptome ermäßigt worden ist, müssen wir es irgendwo anders als eine empfindliche Entbehrung wieder aufrichten, sonst laufen wir Gefahr, niemals mehr als bescheidene und nicht haltbare Besserungen zu erreichen.

Die Gefahr droht, soviel ich sehe, besonders von zwei Seiten. Einerseits ist der Patient, dessen Kranksein durch

die Analyse erschüttert worden ist, aufs emsigste bemüht, sich
an Stelle seiner Symptome neue Ersatzbefriedigungen zu
schaffen, denen nun der Leidenscharakter abgeht. Er bedient
sich der großartigen Verschiebbarkeit der zum Teil frei gewordenen Libido, um die mannigfachsten Tätigkeiten, Vor-
lieben, Gewohnheiten, auch solche, die bereits früher bestanden haben, mit Libido zu besetzen und sie zu Ersatzbefriedigungen zu erheben. Er findet immer wieder neue
solche Ablenkungen, durch welche die zum Betrieb der Kur
erforderte Energie versickert, und weiß sie eine Zeitlang geheim zu halten. Man hat die Aufgabe, alle diese Abwege
aufzuspüren und jedesmal von ihm den Verzicht zu verlangen, so harmlos die zur Befriedigung führende Tätigkeit
auch an sich erscheinen mag. Der Halbgeheilte kann aber
auch minder harmlose Wege einschlagen, z. B. indem er,
wenn ein Mann, eine voreilige Bindung an ein Weib aufsucht.
Nebenbei bemerkt, unglückliche Ehe und körperliches Siech-
tum sind die gebräuchlichsten Ablösungen der Neurose. Sie
befriedigen insbesondere das Schuldbewußtsein (Strafbe-
dürfnis), welches viele Kranke so zähe an ihrer Neurose
festhalten läßt. Durch eine ungeschickte Ehewahl bestrafen
sie sich selbst; langes organisches Kranksein nehmen sie als
eine Strafe des Schicksals an und verzichten dann häufig
auf eine Fortführung der Neurose.

Die Aktivität des Arztes muß sich in all solchen Situationen als energisches Einschreiten gegen die voreiligen Ersatzbefriedigungen äußern. Leichter wird ihm aber die Ver-
wahrung gegen die zweite, nicht zu unterschätzende Gefahr,
von der die Triebkraft der Analyse bedroht wird. Der Kranke
sucht vor allem die Ersatzbefriedigung in der Kur selbst
im Übertragungsverhältnis zum Arzt und kann sogar danach

streben, sich auf diesem Wege für allen ihm sonst auferlegten
Verzicht zu entschädigen. Einiges muß man ihm ja wohl
gewähren, mehr oder weniger, je nach der Natur des Falles
und der Eigenart des Kranken. Aber es ist nicht gut, wenn
es zuviel wird. Wer als Analytiker etwa aus der Fülle seines
hilfsbereiten Herzens dem Kranken alles spendet, was ein
Mensch vom anderen erhoffen kann, der begeht denselben
ökonomischen Fehler, dessen sich unsere nicht analytischen
Nervenheilanstalten schuldig machen. Diese streben nichts
anderes an, als es dem Kranken möglichst angenehm zu
machen, damit er sich dort wohlfühle und gerne wieder dort-
hin aus den Schwierigkeiten des Lebens seine Zuflucht nehme.
Dabei verzichten sie darauf, ihn für das Leben stärker, für
seine eigentlichen Aufgaben leistungsfähiger zu machen. In
der analytischen Kur muß jede solche Verwöhnung vermieden
werden. Der Kranke soll, was sein Verhältnis zum Arzt betrifft, unerfüllte Wünsche reichlich übrig behalten. Es ist
zweckmäßig, ihm gerade die Befriedigungen zu versagen, die
er am intensivsten wünscht und am dringendsten äußert.

Ich glaube nicht, daß ich den Umfang der erwünschten
Aktivität des Arztes mit dem Satze: In der Kur sei die
Entbehrung aufrecht zu halten, erschöpft habe. Eine andere
Richtung der analytischen Aktivität ist, wie Sie sich erinnern werden, bereits einmal ein Streitpunkt zwischen uns
und der Schweizer Schule gewesen. Wir haben es entschieden
abgelehnt, den Patienten, der sich Hilfe suchend in unsere
Hand begibt, zu unserem Leibgut zu machen, sein Schicksal
für ihn zu formen, ihm unsere Ideale aufzudrängen und ihn
im Hochmut des Schöpfers zu unserem Ebenbild, an dem
wir Wohlgefallen haben sollen, zu gestalten. Ich halte an
dieser Ablehnung auch heute noch fest und meine, daß hier

die Stelle für die ärztliche Diskretion ist, über die wir uns
in anderen Beziehungen hinwegsetzen müssen, habe auch erfahren, daß eine so weit gehende Aktivität gegen den Patienten für die therapeutische Absicht gar nicht erforderlich
ist. Denn ich habe Leuten helfen können, mit denen mich
keinerlei Gemeinsamkeit der Rasse, Erziehung, sozialen Stellung und Weltanschauung verband, ohne sie in ihrer Eigenart zu stören. Ich habe damals, zur Zeit jener Streitigkeiten,
allerdings den Eindruck empfangen, daß der Einspruch unserer Vertreter — ich glaube, es war in erster Linie E.
J o n e s — allzu schroff und unbedingt ausgefallen ist. Wir
können es nicht vermeiden, auch Patienten anzunehmen, die
so haltlos und existenzunfähig sind, daß man bei ihnen die
analytische Beeinflussung mit der erziehcrischen vereinigen
muß, und auch bei den meisten anderen wird sich hie und
da eine Gelegenheit ergeben, wo der Arzt als Erzieher und
Ratgeber aufzutreten genötigt ist. Aber dies soll jedesmal
mit großer Schonung geschehen, und der Kranke soll nicht
zur Ähnlichkeit mit uns, sondern zur Befreiung und Vollen-
dung seines eigenen Wesens erzogen werden.

Unser verehrter Freund J. P u t n a m in dem uns jetzt
so feindlichen Amerika muß es uns verzeihen, wenn wir auch
seine Forderung nicht annehmen können, die Psychoanalyse
möge sich in den Dienst einer bestimmten philosophischen
Weltanschauung stellen und diese dem Patienten zum Zwecke
seiner Veredlung aufdrängen. Ich möchte sagen, dies ist
doch nur Gewaltsamkeit, wenn auch durch die edelsten Absichten gedeckt.

Eine letzte, ganz anders geartete Aktivität wird uns
durch die allmählich wachsende Einsicht aufgenötigt, daß
die verschiedenen Krankheitsformen, die wir behandeln, nicht

durch die nämliche Technik erledigt werden können. Es wäre voreilig, hierüber ausführlich zu handeln, aber an zwei Beispielen kann ich erläutern, inwiefern dabei eine neue Aktivität in Betracht kommt. Unsere Technik ist an der Behandlung der Hysterie erwachsen und noch immer auf diese Affektion eingerichtet. Aber schon die Phobien nötigen uns, über unser bisheriges Verhalten hinauszugehen. Man wird kaum einer Phobie Herr, wenn man abwartet, bis sich der Kranke durch die Analyse bewegen läßt, sie aufzugeben. Er bringt dann niemals jenes Material in die Analyse, das zur überzeugenden Lösung der Phobie unentbehrlich ist. Man muß anders vorgehen. Nehmen Sie das Beispiel eines Agoraphoben; es gibt zwei Klassen von solchen, eine leichtere und eine schwerere. Die ersteren haben zwar jedesmal unter der Angst zu leiden, wenn sie allein auf die Straße gehen, aber sie haben darum das Alleingehen noch nicht aufgegeben; die anderen schützen sich vor der Angst, indem sie auf das Alleingehen verzichten. Bei diesen letzteren hat man nur dann Erfolg, wenn man sie durch den Einfluß der Analyse bewegen kann, sich wieder wie Phobiker des ersten Grades zu benehmen, also auf die Straße zu gehen und während dieses Versuches mit der Angst zu kämpfen. Man bringt es also zunächst dahin, die Phobie so weit zu ermäßigen, und erst wenn dies durch die Forderung des Arztes erreicht ist, wird der Kranke jener Einfälle und Erinnerungen habhaft, welche die Lösung der Phobie ermöglichen.

Noch weniger angezeigt scheint ein passives Zuwarten bei den schweren Fällen von Zwangshandlungen, die ja im allgemeinen zu einem „asymptotischen" Heilungsvorgang, zu einer unendlichen Behandlungsdauer neigen, deren Analyse

immer in Gefahr ist, sehr viel zu Tage zu fördern und nichts
zu ändern. Es scheint mir wenig zweifelhaft, daß die richtige
Technik hier nur darin bestehen kann, abzuwarten, bis die
Kur selbst zum Zwang geworden ist, und dann mit diesem
Gegenzwang den Krankheitszwang gewaltsam zu unterdrücken.
Sie verstehen aber, daß ich Ihnen in diesen zwei Fällen nur
Proben der neuen Entwicklungen vorgelegt habe, denen unsere
Therapie entgegengeht.

Und nun möchte ich zum Schlusse eine Situation ins
Auge fassen, die der Zukunft angehört, die vielen von Ihnen
phantastisch erscheinen wird, die aber doch verdient, sollte
ich meinen, daß man sich auf sie in Gedanken vorbereitet.
Sie wissen, daß unsere therapeutische Wirksamkeit keine sehr
intensive ist. Wir sind nur eine Handvoll Leute, und jeder
von uns kann auch bei angestrengter Arbeit sich in einem
Jahr nur einer kleinen Anzahl von Kranken widmen. Gegen
das Übermaß von neurotischem Elend, das es in der Welt
gibt und vielleicht nicht zu geben braucht, kommt das, was
wir davon wegschaffen können, quantitativ kaum in Betracht.
Außerdem sind wir durch die Bedingungen unserer Existenz
auf die wohlhabenden Oberschichten der Gesellschaft eingeschränkt, die ihre Ärzte selbst zu wählen pflegen und bei
dieser Wahl durch alle Vorurteile von der Psychoanalyse abgelenkt werden. Für die breiten Volksschichten, die unge-
heuer schwer unter den Neurosen leiden, können wir derzeit
nichts tun.

Nun lassen Sie uns annehmen, durch irgend eine Organisation gelänge es uns, unsere Zahl so weit zu vermehren,
daß wir zur Behandlung von größeren Menschenmassen ausreichen. Anderseits läßt sich vorhersehen: Irgend einmal wird
das Gewissen der Gesellschaft erwachen und sie mahnen,

daß der Arme ein ebensolches Anrecht auf seelische Hilfeleistung hat wie bereits jetzt auf lebensrettende chirurgische.
Und daß die Neurosen die Volksgesundheit nicht minder be-
drohen als die Tuberkulose und ebensowenig wie diese der
ohnmächtigen Fürsorge des Einzelnen aus dem Volke überlassen werden können. Dann werden also Anstalten oder
Ordinationsinstitute errichtet werden, an denen psychoanaly-
tisch ausgebildete Ärzte angestellt sind, um die Männer, die
sich sonst dem Trunk ergeben würden, die Frauen, die unter
der Last der Entsagungen zusammenzubrechen drohen, die
Kinder, denen nur die Wahl zwischen Verwilderung und Neurose bevorsteht, durch Analyse widerstands- und leistungs-
fähig zu erhalten. Diese Behandlungen werden unentgeltliche
sein. Es mag lange dauern, bis der Staat diese Pflichten als
dringende empfindet. Die gegenwärtigen Verhältnisse mögen
den Termin noch länger hinausschieben, es ist wahrscheinlich,
daß private Wohltätigkeit mit solchen Instituten den Anfang
machen wird; aber irgend einmal wird es dazu kommen müssen.
Dann wird sich für uns die Aufgabe ergeben, unsere
Technik den neuen Bedingungen anzupassen. Ich zweifle nicht
daran, daß die Triftigkeit unserer psychologischen Annahmen
auch auf den Ungebildeten Eindruck machen wird, aber wir
werden den einfachsten und greifbarsten Ausdruck unserer
theoretischen Lehren suchen müssen. Wir werden wahrscheinlich die Erfahrung machen, daß der Arme noch weniger zum
Verzicht auf seine Neurose bereit ist als der Reiche, weil
das schwere Leben, das auf ihn wartet, ihn nicht lockt, und
das Kranksein ihm einen Anspruch mehr auf soziale Hilfe
bedeutet. Möglicherweise werden wir oft nur dann etwas
leisten können, wenn wir die seelische Hilfeleistung mit ma-
terieller Unterstützung nach Art des Kaiser Josefs ver-

einigen können. Wir werden auch sehr wahrscheinlich genötigt sein, in der Massenanwendung unserer Therapie das
reine Gold der Analyse reichlich mit dem Kupfer der direkten
Suggestion zu legieren, und auch die hypnotische Beeinflussung könnte dort wie bei der Behandlung der Kriegs-
neurotiker wieder eine Stelle finden. Aber wie immer sich
auch diese Psychotherapie fürs Volk gestalten, aus welchen
Elementen sie sich zusammensetzen mag, ihre wirksamsten
und wichtigsten Bestandteile werden gewiß die bleiben, die
von der strengen, der tendenzlosen Psychoanalyse entlehnt
worden sind.

IV.

ÜBER DIE PSYCHOGENESE EINES FALLES VON WEIBLICHER HOMOSEXUALITÄT.*)

I.

Die weibliche Homosexualität, gewiß nicht weniger häufig als die männliche, aber doch weit weniger lärmend als diese, ist nicht nur vom Strafgesetz übergangen, sondern auch von der psychoanalytischen Forschung vernachlässigt worden. Die Mitteilung eines einzelnen, nicht allzu grellen Falles, in dem es möglich wurde, dessen psychische Entstehungsgeschichte fast lückenlos und mit voller Sicherheit zu erkennen, mag daher einen gewissen Anspruch auf Beachtung erheben. Wenn die Darstellung nur die allgemeinsten Umrisse der Geschehnisse und die aus dem Falle gewonnenen Einsichten bringt und alle charakteristischen Einzelheiten unterschlägt, auf denen die Deutung ruht, so ist diese Einschränkung durch die von einem frischen Fall geforderte ärztliche Diskretion leicht erklärlich.

Ein 18jähriges, schönes und kluges Mädchen aus sozial hochstehender Familie hat das Mißfallen und die Sorge seiner Eltern durch die Zärtlichkeit erweckt, mit der sie eine etwa zehn Jahre ältere Dame „aus der Gesellschaft" verfolgt. Die Eltern behaupten, daß diese Dame trotz ihres vornehmen Na-

---

*) Internationale Zeitschrift für Psychoanalyse, VI. 1920.

mens nichts anderes sei als eine Kokotte. Es sei von ihr bekannt, daß sie bei einer verheirateten Freundin lebt, mit
der sie intime Beziehungen unterhält, während sie gleichzeitig in lockeren Liebesverhältnissen zu einer Anzahl von
Männern steht. Das Mädchen bestreitet diese üble Nachrede
nicht, läßt sich aber durch sie in der Verehrung der Dame
nicht beirren, obwohl es ihr am Sinn für das Schickliche
und Reinliche keineswegs gebricht. Kein Verbot und keine
Überwachung hält sie ab, jede der spärlichen Gelegenheiten
zum Beisammensein mit der Geliebten auszunützen, alle
ihre Lebensgewohnheiten auszukundschaften, stundenlang vor
ihrem Haustor oder an Trambahnhaltestellen auf sie zu
warten, ihr Blumen zu schicken u. dgl. Es ist offenkundig,
daß dies eine Interesse bei dem Mädchen alle anderen verschlungen hat. Sie kümmert sich nicht um ihre weitere Ausbildung, legt keinen Wert auf gesellschaftlichen Verkehr und
mädchenhafte Vergnügungen und hält nur den Umgang mit
einigen Freundinnen aufrecht, die ihr als Vertraute oder als
Helferinnen dienen können. Wie weit es zwischen ihrer
Tochter und jener zweifelhaften Dame gekommen ist, ob die
Grenzen einer zärtlichen Schwärmerei bereits überschritten
worden sind, wissen die Eltern nicht. Ein Interesse für
junge Männer und Wohlgefallen an deren Huldigungen haben
sie an dem Mädchen nie bemerkt; dagegen sind sie sich
klar darüber, daß diese gegenwärtige Neigung für eine Frau
nur in erhöhtem Maße fortsetzt, was sich in den letzten
Jahren für andere weibliche Personen angezeigt und den Arg-
wohn sowie die Strenge des Vaters wachgerufen hatte.

Zwei Stücke ihres Benehmens, scheinbar einander gegen-
sätzlich, wurden dem Mädchen von den Eltern am stärksten
verübelt. Daß sie keine Bedenken trug, sich öffentlich in

belebten Straßen mit der anrüchigen Geliebten zu zeigen und also die Rücksicht auf ihren eigenen Ruf vernachlässigte, und daß sie kein Mittel der Täuschung, keine Ausrede und keine Lüge verschmähte, um die Zusammenkünfte mit ihr zu ermöglichen und zu decken. Also zuviel Offenheit in dem einen, vollste Verstellung im anderen Falle. Eines Tages traf es sich, was ja unter diesen Umständen einmal geschehen mußte, daß der Vater seine Tochter in Begleitung jener ihm bekanntgewordenen Dame auf der Straße begegnete. Er ging mit einem zornigen Blick, der nichts Gutes ankündigte, an den beiden vorüber. Unmittelbar darauf riß sich das Mädchen los und stürzte sich über die Mauer in den dort nahen Einschnitt der Stadtbahn. Sie büßte diesen unzweifelhaft ernst gemeinten Selbstmordversuch mit einem langen Krankenlager, aber zum Glück mit nur geringer dauernder Schädigung. Nach ihrer Herstellung fand sie die Situation für ihre Wünsche günstiger als zuvor. Die Eltern wagten es nicht mehr ihr ebenso entschieden entgegenzutreten, und die Dame, die sich bis dahin gegen ihre Werbung spröde ablehnend verhalten hatte, war durch einen so unzweideutigen Beweis ernster Leidenschaft gerührt und begann sie freundlicher zu behandeln.

Etwa ein halbes Jahr nach diesem Unfall wendeten sich die Eltern an den Arzt und stellten ihm die Aufgabe, ihre Tochter zur Norm zurückzubringen. Der Selbstmordversuch des Mädchens hatte ihnen wohl gezeigt, daß die Machtmittel der häuslichen Disziplin nicht im stande waren, die vorliegende Störung zu bewältigen. Es ist aber gut, hier die Stellung des Vaters und die der Mutter gesondert zu behandeln. Der Vater war ein ernsthafter, respektabler Mann, im Grunde sehr zärtlich, durch seine angenommene Strenge

den Kindern etwas entfremdet. Sein Benehmen gegen die
einzige Tochter wurde allzu sehr durch Rücksichten auf seine
Frau, ihre Mutter, bestimmt. Als er zuerst von den homosexuellen Neigungen der Tochter Kenntnis bekam, wallte er
zornig auf und wollte sie durch Drohungen unterdrücken;
er mag damals zwischen verschiedenen, gleich peinlichen Auf-
fassungen geschwankt haben, ob er ein lasterhaftes, ein ent-
artetes oder geisteskrankes Wesen in ihr sehen sollte. Auch
nach dem Unfall brachte er es nicht zur Höhe jener überlegenen Resignation, welcher einer unserer ärztlichen Kollegen
bei einer irgend wie ähnlichen Entgleisung in seiner Familie
durch die Rede Ausdruck gab: „Es ist eben ein Malheur
wie ein anderes!" Die Homosexualität seiner Tochter hatte
etwas, was seine vollste Erbitterung weckte. Er war entschlossen, sie mit allen Mitteln zu bekämpfen; die in Wien
so allgemein verbreitete Geringschätzung der Psychoanalyse
hielt ihn nicht ab, sich an sie um Hilfe zu wenden. Wenn
dieser Weg versagte, hatte er noch immer das stärkste Gegen-
mittel im Rückhalt; eine rasche Verheiratung sollte die natürlichen Instinkte des Mädchens wachrufen und dessen un-
natürliche Neigungen ersticken.

Die Einstellung der Mutter des Mädchens war nicht so
leicht zu durchschauen. Sie war eine noch jugendliche Frau,
die dem Anspruch, selbst durch Schönheit zu gefallen, offenbar nicht entsagen wollte. Es war nur klar, daß sie die
Schwärmerei ihrer Tochter nicht so tragisch nahm und sich
keineswegs so sehr darüber entrüstete wie der Vater. Sie
hatte sogar durch längere Zeit das Vertrauen des Mädchens
in betreff ihrer Verliebtheit in jene Dame genossen; ihre
Parteinahme dagegen schien wesentlich durch die schädliche
Offenheit bestimmt, mit der die Tochter ihre Gefühle vor

aller Welt kundgab. Sie war selbst durch mehrere Jahre neurotisch gewesen, erfreute sich großer Schonung von seiten ihres Mannes, behandelte ihre Kinder recht ungleichmäßig, war eigentlich hart gegen die Tochter und überzärtlich mit ihren drei Knaben, von denen der jüngste ein Spätling war, gegenwärtig noch nicht drei Jahre alt. Bestimmteres über ihren Charakter zu erfahren, war nicht leicht, denn infolge von Motiven, die erst später verstanden werden können, hielten die Angaben der Patientin über ihre Mutter stets eine Reserve ein, von der im Falle des Vaters keine Rede war.

Der Arzt, der die analytische Behandlung des Mädchens übernehmen sollte, hatte mehrere Gründe, sich unbehaglich zu fühlen. Er fand nicht die Situation vor, welche die Analyse anfordert, und in der sie allein ihre Wirksamkeit erproben kann. Diese Situation sieht in ihrer idealen Ausprägung bekanntlich so aus, daß jemand, der sonst sein eigener Herr ist, an einem inneren Konflikt leidet, den er allein nicht zu Ende bringen kann, daß er dann zum Analytiker kommt, es ihm klagt und ihn um seine Hilfeleistung bittet. Der Arzt arbeitet dann Hand in Hand mit dem einen Anteil der krankhaft entzweiten Persönlichkeit gegen den anderen Partner des Konflikts. Andere Situationen als diese sind für die Analyse mehr oder minder ungünstig, fügen zu den inneren Schwierigkeiten des Falles neue hinzu. Situationen wie die des Bauherrn, der beim Architekten eine Villa nach seinem Geschmack und Bedürfnis bestellt, oder des frommen Stifters, der sich vom Künstler ein Heiligenbild malen läßt, in dessen Ecke dann sein eigenes Porträt als Anbetender Platz findet, sind mit den Bedingungen der Psychoanalyse im Grunde nicht vereinbar. Es kommt zwar alle Tage vor, daß sich ein Ehemann an den Arzt mit der Information wendet:

Meine Frau ist nervös, sie verträgt sieh darum schlecht mit
mir; machen Sie sie gesund, so daß wir wieder eine glückliche Ehe führen können. Aber es stellt sieh oft genug heraus,
daß ein solcher Auftrag unausführbar ist, das heißt, daß der
Arzt nicht das Ergebnis herstellen kann, wegen dessen der
Mann die Behandlung wünschte. Sowie die Frau von ihren
neurotischen Hemmungen befreit ist, setzt sie die Trennung
der Ehe durch, deren Erhaltung nur unter der Voraussetzung
ihrer Neurose möglich war. Oder Eltern verlangen, daß man
ihr Kind gesund mache, welches nervös und unfügsam ist.
Sie verstehen unter einem gesunden Kind ein solches, das
den Eltern keine Schwierigkeiten bereitet, an dem sie ihre
Freude haben können. Die Herstellung des Kindes mag dem
Arzt gelingen, aber es geht nach der Genesung um so entschiedener seine eigenen Wege, und die Eltern sind jetzt weit
mehr unzufrieden als vorher. Kurz, es ist nicht gleichgültig,
ob ein Mensch aus eigenem Streben in die Analyse kommt,
oder darum, weil andere ihn dahin bringen, ob er selbst seine
Veränderung wünscht oder nur seine Angehörigen, die ihn
lieben, oder von denen man solche Liebe erwarten sollte.

Als weitere ungünstige Momente waren die Tatsachen
zu bewerten, daß das Mädchen ja keine Kranke war — sie
litt nicht aus inneren Gründen, beklagte sich nicht über
ihren Zustand und daß die gestellte Aufgabe nicht darin
bestand, einen neurotischen Konflikt zu lösen, sondern die
eine Variante der genitalen Sexualorganisation in die andere
überzuführen. Diese Leistung, die Beseitigung der genitalen
Inversion oder Homosexualität, ist meiner Erfahrung niemals
leicht erschienen. Ich habe vielmehr gefunden, daß sie nur
unter besonders günstigen Umständen gelingt, und auch dann
bestand der Erfolg wesentlich darin, daß man der homosexuell

eingeengten Person den bis dahin versperrten Weg zum anderen Geschlecht frei machen konnte, also ihre volle bisexuelle
Funktion ʻwiederherstellte. Es lag dann in ihrem Belieben,
ob sie den anderen, von der Gesellschaft geächteten Weg
veröden lassen wollte, und in einzelnen Fällen hat sie es
auch so getan. Man muß sich sagen, daß auch die normale
Sexualität auf einer Einschränkung der Objektwahl beruht,
und im allgemeinen ist das Unternehmen, einen voll entwickelten Homosexuellen in einen Heterosexuellen zu verwandeln, nicht viel aussichtsreicher als das umgekehrte, nur
daß man dies letztere aus guten praktischen Gründen niemals
versucht.

Die Erfolge der psychoanalytischen Therapie in der
Behandlung der allerdings sehr vielgestaltigen Homosexualität
sind der Zahl nach wirklich nicht bedeutsam. In der Regel
vermag der Homosexuelle sein Lustobjekt nicht aufzugeben;
es gelingt nicht, ihn zu überzeugen, daß er die Lust, auf
die er hier verzichtet, im Falle der Umwandlung am anderen
Objekt wiederfinden würde. Wenn er sich überhaupt in Behandlung begibt, so haben ihn zumeist äußere Motive dazu
gedrängt, die sozialen Nachteile und Gefahren seiner Objektwahl, und solche Komponenten des Selbsterhaltungstriebes
erweisen sich als zu schwach im Kampfe gegen die Sexualstrebungen. Man kann dann bald seinen geheimen Plan aufdecken, sich durch den eklatanten Mißerfolg dieses Versuches
die Beruhigung zu schaffen, daß er das Möglichste gegen
seine Sonderartung getan habe und sich ihr nun mit gutem
Gewissen überlassen könne. Wo die Rücksicht auf geliebte
Eltern und Angehörige den Versuch zur Heilung motiviert
hat, da liegt der Fall etwas anders. Es sind dann wirklich
libidinöse Strebungen vorhanden, die zur homosexuellen

Objektwahl gegensätzliche Energien entwickeln können, aber deren Kraft reicht selten aus. Nur wo die Fixierung an das gleichgeschlechtliche Objekt noch nicht stark genug geworden ist, oder wo sich erhebliche Ansätze und Reste der heterosexuellen Objektwahl vorfinden, also bei noch schwankender oder bei deutlich bisexueller Organisation, darf die Prognose der psychoanalytischen Therapie günstiger gestellt werden.

Aus diesen Gründen vermied ich es durchaus, den Eltern die Erfüllung ihres Wunsches in Aussicht zu stellen. Ich erklärte mich bloß bereit dazu, das Mädchen durch einige Wochen oder Monate sorgfältig zu studieren, um mich danach über die Aussichten einer Beeinflussung durch Fortsetzung der Analyse äußern zu können. In einer ganzen Anzahl von Fällen zerlegt sich ja die Analyse in zwei deutlich gesonderte Phasen; in einer ersten verschafft sich der Arzt die notwendigen Kenntnisse vom Patienten, macht ihn mit den Voraussetzungen und Postulaten der Analyse bekannt und entwickelt vor ihm die Konstruktion der Entstehung seines Leidens, zu welcher er sich auf Grund des von der Analyse gelieferten Materials berechtigt glaubt. In einer zweiten Phase bemächtigt sich der Patient selbst des ihm vorgelegten Stoffes, arbeitet an ihm, erinnert von dem bei ihm angeblich Verdrängten, was er erinnern kann, und trachtet, das andere in einer Art von Neubelebung zu wiederholen. Dabei kann er die Aufstellungen des Arztes bestätigen, ergänzen und richtigstellen. Erst während dieser Arbeit erfährt er durch die Überwindung von Widerständen die innere Veränderung, die man erzielen will, und gewinnt die Überzeugungen, die ihn von der ärztlichen Autorität unabhängig machen. Nicht immer sind diese beiden Phasen im Ablauf der analytischen Kur scharf voneinander geschieden; es kann dies nur ge-

schchen, wenn der Widerstand bestimmte Bedingungen ein-
hält. Aber wo es der Fall ist, kann man den Vergleich mit
zwei entsprechenden Abschnitten einer Reise heranziehen. Der
erste umfaßt alle notwendigen, heute so komplizierten und
schwer zu erfüllenden Vorbereitungen, bis man endlich die
Fahrkarte gelöst, den Perron betreten und seinen Platz im
Wagen erobert hat. Man hat jetzt das Recht und die Möglichkeit, in das ferne Land zu reisen, aber man ist nach all
diesen Vorarbeiten noch nicht dort, eigentlich dem Ziele um
keinen Kilometer näher gerückt. Es gehört noch dazu, daß
man die Reise selbst von einer Station zur anderen zurück-
lege, und dieses Stück der Reise ist mit der zweiten Phase
gut vergleichbar.

Die Analyse bei meiner nunmehrigen Patientin verlief
nach diesem Zweiphasenschema, wurde aber nicht über den
Beginn der zweiten Phase hinaus fortgeführt. Eine besondere
Konstellation des Widerstandes ermöglichte es trotzdem, die
volle Bestätigung meiner Konstruktionen und eine im großen
und ganzen zureichende Einsicht in den Entwicklungsgang
ihrer Inversion zu gewinnen. Ehe ich aber die Ergebnisse
der Analyse bei ihr darlege, muß ich einige Punkte erledigen,
die ich entweder schon selbst gestreift oder die sich dem
Leser als die ersten Gegenstände seines Interesses aufge-
drängt haben.

Ich hatte die Prognose zum Teil davon abhängig gemacht,
wie weit das Mädchen in der Befriedigung seiner Leidenschaft
gekommen war. Die Auskunft, die ich während der Analyse
erhielt, schien in dieser Hinsicht günstig. Bei keinem der
Objekte ihrer Schwärmerei hatte sie mehr als einzelne Küsse
und Umarmungen genossen, ihre Genitalkeuschheit, wenn man
so sagen darf, war unversehrt geblieben. Die Halbweltdame

gar, die die jüngsten und weitaus stärksten Gefühle bei ihr
erweekt hatte, war spröde gegen sie geblieben, hatte ihr nie
eine höhere Gunst gegönnt als die, ihr die Hand küssen
zu dürfen. Das Mädehen machte wahrseheinlieh eine Tugend
aus ihrer Not, wenn sie immer wieder die Reinheit ihrer
Liebe und ihre physisehe Abneigung gegen einen Sexualverkehr betonte. Vielleicht hatte sie aber nieht ganz unrecht,
wenn sie von ihrer hehren Geliebten rühmte, daß sie, von
vornehmer Herkunft, und nur durch widrige Familienverhält-
nisse in ihre gegenwärtige Position gedrängt, sieh auch hier
noch ein ganzes Stück Würde bewahrt habe. Denn diese
Dame pflegte ihr bei jedem Zusammentreffen zuzureden, ihre
Neigung von ihr und von den Frauen überhaupt abzuwenden,
und hatte sieh bis zum Selbstmordversueh immer nur streng
abweisend gegen sie benommen.

Ein zweiter Punkt, den ich alsbald aufzuklären versuchte, betraf die eigenen Motive des Mädehens, auf welche
die analytische Behandlung sieh etwa stützen konnte. Sie
versuchte mieh nicht durch die Behauptung zu täusehen, daß
es ihr ein dringendes Bedürfnis sei, von ihrer Homosexualität
befreit zu werden. Sie könne sieh im Gegenteil gar keine
andere Verliebtheit vorstellen, aber, setzte sie hinzu, der
Eltern wegen wolle sie den therapeutisehen Versueh ehrlich
unterstützen, denn sie empfinde es sehr sehwer, den Eltern
solehen Kummer zu bereiten. Auch diese Äußerung mußte
ieh zunächst als günstig auffassen; ieh konnte nieht ahnen,
welehe unbewußte Affekteinstellung sieh hinter ihr verbarg.
Was hier dann später zum Vorsehein kam, hat die Gestaltung
der Kur und deren vorzeitigen Abbrueh entseheidend beeinflußt.

Nichtanalytisehe Leser werden längst die Beantwortung

zweier anderer Fragen ungeduldig erwarten. Zeigte dieses homosexuelle Mädchen deutliche somatische Charaktere des anderen Geschlechtes und erwies sie sich als ein Fall von angeborener oder von erworbener (später entwickelter) Homosexualität?

Ich verkenne die Bedeutung nicht, welche der ersteren Frage zukommt. Nur möge man diese Bedeutung nicht übertreiben und zu ihren Gunsten die Tatsachen verdunkeln, daß vereinzelte sekundäre Merkmale des anderen Geschlechts bei normalen menschlichen Individuen überhaupt sehr häufig vorkommen, und daß sehr gut ausgeprägte somatische Charaktere des anderen Geschlechts sich an Personen finden können, deren Objektwahl keine Abänderung im Sinne einer Inversion erfahren hat. Daß also, anders ausgedrückt, bei beiden Geschlechtern d a s M a ß d e s p h y s i s c h e n H e r m a p h r o d i t i s m u s v o n d e m d e s p s y c h i s c h e n i n h o h e m G r a d e u n a b h ä n g i g i s t. Als Einschränkung der beiden Sätze ist hinzuzufügen, daß diese Unabhängigkeit beim Manne deutlicher ist als beim Weibe, wo die körperliche und die seelische Ausprägung des entgegengesetzten Geschlechtscharakters eher regelmäßig zusammentreffen. Ich bin aber doch nicht in der Lage, die erste der hier gestellten Fragen für meinen Fall befriedigend zu beantworten. Der Psychoanalytiker pflegt sich ja eine eingehende körperliche Untersuchung seiner Patienten in bestimmten Fällen zu versagen. Eine auffällige Abweichung vom körperlichen Typus des Weibes bestand jedenfalls nicht, auch keine menstruale Störung. Wenn das schöne und wohlgebildete Mädchen den hohen Wuchs des Vaters und eher scharfe als mädchenhaft weiche Gesichtszüge zeigte, so mag man darin Andeutungen einer somatischen Männlichkeit erblicken. Auf männliches Wesen konnte man

auch einige ihrer intellektuellen Eigenschaften beziehen, so
die Schärfe ihres Verständnisses und die kühle Klarheit ihres
Denkens, insoweit sie nicht unter der Herrschaft ihrer Leidenschaft stand. Doch sind diese Unterscheidungen eher konventionell als wissenschaftlich berechtigt. Bedeutsamer ist
gewiß, daß sie in ihrem Verhalten zu ihrem Liebesobjekt
durchaus den männlichen Typus angenommen hatte, also die
Demut und großartige Sexualüberschätzung des liebenden
Mannes zeigte, den Verzicht auf jede narzißtische Befriedigung,
die Bevorzugung des Liebens vor dem Geliebtwerden. Sie
hatte also nicht nur ein weibliches Objekt gewählt, sondern
auch eine männliche Einstellung zu ihm gewonnen.

Die andere Frage, ob ihr Fall einer angeborenen oder
einer erworbenen Homosexualität entsprach, soll durch die
ganze Entwicklungsgeschichte ihrer Störung beantwortet werden. Dabei wird sich ergeben, inwieweit diese Fragestellung
selbst unfruchtbar und unangemessen ist.

II.

Auf eine so weitschweifige Einleitung kann ich nun eine
ganz knappe und übersichtliche Darstellung der Libido-
geschichte dieses Falles folgen lassen. Das Mädchen hatte
in den Kinderjahren die normale Einstellung des weiblichen
Ödipuskomplexes *) in wenig auffälliger Weise durchgemacht,
später auch begonnen, den Vater durch den um wenig älteren
Bruder zu ersetzen. Sexuelle Traumen in früher Jugend wurden weder erinnert noch durch die Analyse aufgedeckt. Die
Vergleichung der Genitalien des Bruders mit den eigenen,
die etwa zu Beginn der Latenzzeit (zu fünf Jahren oder

---

*) Ich sehe in der Einführung des Terminus „Elektrakomplex" keinen
Fortschritt oder Vorteil und möchte denselben nicht befürworten.

etwas früher) vorfiel, hinterließ ihr einen starken Eindruck
und war in ihren Nachwirkungen weit zu verfolgen. Auf
frühinfantile Onanie deutete sehr wenig, oder die Analyse
kam nicht so weit, um diesen Punkt aufzuklären. Die Geburt eines zweiten Bruders, als sie zwischen fünf und sechs
Jahren alt war, äußerte keinen besonderen Einfluß auf ihre
Entwicklung. In den Schul- und Vorpubertätsjahren wurde
sie allmählich mit den Tatsachen des Sexuallebens bekannt
und empfing dieselben mit dem normal zu nennenden, auch
im Ausmaß nicht übertriebenen Gemenge von Lüsternheit und
erschreckter Ablehnung. Alle diese Auskünfte erscheinen
recht mager, ich kann auch nicht dafür einstehen, daß sie
vollständig sind. Vielleicht war die Jugendgeschichte doch
weit reichhaltiger; ich weiß es nicht. Die Analyse brach, wie
gesagt, nach kurzer Zeit ab und lieferte darum eine Anamnese,
die nicht viel verläßlicher ist als die anderen, mit gutem
Recht beanstandeten Anamnesen von Homosexuellen. Das
Mädchen war auch niemals neurotisch gewesen, brachte nicht
ein hysterisches Symptom in die Analyse mit, so daß sich
die Anlässe zur Durchforschung ihrer Kindergeschichte nicht
so bald ergeben konnten.

Mit 13 und 14 Jahren zeigte sie eine, nach dem Urteil
Aller übertrieben starke, zärtliche Vorliebe für einen kleinen,
noch nicht dreijährigen Jungen, den sie in einem Kinderpark
regelmäßig sehen konnte. Sie nahm sich des Kindes so herz-
lich an, daß daraus eine langdauernde freundschaftliche Beziehung zu den Eltern des Kleinen entstand. Man darf aus
diesem Vorfall schließen, daß sie damals von einem starken
Wunsche, selbst Mutter zu sein und ein Kind zu haben, beherrscht war. Aber kurze Zeit nachher wurde ihr der Knabe
gleichgültig, und sie begann ein Interesse für reife, doch

noeh jugendliehe Frauen zu zeigen, dessen Äußerungen ihr bald eine empfindliehe Züchtigung von seiten des Vaters zuzogen.

Es wurde über jeden Zweifel siehergestellt, daß diese Wandlung zeitlieh mit einem Ereignis in der Familie zusammenfällt, von dem wir demnach die Aufklärung der Wandlung erwarten dürfen. Vorher war ihre Libido auf Mütterliehkeit eingestellt gewesen, nachher war sie eine in reifere Frauen verliebte Homosexuelle, was sie seither geblieben ist. Dies für unser Verständnis so bedeutsame Ereignis war eine neue Gravidität der Mutter und die Geburt eines dritten Bruders, als sie etwa 16 Jahre alt war.

Der Zusammenhang, den ich nun im folgenden aufdecken werde, ist kein Produkt meiner Kombinationsgabe; er ist mir durch so vertrauenswürdiges analytisches Material nahegelegt worden, daß ich objektive Sicherheit für ihn beanspruchen kann. Insbesondere hat eine Reihe von ineinander greifenden, leicht deutbaren Träumen für ihn entschieden.

Die Analyse ließ unzweideutig erkennen, daß die geliebte Dame ein Ersatz für die — Mutter war. Nun war diese selbst allerdings keine Mutter, aber sie war auch nicht die erste Liebe des Mädchens gewesen. Die ersten Objekte ihrer Neigung seit der Geburt des letzten Bruders waren wirklich Mütter, Frauen zwischen 30 und 35 Jahren, die sie mit ihren Kindern in der Sommerfrische oder im Familienverkehr der Großstadt kennen lernte. Die Bedingung der Mütterliehkeit wurde später fallen gelassen, weil sie sich mit einer anderen, die immer gewichtiger wurde, in der Realität nicht gut vertrug. Die besonders intensive Bindung an die letzte Geliebte, die „Dame", hatte noch einen anderen Grund, den das Mädchen eines Tages ohne Mühe auffand. Sie wurde durch die schlanke Erscheinung, die strenge Schönheit und das rauhe Wesen der Dame an ihren eigenen, etwas älteren Bruder gemahnt. Das endlich gewählte Objekt entsprach also nicht nur ihrem Frauen-, sondern auch ihrem Männerideal, es vereinigte die Befriedigung der homosexuellen Wunschrichtung mit jener der heterosexuellen. Bekanntlich hat die Analyse männlicher Homosexueller in zahlreichen Fällen das nämliche Zusammentreffen gezeigt, ein Wink, sich Wesen und Entstehung der Inversion nicht allzu einfach vorzustellen und die durchgängige Bisexualität des Menschen nicht aus dem Auge zu verlieren *).

Wie soll man es aber verstehen, daß das Mädchen gerade durch die Geburt eines späten Kindes, als sie selbst schon reif geworden war und eigene starke Wünsche hatte, bewogen wurde, ihre leidenschaftliche Zärtlichkeit der Gebärerin dieses Kindes, ihrer eigenen Mutter, zuzuwenden und an einer Vertreterin der Mutter zum Ausdruck zu bringen? Nach allem, was man sonst weiß, hätte man das Gegenteil erwarten sollen. Die Mütter pflegen sich unter solchen Umständen vor ihren beinahe heiratsfähigen Töchtern zu genieren, die Töchter haben für die Mutter ein aus Mitleid, Verachtung und Neid gemischtes Gefühl bereit, das nichts dazu beiträgt, die Zärtlichkeit für die Mutter zu steigern. Das Mädchen unserer Beobachtung hatte überhaupt wenig Grund, für ihre Mutter zärtlich zu empfinden. Der selbst noch jugendlichen Frau war diese rasch erblühte Tochter eine unbequeme Konkurrentin, sie setzte sie hinter den Knaben zurück, schränkte ihre Selbständigkeit möglichst ein und wachte besonders eifrig darüber, daß sie dem Vater ferne

---

*) Vgl. J. S a d g e r, Jahresbericht über sexuelle Perversionen. Jahrbuch der Psychoanalyse, VI, 1911 und a. a. O.

blieb. Ein Bedürfnis nach einer liebenswürdigeren Mutter mag also bei dem Mädchen von jeher gerechtfertigt gewesen sein; warum es aber damals und in Gestalt einer verzehrenden Leidenschaft aufflackerte, ist nicht begreiflieh.

Die Erklärung ist die folgende: Das Mädchen befand sich in der Phase der Pubertätsauffrischung des infantilen Ödipuskomplexes, als die Enttäuschuug über sie kam. Hell bewußt wurde ihr der Wunsch, ein Kind zu haben, und zwar ein männliches; daß es ein Kind vom Vater und dessen Ebenbild sein sollte, durfte ihr Bewußtes nicht erfahren. Aber da geschah es, daß nieht sie das Kind bekam, sondern die im Unbewußten gehaßte Konkurrentin, die Mutter. Empört und erbittert wendete sie sich vom Vater, ja vom Manne überhaupt ab. Nach diesem ersten großen Mißerfolg verwarf sie ihre Weiblichkeit und strebte nach einer anderen Unterbringung ihrer Libido.

Sie benahm sich dabei ganz ähnlich wie viele Männer, die nach einer ersten peinliehen Erfahrung dauernd mit dem treulosen Geschlecht der Frauen zerfallen und Weiberfeinde werden. Von einer der anziehendsten und unglücklichsten fürstlichen Persönlichkeiten unserer Lebenszeit wird erzählt, daß er darum homosexuell geworden, weil ihn die verlobte Braut mit einem fremden Gesellen hintergangen hatte. Ich weiß nicht, ob dies historische Wahrheit ist, aber ein Stück psychologischer Wahrheit steckt hinter diesem Gerücht. Unser aller Libido schwankt normalerweise lebenslang zwischen dem männlichen und dem weiblichen Objekt; der Junggeselle gibt seine Freundschaften auf, wenn er heiratet, und kehrt zum Stammtisch zurüek, wenn seine Ehe schal geworden ist. Freilich, wo die Schwankung so gründlich und so endgültig ist, da richtet sich unsere Vermutung auf ein besonderes Moment, welches die eine oder die andere Seite entscheidend begünstigt, vielleicht nur auf den geeigneten Zeitpunkt gewartet hat, um die Objektwahl nach seinem Sinne durchzusetzen.

Unser Mädchen hatte also nach jener Enttäuschung den Wunsch nach dem Kinde, die Liebe zum Manne und die weibliche Rolle überhaupt von sich gewiesen. Und nun hätte offenbar sehr Verschiedenartiges geschehen können; was wirklich geschah, war das Extremste. Sie wandelte sich zum Manne um und nahm die Mutter an Stelle des Vaters zum Liebesobjekt *). Ihre Beziehung zur Mutter war sicherlich von Anfang an ambivalent gewesen, es gelang leicht, die frühere Liebe zur Mutter wiederzubeleben und mit ihrer Hilfe die gegenwärtige Feindseligkeit gegen die Mutter zur Überkompensation zu bringen. Da mit der realen Mutter wenig anzufangen war, ergab sich aus der geschilderten Gefühlsumsetzung das Suchen nach einem Mutterersatz, an dem man mit leidenschaftlicher Zärtlichkeit hängen konnte **).

Ein praktisches Motiv aus ihren realen Beziehungen zur Mutter kam als „Krankheitsgewinn" noch hinzu. Die Mutter

---

*) Es ist gar nicht so selten, daß man eine Liebesbeziehung dadurch abbricht, daß man sich selbst mit dem Objekt derselben identifiziert, was einer Art von Regression zum Narzißmus entspricht. Nachdem dies erfolgt ist, kann man bei neuerlicher Objektwahl leicht das dem früheren entgegengesetzte Geschlecht mit seiner Libido besetzen.

**) Die hier beschriebenen Verschiebungen der Libido sind gewiß jedem Analytiker aus der Erforschung der Anamnesen von Neurotikern bekannt. Nur fallen sie bei diesen letzteren ins zarte Kindesalter, zur Zeit der Frühblüte des Liebeslebens vor, bei unserem ganz und gar nicht neurotischen Mädchen vollziehen sie sich in den ersten Jahren nach der Pubertät, übrigens gleichfalls völlig unbewußt. Ob dieses zeitliche Moment sich nicht einstmals als sehr bedeutsam herausstellen wird?

legte selbst noch Wert darauf, von Männern hofiert und gefeiert zu werden. Wenn sie also homosexuell wurde, der Mutter die Männer überließ, ihr sozusagen „auswich", räumte sie etwas aus dem Wege, was bisher an der Mißgunst der Mutter Schuld getragen hatte*).

---

*) Da ein solches Ausweichen bisher unter den Ursachen der Homosexualität wie im Mechanismus der Libidofixierung überhaupt keine Erwähnung gefunden hat, will ich eine ähnliche analytische Beobachtung hier anschließen, die durch einen besonderen Umstand interessant ist. Ich habe einst zwei Zwillingsbrüder kennen gelernt, die beide mit starken libidinösen Impulsen begabt waren. Der eine von ihnen hatte viel Glück bei Frauen und ließ sich in ungezählte Verhältnisse mit Frauen und Mädchen ein. Der andere war zuerst auf demselben Wege, aber dann wurde es ihm unangenehm, dem Bruder ins Gehege zu kommen, infolge seiner Ähnlichkeit bei intimen Anlässen mit ihm verwechselt zu werden, und er half sich dadurch, daß er homosexuell wurde. Er überließ dem Bruder die Frauen und war ihm so „ausgewichen". Ein andermal behandelte ich einen jüngeren Mann, Künstler und unverkennbar bisexuell angelegt, bei dem sich die Homosexualität gleichzeitig mit einer Arbeitsstörung durchgesetzt hatte. Er floh in einem die Frauen und sein Werk. Die Analyse, die ihn zu beiden zurückführen konnte, wies die Scheu vor dem Vater als das mächtigste psychische Motiv für beide Störungen, eigentlich Entsagungen, nach. In seiner Vorstellung gehörten alle Frauen dem Vater, und er flüchtete zu den Männern aus Ergebenheit, um dem Konflikt mit dem Vater auszuweichen. Solche Motivierung der homosexuellen Objektwahl muß sich häufiger finden lassen; in den Urzeiten des Menschengeschlechtes war es wohl so, daß alle Frauen dem Vater und Oberhaupt der Urhorde gehörten. — Bei Geschwistern, die nicht Zwillinge sind, spielt solches Ausweichen auch auf anderen Gebieten als dem der Liebeswahl eine große Rolle. Der ältere Bruder pflegt z. B. Musik und findet dafür Anerkennung, der jüngere, musikalisch weit begabter, bricht trotz seiner Sehnsucht danach das Musikstudium bald ab und ist nicht mehr zu bewegen, ein Instrument zu berühren. Es ist dies ein einzelnes Beispiel für ein sehr häufiges Vorkommen, und die Untersuchung der Motive, die zum Ausweichen anstatt zur Aufnahme der Konkurrenz führen, deckt sehr komplizierte psychische Bedingungen auf.

Die so gewonnene Libidoeinstellung wurde nun gefestigt, als das Mädchen merkte, wie unangenehm sie dem Vater war. Seit jener ersten Züchtigung wegen einer allzu zärtlichen Annäherung an eine Frau wußte sie, womit sie den Vater kränken, und wie sie sich an ihm rächen konnte. Sie blieb jetzt homosexuell aus Trotz gegen den Vater. Sie machte sich auch kein Gewissen daraus, ihn auf jede Weise zu hintergehen und zu belügen. Gegen die Mutter war sie ja nur so weit unaufrichtig, als es nötig war, damit der Vater nichts erfahre. Ich hatte den Eindruck, daß sie nach dem Grundsatz der Talion handelte: Hast du mich betrogen, so mußt du es dir gefallen lassen, daß ich auch dich betrüge. Auch die auffälligen Unvorsichtigkeiten des sonst raffiniert klugen Mädchens kann ich nicht anders beurteilen. Der Vater mußte doch gelegentlich von ihrem Umgang mit der Dame erfahren, sonst wäre ihr die Rachebefriedigung, die ihr die dringendste war, entgangen. So sorgte sie dafür, indem sie sich mit der Angebeteten öffentlich zeigte, in den Straßen nahe dem Geschäftslokal des Vaters spazieren ging u. dgl. Auch diese Ungeschicklichkeiten geschahen nicht absichtslos. Es ist übrigens merkwürdig, daß beide Eltern sich so benahmen, als ob sie die geheime Psychologie ihrer Tochter verstünden. Die Mutter zeigte sich tolerant, als ob sie das Ausweichen der Tochter als Gefälligkeit würdigte, der Vater raste, als fühlte er die gegen seine Person gerichtete Racheabsicht.

Die letzte Kräftigung erfuhr aber die Inversion des Mädchens, als sie in der „Dame" auf ein Objekt stieß, welches gleichzeitig dem noch am Bruder haftenden Anteil ihrer heterosexuellen Libido Befriedigung bot.

III.

Die lineare Darstellung eignet sich wenig zur Beschreibung der verschlungenen und in verschiedenen seelischen Schichten ablaufenden seelischen Vorgänge. Ich bin genötigt, in der Diskussion des Falles innezuhalten und einiges von dem Mitgeteilten zu erweitern und zu vertiefen.

Ich habe erwähnt, daß das Mädchen in ihrem Verhältnis zur verehrten Dame den männlichen Typus der Liebe annahm. Ihre Demut und zärtliche Anspruchslosigkeit, „che poeo spera e nulla chiede", die Seligkeit, wenn ihr gestattet wurde, die Dame ein Stück weit zu begleiten und ihr beim Abschied die Hand zu küssen, die Freude, wenn sie sie als schön rühmen hörte, während die Anerkennung ihrer eigenen Schönheit von fremder Seite ihr gar nichts bedeutete, ihre Pilgerbesuche nach Örtlichkeiten, wo die Geliebte sich vorher einmal aufgehalten hatte, das Verstummen aller weiter reichenden sinnlichen Wünsche: alle diese kleinen Züge entsprachen etwa der ersten schwärmerischen Leidenschaft eines Jünglings für eine gefeierte Künstlerin, die er hoch über sich stehend glaubt, und zu der er seinen Blick nur schüchtern zu erheben wagt. Die Übereinstimmung mit einem von mir beschriebenen „Typus der männlichen Objektwahl", dessen Besonderheiten ich auf die Bindung an die Mutter zurückgeführt habe*), ging bis in die Einzelheiten. Es konnte auffällig erscheinen, daß sie durch den schlechten Leumund der Geliebten nicht im mindesten abgeschreckt wurde, obwohl ihre eigenen Beobachtungen sie von der Berechtigung dieser Nachrede genügend überzeugten. Sie war doch eigentlich ein wohlerzogenes und keusches Mädchen, das für ihre eigene

---

*) Sammlung kl. Schriften zur Neurosenlehre, IV. Folge, 1919.

Person sexuellen Abenteuern aus dem Wege gegangen war und grobsinnliche Befriedigungen als unästhetisch empfand. Aber bereits ihre ersten Schwärmereien hatten Frauen gegolten, denen man keine Neigung zu besonders strenger Sittlichkeit nachrühmte. Den ersten Protest des Vaters gegen ihre Liebeswahl hatte sie durch die Hartnäckigkeit hervorgerufen, mit der sie sich um den Verkehr mit einer Kinoschauspielerin an jenem Sommerorte bemühte. Dabei hatte es sich keineswegs um Frauen gehandelt, die etwa im Rufe der Homosexualität standen und ihr somit Aussicht auf solche Befriedigung geboten hätten; vielmehr warb sie unlogischerweise um kokette Frauen im gewöhnlichen Sinne des Wortes; eine homosexuelle, ihr gleichaltrige Freundin, die sich ihr bereitwilligst zur Verfügung stellte, wies sie ohne Bedenken ab. Der schlechte Ruf der „Dame" aber war geradezu eine Liebesbedingung für sie, und alles Rätselhafte dieses Verhaltens verschwindet, wenn wir uns erinnern, daß auch für jenen von der Mutter abgeleiteten männlichen Typus der Objektwahl die Bedingung besteht, daß die Geliebte irgendwie „sexuell anrüchig" sei, eigentlich eine Kokotte genannt werden dürfe. Als sie später erfuhr, in welchem Ausmaß diese Kennzeichnung für ihre verehrte Dame zutraf, und daß diese einfach von der Preisgabe ihres Körpers lebte, bestand ihre Reaktion in einem großen Mitleid und in der Entwicklung von Phantasien und Vorsätzen, wie sie die Geliebte aus diesen unwürdigen Verhältnissen „retten" könne. Dieselben Rettungsbestrebungen sind uns bei den Männern jenes von mir beschriebenen Typus aufgefallen, und ich habe an der erwähnten Stelle die analytische Ableitung dieses Strebens zu geben versucht.

In ganz andere Regionen der Erklärung führt die Analyse

des Selbstmordversuches, den ich als einen ernstgemeinten
gelten lassen muß, der übrigens ihre Position sowohl bei den
Eltern als auch bei der geliebten Dame beträchtlich ver-
besserte. Sie ging eines Tages mit ihr in einer Gegend und
zu einer Stunde spazieren, wo eine Begegnung mit dem vom
Bureau kommenden Vater nicht unwahrscheinlich war. Der
Vater ging auch an ihnen vorüber und warf einen wütenden
Blick auf sie und die ihm bereits bekannte Begleiterin. Kurz
darauf stürzte sie sich in den Stadtbahngraben. Ihre Rechenschaft von der näheren Verursachung ihres Entschlusses klingt
nun ganz plausibel. Sie hatte der Dame eingestanden, daß
der Herr, der sie beide so böse angeschaut hatte, ihr Vater
sei, der von diesem Verkehr absolut nichts wissen wolle.
Die Dame war nun aufgebraust, hatte ihr befohlen, sie sofort zu verlassen und nie mehr zu erwarten oder anzureden,
diese Geschichte müsse nun ein Ende haben. In der Verzweiflung darüber, daß sie so die Geliebte für immer verloren habe, wollte sie sich den Tod geben. Die Analyse gestattete aber eine andere und tiefer greifende Deutung hinter
der ihrigen aufzudecken und durch ihre eigenen Träume zu
stützen. Der Selbstmordversuch war, wie man erwarten
durfte, außerdem noch zweierlei: eine Straferfüllung (Selbstbestrafung) und eine Wunscherfüllung. Als letztere bedeutete
er die Durchsetzung jenes Wunsches, dessen Enttäuschung
sie in die Homosexualität getrieben hatte, nämlich vom
Vater ein Kind zu bekommen, denn nun kam sie durch die
Schuld des Vaters nieder *). Es stellt die Verbindung dieser

---

*) Diese Deutungen der Wege des Selbstmords durch sexuelle Wunsch-
erfüllungen sind längst allen Analytikern vertraut. (Vergiften = schwanger
werden, ertränken = gebären; von einer Höhe herabstürzen = nieder-
kommen.)

Tiefendeutung mit der dem Mädchen bewußten, oberfläch-
lichen her, daß in diesem Moment die Dame genau so gesprochen hatte wie der Vater und das nämliche Verbot hatte
ergehen lassen. Als Selbstbestrafung bürgt uns die Handlung
des Mädchens dafür, daß sie starke Todeswünsche gegen den
einen oder den anderen Elternteil in ihrem Unbewußten entwickelt hatte. Vielleicht aus Rachsucht gegen den ihre Liebe
störenden Vater, noch wahrscheinlicher aber auch gegen die
Mutter, als sie mit dem kleinen Bruder schwanger ging.
Denn die Analyse hat uns zum Rätsel des Selbstmordes die
Aufklärung gebracht, daß vielleicht niemand die psychische
Energie sich zu töten findet, der nicht erstens dabei ein
Objekt mittötet, mit dem er sich identifiziert hat, und der
nicht zweitens dadurch einen Todeswunsch gegen sich selbst
wendet, welcher gegen eine andere Person gerichtet war. Die
regelmäßige Aufdeckung solcher unbewußter Todeswünsche
beim Selbstmörder braucht übrigens weder zu befremden, noch
als Bestätigung unserer Ableitungen zu imponieren, denn das
Unbewußte aller Lebenden ist von solchen Todeswünschen,
selbst gegen sonst geliebte Personen, übervoll *). In der Identifizierung mit der Mutter, die an der Niederkunft mit diesem,
ihr (der Tochter) vorenthaltenen, Kinde hätte sterben sollen,
ist aber diese Straferfüllung selbst wieder eine Wunscherfüllung. Endlich, daß die verschiedensten starken Motive
zusammenwirken mußten, um eine Tat wie die unseres Mädchens zu ermöglichen, wird unserer Erwartung nicht widersprechen.

In der Motivierung des Mädchens kommt der Vater nicht
vor, nicht einmal die Angst vor seinem Zorn wird erwähnt.

---

*) Vgl. Zeitgemäßes über Krieg und Tod. Imago, IV, 1915. —
Sammlung IV. Folge, 1919.

In der von der Analyse erratenen Motivierung fällt ihm die
Hauptrolle zu. Dieselbe entscheidende Bedeutung hatte das
Verhältnis zum Vater auch für den Verlauf und den Ausgang
der analytischen Behandlung oder vielmehr Exploration.
Hinter der vorgeschützten Rücksicht auf die Eltern, denen
zuliebe sie den Versuch einer Umwandlung unterstützen
wollte, verbarg sich die Trotz- und Racheeinstellung gegen
den Vater, welche sie in der Homosexualität festhielt. Durch
solche Deckung gesichert, gab der Widerstand ein großes
Gebiet der analytischen Erforschung frei. Die Analyse vollzog
sich fast ohne Anzeichen von Widerstand, unter reger intel-
lektueller Beteiligung der Analysierten, aber auch bei völliger
Gemütsruhe derselben. Als ich ihr einmal ein besonders
wichtiges und sie nahe betreffendes Stück der Theorie auseinandersetzte, äußerte sie mit unnachahmlicher Betonung:
Ach, das ist ja sehr interessant, wie eine Weltdame, die durch
ein Museum geführt wird und Gegenstände, die ihr vollkommen gleichgültig sind, durch ein Lorgnon in Augenschein
nimmt. Der Eindruck von ihrer Analyse näherte sich dem
einer hypnotischen Behandlung, in welcher sich der Widerstand gleichfalls bis zu einer bestimmten Grenze zurückgezogen hat, an der er sich dann als unbesiegbar erweist. Dieselbe — russische — Taktik, könnte man sie nennen, befolgt
der Widerstand sehr oft in Fällen von Zwangsneurose, die
darum eine Zeitlang die klarsten Ergebnisse liefern und einen
tiefen Einblick in die Verursachung der Symptome gestatten.
Man beginnt dann sich zu wundern, warum so große Fortschritte im analytischen Verständnis auch nicht die leiseste
Änderung in den Zwängen und Hemmungen des Kranken mit
sich bringen, bis man endlich bemerkt, daß alles, was man
zu stande gebracht hat, mit dem Vorbehalt des Zweifels be-

haftet war, hinter welchem Schutzwall sich die Neurose sicher
fühlen durfte. „Es wäre ja alles recht schön," heißt es im
Kranken, oft auch bewußterweise, „wenn ich dem Manne
Glauben schenken müßte, aber davon ist ja keine Rede, und
solange das nicht der Fall ist, brauche ich auch nichts zu
ändern." Nähert man sich dann der Motivierung dieses Zweifels, so bricht der Kampf mit den Widerständen ernsthaft los.

Bei unserem Mädchen war es nicht der Zweifel, sondern
das affektive Moment der Rache am Vater, das ihre kühle
Reserve ermöglichte, die Analyse deutlich in zwei Phasen
zerlegte und die Ergebnisse der ersten Phase so vollständig
und übersichtlich werden ließ. Es hatte auch den Anschein,
als ob bei dem Mädchen nichts einer. Übertragung auf den
Arzt Ähnliches zu stande gekommen sei. Aber das ist natürlich ein Widersinn oder eine ungenaue Ausdrucksweise; irgend
ein Verhältnis zum Arzt muß sich doch herstellen und dies
wird zu allermeist aus einer infantilen Relation übertragen
sein. In Wirklichkeit übertrug sie auf mich die gründliche
Ablehnung des Mannes, von der sie seit ihrer Enttäuschung
durch den Vater beherrscht war. Die Erbitterung gegen den
Mann hat es in der Regel leicht, sich am Arzt zu befriedigen;
sie braucht keine stürmischen Gefühlsäußerungen hervorzurufen, sie äußert sich einfach in der Vereitlung all seiner
Bemühungen und im Festhalten am Kranksein. Ich weiß aus
Erfahrung, wie schwierig es ist, den Analysierten zum Verständnis gerade dieser stummen Symptomatik zu bringen und
solche latente, oft exzessiv große Feindseligkeit ohne Ge-
fährdung der Kur bewußt zu machen. Ich brach also ab, sobald ich die Einstellung des Mädchens zum Vater erkannt
hatte, und gab den Rat, den therapeutischen Versuch, wenn
man Wert auf ihn legte, bei einer Ärztin fortführen zu lassen.

Das Mädchen hatte unterdes dem Vater das Versprechen ab-
gegeben, wenigstens den Verkehr mit der „Dame" zu unterlassen, und ich weiß nicht, ob mein Rat, dessen Motivierung
ja durchsichtig ist, befolgt werden wird.

Ein einziges Mal kam auch in dieser Analyse etwas
vor, was ich als positive Übertragung, als außerordentlich
abgeschwächte Erneuerung der ursprünglichen leidenschaft-
lichen Verliebtheit in den Vater auffassen konnte. Auch diese
Äußerung war vom Zusatz eines anderen Motivs nicht frei,
ich erwähne sie aber, weil sie nach anderer Richtung ein
interessantes Problem der analytischen Technik zur Frage
bringt. Zu einer gewissen Zeit, nicht lange nach dem Beginn der Kur, brachte das Mädchen eine Reihe von Träumen
vor, die, gebührend entstellt und in korrekter Traumsprache
abgefaßt, doch leicht und sicher zu übersetzen waren. Ihr
gedeuteter Inhalt war aber auffällig. Sie antizipierten die
Heilung der Inversion durch die Behandlung, drückten ihre
Freude über die ihr nun eröffneten Lebensaussichten aus, gestanden die Sehnsucht nach der Liebe eines Mannes und nach
Kindern ein und konnten somit als erfreuliche Vorbereitung
zur erwünschten Wandlung begrüßt werden. Der Widerspruch
gegen ihre gleichzeitigen Äußerungen im Wachen war sehr
groß. Sie machte mir kein Hehl daraus, daß sie zwar zu
heiraten gedenke, aber nur um sich der Tyrannei des Vaters
zu entziehen und ungestört ihren wirklichen Neigungen zu
leben. Mit dem Manne, meinte sie etwas verächtlich, würde
sie schon fertig werden, und endlich könne man ja, wie das
Beispiel der verehrten Dame zeige, auch gleichzeitig sexuelle
Beziehungen mit einem Manne und mit einer Frau haben.
Durch irgend einen leisen Eindruck gewarnt, erklärte ich
ihr eines Tages, ich glaube diesen Träumen nicht, sie seien

lügnerisch oder heuchlerisch, und ihre Absicht sei, mich zu
betrügen, wie sie den Vater zu betrügen pflegte. Ich hatte
Recht, diese Art von Träumen blieb von dieser Aufklärung
an aus. Ich glaube aber doch, neben der Absicht der Irre-
führung lag auch ein Stück Werbung in diesen Träumen;
es war auch ein Versuch, mein Interesse und meine gute
Meinung zu gewinnen, vielleicht um mich später desto gründlicher zu enttäuschen.

Ich kann mir vorstellen, daß der Hinweis auf die
Existenz solch lügnerischer Gefälligkeitsträume bei manchen,
die sich Analytiker nennen, einen wahren Sturm von hilf-
loser Entrüstung entfesseln wird. „Also kann auch das Unbewußte lügen, der wirkliche Kern unseres Seelenlebens, dasjenige in uns, was dem Göttlichen so viel näher ist als unser
armseliges Bewußtsein! Wie kann man dann noch auf die
Deutungen der Analyse und die Sicherheit unserer Erkennt-
nisse bauen?" Dagegen muß gesagt werden, daß die Anerkennung solch lügenhafter Träume eine erschütternde Neuheit nicht bedeutet. Ich weiß zwar, daß das Bedürfnis der
Menschen nach Mystik unausrottbar ist, und daß es un-
ablässige Versuche macht, das durch die „Traumdeutung"
der Mystik entrissene Gebiet für sie wiederzugewinnen, aber
in dem Falle, der uns beschäftigt, liegt doch alles einfach
genug. Der Traum ist nicht das „Unbewußte", er ist die
Form, in welche ein aus dem Vorbewußten oder selbst aus
dem Bewußten des Wachlebens erübrigter Gedanke dank der
Begünstigungen des Schlafzustandes umgegossen werden
konnte. Im Schlafzustand hat er die Unterstützung unbewußter Wunschregungen gewonnen und dabei die Entstellung
durch die „Traumarbeit" erfahren, welche durch die fürs
Unbewußte geltenden Mechanismen bestimmt wird. Bei un-

serer Träumerin stammte die Absicht, mich irre zu führen,
wie sie es beim Vater zu tun pflegte, gewiß aus dem Vorbewußten, wenn sie nicht etwa gar bewußt war; sie konnte
sich nun durchsetzen, indem sie mit der unbewußten Wunschregung, dem Vater (oder Vaterersatz) zu gefallen, in Verbindung trat, und schuf so einen lügnerischen Traum. Die
beiden Absichten, den Vater zu betrügen und dem Vater zu
gefallen, stammen aus demselben Komplex; die erstere ist
aus der Verdrängung der letzteren erwachsen, die spätere
wird durch die Traumarbeit auf die frühere zurückgeführt.
Von einer Entwürdigung des Unbewußten, von einer Er-
schütterung des Zutrauens in die Ergebnisse unserer Analyse
kann also nicht die Rede sein.

Ich will die Gelegenheit nicht versäumen, auch einmal
das Erstaunen darüber zu Worte kommen zu lassen, daß die
Menschen so große und bedeutungsvolle Stücke ihres Liebeslebens durchmachen können, ohne viel davon zu bemerken,
ja mitunter, ohne das mindeste davon zu ahnen, oder daß
sie, wenn es zu ihrem Bewußtsein kommt, sich mit dem Urteil
so gründlich darüber täuschen. Das geschieht nicht nur unter
den Bedingungen der Neurose, wo wir mit dem Phänomen
vertraut sind, sondern scheint auch sonst recht gewöhnlich
zu sein. In unserem Falle entwickelt ein Mädchen eine
Schwärmerei für Frauen, die von den Eltern zuerst nur als
ärgerlich empfunden, aber kaum ernst genommen wird; sie
selbst weiß wohl, wie sehr sie davon in Anspruch genommen
wird, fühlt aber doch nur wenig von den Sensationen einer
intensiven Verliebtheit, bis sich bei einer bestimmten Versagung eine ganz exzessive Reaktion ergibt, die allen Teilen
zeigt, daß man es mit einer verzehrenden Leidenschaft von
elementarer Stärke zu tun hat. Von den Voraussetzungen,

die für das Hervorbrechen eines solchen seelischen Sturmes erforderlich sind, hat auch das Mädchen niemals etwas bemerkt. Andere Male trifft man auf Mädchen oder Frauen in schweren Depressionen, die, nach der möglichen Verursachung ihres Zustandes befragt, die Auskunft geben, sie haben wohl ein gewisses Interesse für eine bestimmte Person verspürt, aber es sei ihnen nicht tief gegangen und sie seien sehr bald damit fertig geworden, nachdem es aufgegeben werden mußte. Und doch ist dieser anscheinend so leicht ertragene Verzicht die Ursache der schweren Störung geworden. Oder man hat es mit Männern zu tun, die oberflächliche Liebesbeziehungen zu Frauen erledigt haben und erst aus den Folgeerscheinungen erfahren müssen, daß sie in das angeblich geringgeschätzte Objekt leidenschaftlich verliebt waren. Man erstaunt auch über die ungeahnten Wirkungen, die von einem künstlichen Abortus, der Tötung einer Leibesfrucht, ausgehen können, zu der man sich ohne Reue und Bedenken entschlossen hatte. Man sieht sich so genötigt, den Dichtern Recht zu geben, die uns mit Vorliebe Personen schildern, welche lieben ohne es zu wissen, oder die es nicht wissen, ob sie lieben, oder die zu hassen glauben, während sie lieben. Es scheint, daß gerade die Kunde, die unser Bewußtsein von unserem Liebesleben erhält, besonders leicht unvollständig, lückenhaft oder gefälscht sein kann. In diesen Erörterungen habe ich es natürlich nicht versäumt, den Anteil eines nachträglichen Vergessens in Abzug zu bringen.

IV.

Ich kehre nun zu der vorhin abgebrochenen Diskussion des Falles zurück. Wir haben uns einen Überblick über die Kräfte verschafft, welche die Libido des Mädchens aus der

normalen Ödipuseinstellung in die der Homosexualität über-
führt haben, und über die psychischen ·Wege, die dabei be-
schritten worden sind. Obenan unter diesen bewegenden
Kräften stand der Eindruck der Geburt ihres kleinen Bruders, und somit ist uns nahegelegt, den Fall als einen von
spät erworbener Inversion zu klassifizieren.

Allein hier werden wir auf ein Verhältnis aufmerksam,
welches uns auch bei vielen anderen Beispielen von psychoanalytischer Aufklärung eines seelischen Vorganges entgegentritt. Solange wir die Entwicklung von ihrem Endergebnis
aus nach rückwärts verfolgen, stellt sich uns ein lückenloser
Zusammenhang her, und wir halten unsere Einsicht für vollkommen befriedigend, vielleicht für erschöpfend. Nehmen
wir aber den umgekehrten Weg, gehen wir von den durch
die Analyse gefundenen Voraussetzungen aus und suchen
diese bis zum Resultat zu verfolgen, so kommt uns der Eindruck einer notwendigen und auf keine andere Weise zu bestimmenden Verkettung ganz abhanden. Wir merken sofort,
es hätte sich auch etwas anderes ergeben können, und dies
andere Ergebnis hätten wir ebensogut verstanden und aufklären können. Die Synthese ist also nicht so befriedigend
wie die Analyse; mit anderen Worten, wir wären nicht im
stande, aus der Kenntnis der Voraussetzungen die Natur des
Ergebnisses vorherzusagen.

Es ist sehr leicht, diese betrübliche Erkenntnis auf ihre
Ursachen zurückzuführen. Mögen uns auch die ätiologischen
Faktoren, welche für einen bestimmten Erfolg maßgebend
sind, vollständig bekannt sein, wir kennen sie doch nur nach
ihrer qualitativen Eigenart und nicht nach ihrer relativen
Stärke. Einige von ihnen werden als zu schwach von anderen
unterdrückt werden und für das Endergebnis nicht in Be-

tracht kommen. Wir wissen aber niemals vorher, welche der
bestimmenden Momente sich als die schwächeren oder stärkeren erweisen werden. Wir sagen nur am Ende, die sich
durchgesetzt haben, das waren die stärkeren. Somit ist die
Verursachung in der Richtung der Analyse jedesmal sicher
zu erkennen, deren Vorhersage in der Richtung der Synthese
aber unmöglich.

Wir wollen also nicht behaupten, daß jedes Mädchen,
dessen aus der Ödipuseinstellung der Pubertätsjahre her-
rührende Liebessehnsucht eine solche Enttäuschung erfährt,
darum notwendigerweise der Homosexualität verfallen wird.
Andersartige Reaktionen auf dies Trauma werden im Gegenteil häufiger sein. Dann müssen aber bei diesem Mädchen besondere Momente den Ausschlag gegeben haben, solche
außerhalb des Traumas, wahrscheinlich innerer Natur. Es
hat auch keine Schwierigkeit, sie aufzuzeigen.

Bekanntlich braucht es auch beim Normalen eine gewisse
Zeit, bis sich die Entscheidung über das Geschlecht des
Liebesobjekts endgültig durchgesetzt hat. Homosexuelle
Schwärmereien, übermäßig starke, sinnlich betonte Freundschaften sind bei beiden Geschlechtern in den ersten Jahren
nach der Pubertät recht gewöhnlich. So war es auch bei
unserem Mädchen, aber diese Neigungen zeigten sich bei ihr
unzweifelhaft stärker und hielten länger an als bei anderen.
Dazu kommt, daß diese Vorboten der späteren Homosexualität
immer ihr bewußtes Leben eingenommen hatten, während die
dem Ödipuskomplex entspringende Einstellung unbewußt geblieben war und nur in solchen Anzeichen wie jene Ver-
zärtelung des kleinen Knaben zum Vorschein kam. Als Schul-
mädchen war sie lange Zeit verliebt in eine unnahbar strenge
Lehrerin, einen offenkundigen Mutterersatz. Ein besonders

lebhaftes Interesse für manche jungmütterliche Frauen hatte
sie lange vor der Geburt des Bruders und um so sicherer
lange Zeit vor jener ersten Zurechtweisung durch den Vater
gezeigt. Ihre Libido lief also von sehr früher Zeit her in
zwei Strömungen, von denen die oberflächlichere unbedenklich
eine homosexuelle genannt werden darf. Diese war wahrscheinlich die direkte, unverwandelte Fortsetzung einer infantilen Fixierung an die Mutter. Möglicherweise haben wir
durch unsere Analyse auch nichts anderes aufgedeckt als den
Prozeß, der bei einem geeigneten Anlaß auch die tiefere
heterosexuelle Libidoströmung in die manifeste homosexuelle
überführte.

Ferner lehrte die Analyse, daß das Mädchen aus ihren
Kinderjahren einen stark betonten „Männlichkeitskomplex"
mitgebracht hatte. Lebhaft, rauflustig, durchaus nicht ge-
willt, hinter dem wenig älteren Bruder zurückzustehen, hatte
sie seit jener Inspektion der Genitalien einen mächtigen Penis-
neid entwickelt, dessen Abkömmlinge immer noch ihr Denken
erfüllten. Sie war eigentlich eine Frauenrechtlerin, fand es
ungerecht, daß die Mädchen nicht dieselben Freiheiten ge-
nießen sollten wie die Burschen, und sträubte sich überhaupt
gegen das Los der Frau. Zur Zeit der Analyse waren ihr
Schwangerschaft und Kindergebären unliebsame Vorstellungen,
wie ich vermute, auch wegen der damit verbundenen körperlichen Entstellung. Auf diese Abwehr hätte sich ihr mädchen-
hafter Narzißmus zurückgezogen *), der sich nicht mehr als
Stolz auf ihre Schönheit äußerte. Verschiedene Anzeichen
wiesen auf eine ehemals sehr starke Schau- und Exhibitions-
lust hin. Wer das Recht der Erwerbung in der Ätiologie
nicht verkürzt sehen will, wird aufmerksam machen, daß das

---

*) Vgl. Kriemhilds Bekenntnis im Nibelungenlied.

geschilderte Verhalten des Mädchens gerade so war, wie es durch die vereinte Wirkung der mütterlichen Zurücksetzung und der Vergleichung ihrer Genitalien mit denen des Bruders bei starker Mutterfixierung bestimmt werden mußte. Auch hier besteht eine Möglichkeit, etwas auf Prägung durch frühzeitig wirksamen äußeren Einfluß zurückzuführen, was man gern als konstitutionelle Eigenart aufgefaßt hätte. Und auch von dieser Erwerbung — wenn sie wirklich stattgefunden hat — wird ein Anteil auf Rechnung der mitgebrachten Konstitution zu setzen sein. So vermengt und vereinigt sich in der Beobachtung beständig, was wir in der Theorie zu einem Paar von Gegensätzen — Vererbung und Erwerbung — auseinanderlegen möchten.

Hatte ein früherer, vorläufiger Abschluß der Analyse zum Ausspruch geführt, es handle sich um einen Fall von später Erwerbung der Homosexualität, so drängt die jetzt vorgenommene Überprüfung des Materials vielmehr zum Schluß, es liege angeborene Homosexualität vor, die sich wie gewöhnlich erst in der Zeit nach der Pubertät fixiert und unverkennbar gezeigt habe. Jede dieser Klassifizierungen wird nur einem Anteil des durch Beobachtung festzustellenden Sachverhaltes gerecht, vernachlässigt den anderen. Wir treffen das Richtige, wenn wir den Wert dieser Fragestellung überhaupt gering veranschlagen.

Die Literatur der Homosexualität pflegt die Fragen der Objektwahl einerseits und des Geschlechtscharakters und der geschlechtlichen Einstellung anderseits nicht scharf genug zu trennen, als ob die Entscheidung über den einen Punkt notwendigerweise mit der des anderen verknüpft wäre. Die Erfahrung zeigt jedoch das Gegenteil: Ein Mann mit überwiegend männlichen Eigenschaften, der auch den männlichen

Typus des Liebeslebens zeigt, kann doch in bezug aufs Objekt invertiert sein, nur Männer anstatt Frauen lieben. Ein Mann, in dessen Charakter die weiblichen Eigenschaften augenfällig vorwiegen, ja, der sich in der Liebe wie ein Weib benimmt, sollte durch diese weibliche Einstellung auf den Mann als Liebesobjekt hingewiesen werden; er kann aber trotzdem heterosexuell sein, nicht mehr Inversion in bezug aufs Objekt zeigen als durchschnittlich ein Normaler. Dasselbe gilt für Frauen, auch bei ihnen treffen psychischer Geschlechtscharakter und Objektwahl nicht zu fester Relation zusammen. Das Geheimnis der Homosexualität ist also keineswegs so einfach, wie man es zum populären Gebrauch gern darstellt: Eine weibliche Seele, die darum den Mann lieben muß, zum Unglück in einen männlichen Körper geraten, oder eine männliche Seele, die unwiderstehlich vom Weib angezogen wird, leider in einen weiblichen Leib gebannt. Vielmehr handelt es sich um drei Reihen von Charakteren

Somatische Geschlechtscharaktere   —   Psychischer Geschlechtscharakter
   (Physischer Hermaphroditismus) $\left(\begin{smallmatrix}\text{männl.}\\\text{weibl.}\end{smallmatrix}\right.$ Einstellung)

— Art der Objektwahl,

die bis zu einem gewissen Grade voneinander unabhängig variieren und sich bei den einzelnen Individuen in mannigfachen Permutationen vorfinden. Die tendenziöse Literatur hat den Einblick in diese Verhältnisse erschwert, indem sie aus praktischen Motiven das dem Laien allein auffällige Verhalten im dritten Punkt, dem der Objektwahl, in den Vordergrund rückt und außerdem die Festigkeit der Beziehung zwischen diesem und dem ersten Punkt übertreibt. Sie versperrt sich auch den Weg, der zur tieferen Einsicht in all das führt, was man uniform als Homosexualität bezeichnet, indem sie sich gegen zwei Grundtatsachen sträubt, welche die psychoanalytische Forschung aufgedeckt hat. Die erste, daß die homosexuellen Männer eine besonders starke Fixierung an die Mütter erfahren haben; die zweite, daß alle Normalen neben ihrer manifesten Heterosexualität ein sehr erhebliches Ausmaß von latenter oder unbewußter Homosexualität erkennen lassen. Trägt man diesen Funden Rechnung, so ist es allerdings um die Annahme eines von der Natur in besonderer Laune geschaffenen „dritten Geschlechts" geschehen.

Die Psychoanalyse ist nicht dazu berufen, das Problem der Homosexualität zu lösen. Sie muß sich damit begnügen, die psychischen Mechanismen zu enthüllen, die zur Entscheidung in der Objektwahl geführt haben, und die Wege von ihnen zu den Triebanlagen zu verfolgen. Dann bricht sie ab und überläßt das übrige der biologischen Forschung, die gerade jetzt in den Versuchen von S t e i n a c h *) so bedeutungsvolle Aufschlüsse über die Beeinflussung der obigen zweiten und dritten Reihe durch die erste zu Tage fördert. Sie steht auf gemeinsamem Boden mit der Biologie, indem sie eine ursprüngliche Bisexualität des menschlichen (wie des tierischen) Individuums zur Voraussetzung nimmt. Aber das Wesen dessen, was man im konventionellen oder im biologischen Sinne „männlich" und „weiblich" nennt, kann die Psychoanalyse nicht aufklären, sie übernimmt die beiden Begriffe und legt sie ihren Arbeiten zu Grunde. Beim Versuch einer weiteren Zurückführung verflüchtigt sich ihr die Männlichkeit zur Aktivität, die Weiblichkeit zur Passivität, und das ist zu wenig. Inwieweit die Erwartung zulässig oder bereits durch Erfahrung bestätigt ist, es werde sich auch

---

*) S. A. L i p s c h ü t z, Die Pubertätsdrüse und ihre Wirkungen. E. Bircher, Bern 1919.

aus dem Stück Aufklärungsarbeit, welches in den Bereich der Analyse fällt, eine Handhabe zur Abänderung der Inversion ergeben, habe ich vorhin auszuführen versucht. Vergleicht man dieses Ausmaß von Beeinflussung mit den großartigen Umwälzungen, die S t e i n a c h in einzelnen Fällen durch operative Eingriffe erzielt hat, so macht es wohl keinen imposanten Eindruck. Indes wäre es Voreiligkeit oder schädliche Übertreibung, wenn wir uns jetzt schon Hoffnung auf eine allgemein brauchbare „Therapie" der Inversion machten. Die Fälle von männlicher Homosexualität, in denen S t e i n a c h Erfolg gehabt hat, erfüllten die nicht immer vorhandene Bedingung eines überdeutlichen somatischen „Hermaphroditismus". Die Therapie einer weiblichen Homosexualität auf analogem Wege ist zunächst ganz unklar. Sollte sie in der Entfernung der wahrscheinlich hermaphroditischen Ovarien und Einpflanzung anderer, hoffentlich eingeschlechtiger, bestehen, so würde sie praktisch wenig Aussicht auf Anwendung haben. Ein weibliches Individuum, das sich männlich gefühlt und auf männliche Weise geliebt hat, wird sich kaum in die weibliche Rolle drängen lassen, wenn es diese, nicht durchaus vorteilhafte, Umwandlung mit dem Verzicht auf die Mutterschaft bezahlen muß.

V.

„EIN KIND WIRD GESCHLAGEN."*)

Beitrag zur Kenntnis der Entstehung sexueller Perversionen.

I.

Die Phantasievorstellung: „ein Kind wird geschlagen"
wird mit überraschender Häufigkeit von Personen eingestanden, die wegen einer Hysterie oder einer Zwangsneurose die
analytische Behandlung aufgesucht haben. Es ist recht wahrscheinlich, daß sie noch öfter bei anderen vorkommt, die
nicht durch manifeste Erkrankung zu diesem Entschluß genötigt worden sind.

An diese Phantasie sind Lustgefühle geknüpft, wegen
welcher sie ungezählte Male reproduziert worden ist oder
noch immer reproduziert wird. Auf der Höhe der vorgestellten
Situation setzt sich fast regelmäßig eine onanistische Befriedigung (an den Genitalien also) durch, anfangs mit
Willen der Person, aber ebenso späterhin mit Zwangscharakter
gegen ihr Widerstreben.

Das Eingeständnis dieser Phantasie erfolgt nur zögernd,
die Erinnerung an ihr erstes Auftreten ist unsicher, der analytischen Behandlung des Gegenstandes tritt ein unzweideu-
tiger Widerstand entgegen, Schämen und Schuldbewußtsein

---

*) Internationale Zeitschrift für ärztliche Psychoanalyse, V. 1919.

regen sich hiebei vielleicht kräftiger als bei ähnlichen Mitteilungen über die erinnerten Anfänge des Sexuallebens.

Es läßt sich endlich feststellen, daß die ersten Phantasien dieser Art sehr frühzeitig gepflegt worden sind, gewiß vor dem Schulbesuch, schon im fünften und sechsten Jahr. Wenn das Kind in der Schule mitangesehen hat, wie andere Kinder vom Lehrer geschlagen wurden, so hat dies Erleben die Phantasien wieder hervorgerufen, wenn sie eingeschlafen waren, hat sie verstärkt, wenn sie noch bestanden, und ihren Inhalt in merklicher Weise modifiziert. Es wurden von da an „unbestimmt viele" Kinder geschlagen. Der Einfluß der Schule war so deutlich, daß die betreffenden Patienten zunächst versucht waren, ihre Schlagephantasien ausschließlich auf diese Eindrücke der Schulzeit, nach dem sechsten Jahr, zurückzuführen. Allein dies ließ sich niemals halten; sie waren schon vorher vorhanden gewesen.

Hörte das Schlagen der Kinder in höheren Schulklassen auf, so wurde dessen Einfluß durch die Einwirkung der bald zu Bedeutung kommenden Lektüre mehr als nur ersetzt. In dem Milieu meiner Patienten waren es fast immer die nämlichen, der Jugend zugänglichen Bücher, aus deren Inhalt sich die Schlagephantasien neue Anregungen holten: die sogenannte Bibliothèque rose, Onkel Toms Hütte u. dgl. Im Wetteifer mit diesen Dichtungen begann die eigene Phantasietätigkeit des Kindes, einen Reichtum von Situationen und Institutionen zu erfinden, in denen Kinder wegen ihrer Schlimmheit und ihrer Unarten geschlagen oder in anderer Weise bestraft und gezüchtigt werden.

Da die Phantasievorstellung, ein Kind wird geschlagen, regelmäßig mit hoher Lust besetzt war und in einen Akt lustvoller autoerotischer Befriedigung auslief, könnte man er-

warten, daß auch das Zuschauen, wie ein anderes Kind in
der Schule geschlagen wurde, eine Quelle ähnliches Genusses
gewesen sei. Allein dies war nie der Fall. Das Miterleben
realer Schlageszenen in der Schule rief beim zuschauenden
Kinde ein eigentümlich aufgeregtes, wahrscheinlich gemischtes, Gefühl hervor, an dem die Ablehnung einen großen Anteil
hatte. In einigen Fällen wurde das reale Erleben der Schlageszenen als unerträglich empfunden. Übrigens wurde auch in
den raffinierten Phantasien späterer Jahre an der Bedingung
festgehalten, daß den gezüchtigten Kindern kein ernsthafter
Schaden zugefügt werde.

Man mußte die Frage aufwerfen, welche Beziehung zwischen der Bedeutung der Schlagephantasien und der Rolle
bestehen möge, die reale körperliche Züchtigungen in der
häuslichen Erziehung des Kindes gespielt hätten. Die nächst-
liegende Vermutung, es werde sich hiebei eine umgekehrte
Relation ergeben, ließ sich infolge der Einseitigkeit des Materials nicht erweisen. Die Personen, die den Stoff für diese
Analysen hergaben, waren in ihrer Kindheit sehr selten geschlagen, waren jedenfalls nicht mit Hilfe von Prügeln erzogen worden. Jedes dieser Kinder hatte natürlich doch
irgend einmal die überlegene Körperkraft seiner Eltern oder
Erzieher zu spüren bekommen; daß es an Schlägereien zwischen den Kindern selbst in keiner Kinderstube gefehlt, bedarf keiner ausdrücklichen Hervorhebung.

Bei jenen frühzeitigen und simplen Phantasien, die nicht
offenkundig auf den Einfluß von Schuleindrücken oder Szenen
aus der Lektüre hinweisen, wollte die Forschung gern mehr
erfahren. Wer war das geschlagene Kind? Das phantasierende
selbst oder ein fremdes? War es immer dasselbe Kind oder
beliebig oft ein anderes? Wer war es, der das Kind schlug?

Ein Erwachsener? Und wer dann? Oder phantasierte das Kind, daß es selbst ein anderes schlüge? Auf alle diese Fragen kam keine aufklärende Auskunft, immer nur die eine scheue Antwort: Ich weiß nichts mehr darüber: ein Kind wird geschlagen.

Erkundigungen nach dem Geschlecht des geschlagenen Kindes hatten mehr Erfolg, brachten aber auch kein Verständnis. Manchmal wurde geantwortet: Immer nur Buben, oder: Nur Mädel; öfter hieß es: Das weiß ich nicht, oder: Das ist gleichgültig. Das, worauf es dem Fragenden ankam, eine konstante Beziehung zwischen dem Geschlecht des phantasierenden und dem des geschlagenen Kindes, stellte sich niemals heraus. Gelegentlich einmal kam noch ein charakteristisches Detail aus dem Inhalt der Phantasie zum Vorschein: Das kleine Kind wird auf den nackten Popo geschlagen.

Unter diesen Umständen konnte man vorerst nicht einmal entscheiden, ob die an der Schlagephantasie haftende Lust als eine sadistische oder als eine masochistische zu bezeichnen sei.

II.

Die Auffassung einer solchen, im frühen Kindesalter vielleicht bei zufälligen Anlässen auftauchenden, und zur autoerotischen Befriedigung festgehaltenen Phantasie kann nach unseren bisherigen Einsichten nur lauten, daß es sich hiebei um einen primären Zug von Perversion handle. Eine der Komponenten der Sexualfunktion sei den anderen in der Entwicklung vorangeeilt, habe sich vorzeitig selbständig gemacht, sich fixiert und dadurch den späteren Entwicklungsvorgängen entzogen, damit aber ein Zeugnis für eine besondere, anomale

Konstitution der Person gegeben. Wir wissen, daß eine solche
infantile Perversion nicht fürs Leben zu verbleiben braucht,
sie kann noch später der Verdrängung verfallen, durch eine
Reaktionsbildung ersetzt oder durch eine Sublimierung umgewandelt werden. (Vielleicht ist es aber so, daß die Sublimierung aus einem besonderen Prozeß hervorgeht, welcher
durch die Verdrängung hintangehalten würde.) Wenn aber
diese Vorgänge ausbleiben, dann erhält sich die Perversion
im reifen Leben, und wo wir beim Erwachsenen eine sexuelle
Abirrung — Perversion, Fetischismus, Inversion — vorfinden,
da erwarten wir mit Recht, ein solches fixierendes Ereignis
der Kinderzeit durch anamnestische Erforschung aufzudecken.
Ja lange vor der Zeit der Psychoanalyse haben Beobachter
wie B i n e t die sonderbaren sexuellen Abirrungen der Reife-
zeit auf solche Eindrücke, gerade der nämlichen Kinderjahre
von fünf oder sechs an, zurückführen können. Man war hiebei allerdings auf eine Schranke unseres Verständnisses ge-
stoßen, denn den fixierenden Eindrücken fehlte jede trau-
matische Kraft, sie waren zumeist banal und für andere
Individuen nicht aufregend; man konnte nicht sagen, warum
sich das Sexualstreben gerade an sie fixiert hatte. Aber man
konnte ihre Bedeutung darin suchen, daß sie eben der voreiligen und sprungbereiten Sexualkomponente den wenn auch
zufälligen Anlaß zur Anheftung geboten hatten, und man
mußte ja darauf vorbereitet sein, daß die Kette der Kausal-
verknüpfung irgendwo ein vorläufiges Ende finden werde.
Gerade die mitgebrachte Konstitution schien allen Anfor-
rungen an einen solchen Haltepunkt zu entsprechen.

Wenn die frühzeitig losgerissene Sexualkomponente die
sadistische ist, so bilden wir auf Grund anderswo gewonnener
Einsicht die Erwartung, daß durch spätere Verdrängung der-

selben eine Disposition zur Zwangsneurose geschaffen werde.
Man kann nicht sagen, daß dieser Erwartung durch das Ergebnis der Untersuchung widersprochen wird. Unter den
sechs Fällen, auf deren eingehendem Studium diese kleine
Mitteilung aufgebaut ist (vier Frauen, zwei Männer) befanden
sich Fälle von Zwangsneurose, ein allerschwerster, lebens-
zerstörender, und ein mittelschwerer, der Beeinflussung gut
zugänglicher, ferner ein dritter, der wenigstens einzelne deutliche Züge der Zwangsneurose aufwies. Ein vierter Fall war
freilich eine glatte Hysterie mit Schmerzen und Hemmungen,
und ein fünfter, der die Analyse bloß wegen Unschlüssig-
keiten im Leben aufsuchte, wäre von grober klinischer Dia-
gnostik überhaupt nicht klassifiziert oder als „Psychasthe-
niker" abgetan worden. Man darf in dieser Statistik keine
Enttäuschung erblicken, denn erstens wissen wir, daß nicht
jegliche Disposition sich zur Affektion weiter entwickeln
muß, und zweitens darf es uns genügen zu erklären, was
vorhanden ist, und dürfen wir uns der Aufgabe, auch verstehen zu lassen, warum etwas nicht zu stande gekommen ist,
im allgemeinen entziehen.

So weit und nicht weiter würden uns unsere gegenwärtigen Einsichten ins Verständnis der Schlagephantasien
eindringen lassen. Eine Ahnung, daß das Problem hiemit
nicht erledigt ist, regt sich allerdings beim analysierenden
Arzte, wenn er sich eingestehen muß, daß diese Phantasien
meist abseits vom übrigen Inhalt der Neurose bleiben und
keinen rechten Platz in deren Gefüge einnehmen, aber man
pflegt, wie ich aus eigener Erfahrung weiß, über solche Eindrücke gern hinwegzugehen.

III.

Streng genommen — und warum sollte man dies nicht so streng als möglich nehmen? —, verdient die Anerkennung als korrekte Psychoanalyse nur die analytische Bemühung, der es gelungen ist, die Amnesie zu beheben, welche dem Erwachsenen die Kenntnis seines Kinderlebens vom Anfang an (das heißt etwa vom zweiten bis zum fünften Jahr) verhüllt. Man kann das unter Analytikern nicht laut genug sagen und nicht oft genug wiederholen. Die Motive, sich über diese Mahnung hinwegzusetzen, sind ja begreiflich. Man möchte brauchbare Erfolge in kürzerer Zeit und mit geringerer Mühe erzielen. Aber gegenwärtig ist die theoretische Erkenntnis noch ungleich wichtiger für jeden von uns als der therapeutische Erfolg, und wer die Kindheitsanalyse vernachlässigt, muß notwendig den folgenschwersten Irrtümern verfallen. Eine Unterschätzung des Einflusses späterer Erlebnisse wird durch diese Betonung der Wichtigkeit der frühesten nicht bedingt; aber die späteren Lebenseindrücke sprechen in der Analyse laut genug durch den Mund des Kranken, für das Anrecht der Kindheit muß erst der Arzt die Stimme erheben.

Die Kinderzeit zwischen zwei und vier oder fünf Jahren ist diejenige, in welcher die mitgebrachten libidinösen Faktoren von den Erlebnissen zuerst geweckt und an gewisse Komplexe gebunden werden. Die hier behandelten Schlagephantasien zeigen sich erst zu Ende oder nach Ablauf dieser Zeit. Es könnte also wohl sein, daß sie eine Vorgeschichte haben, eine Entwicklung durchmachen, einem Endausgang, nicht einer Anfangsäußerung entsprechen.

Diese Vermutung wird durch die Analyse bestätigt. Die konsequente Anwendung derselben lehrt, daß die Schlagephantasien eine gar nicht einfache Entwicklungsgeschichte haben, in deren Verlauf sich das meiste an ihnen mehr als einmal ändert: ihre Beziehung zur phantasierenden Person, ihr Objekt, Inhalt und ihre Bedeutung.

Zur leichteren Verfolgung dieser Wandlungen in den Schlagephantasien werde ich mir nun gestatten, meine Beschreibungen auf die weiblichen Personen einzuschränken, die ohnedies (vier gegen zwei) die Mehrheit meines Materials ausmachen. An die Schlagephantasien der Männer knüpft außerdem ein anderes Thema an, das ich in dieser Mitteilung beiseite lassen will. Ich werde mich dabei bemühen, nicht mehr zu schematisieren, als zur Darstellung eines durchschnittlichen Sachverhaltes unvermeidlich ist. Mag dann weitere Beobachtung auch eine größere Mannigfaltigkeit der Verhältnisse ergeben, so bin ich doch sicher, ein typisches Vorkommnis, und zwar nicht von seltener Art, erfaßt zu haben.

Die erste Phase der Schlagephantasien bei Mädchen also muß einer sehr frühen Kinderzeit angehören. Einiges an ihnen bleibt in merkwürdiger Weise unbestimmbar, als ob es gleichgültig wäre. Die kärgliche Auskunft, die man von den Patienten bei der ersten Mitteilung erhalten hat: Ein Kind wird geschlagen, erscheint für diese Phantasie gerechtfertigt. Allein anderes ist mit Sicherheit bestimmbar und dann allemal im gleichen Sinne. Das geschlagene Kind ist nämlich nie das phantasierende, regelmäßig ein anderes Kind, zumeist ein Geschwisterchen, wo ein solches vorhanden ist. Da dies Bruder oder Schwester sein kann, kann sich hier auch keine konstante Beziehung zwischen dem Geschlecht des phantasierenden und dem des geschlagenen Kindes ergeben. Die Phantasie ist also sicherlich keine masochistische; man möchte sie sadistisch nennen, allein man darf nicht außer acht lassen, daß das phantasierende Kind auch niemals selbst das schlagende ist. Wer in Wirklichkeit die schlagende Person ist, bleibt zunächst unklar. Es läßt sich nur feststellen: kein anderes Kind, sondern ein Erwachsener. Diese unbestimmte erwachsene Person wird dann späterhin klar und eindeutig als der Vater (des Mädchens) kenntlich.

Diese erste Phase der Schlagephantasie wird also voll wiedergegeben durch den Satz: Der Vater schlägt das Kind. Ich verrate viel von dem später aufzuzeigenden Inhalt, wenn ich anstatt dessen sage: Der Vater schlägt das mir verhaßte Kind. Man kann übrigens schwankend werden, ob man dieser Vorstufe der späteren Schlagephantasie auch schon den Charakter einer „Phantasie" zuerkennen soll. Es handelt sich vielleicht eher um Erinnerungen an solche Vorgänge, die man mitangesehen hat, an Wünsche, die bei verschiedenen Anlässen aufgetreten sind, aber diese Zweifel haben keine Wichtigkeit.

Zwischen dieser ersten und der nächsten Phase haben sich große Umwandlungen vollzogen. Die schlagende Person ist zwar die nämliche, die des Vaters, geblieben, aber das geschlagene Kind ist ein anderes geworden, es ist regelmäßig die des phantasierenden Kindes selbst, die Phantasie ist in hohem Grade lustbetont und hat sich mit einem bedeutsamen Inhalt erfüllt, dessen Ableitung uns später beschäftigen wird. Ihr Wortlaut ist jetzt also: Ich werde vom Vater geschlagen. Sie hat unzweifelhaft masochistischen Charakter.

Diese zweite Phase ist die wichtigste und folgenschwerste von allen. Aber man kann in gewissem Sinne von ihr sagen, sie habe niemals eine reale Existenz gehabt. Sie wird in keinem Falle erinnert, sie hat es nie zum Bewußtwerden gebracht. Sie ist eine Konstruktion der Analyse, aber darum nicht minder eine Notwendigkeit.

Die dritte Phase ähnelt wiederum der ersten. Sie hat den aus der Mitteilung der Patientin bekannten Wortlaut. Die schlagende Person ist niemals die des Vaters, sie wird entweder wie in der ersten Phase unbestimmt gelassen, oder in typischer Weise durch einen Vatervertreter (Lehrer) besetzt. Die eigene Person des phantasierenden Kindes kommt in der Schlagephantasie nicht mehr zum Vorschein. Auf eindringliches Befragen äußern die Patienten nur: Ich schaue wahrscheinlich zu. Anstatt des einen geschlagenen Kindes sind jetzt meistens viele Kinder vorhanden. Überwiegend häufig sind es (in den Phantasien der Mädchen) Buben, die geschlagen werden, aber auch nicht individuell bekannte. Die ursprüngliche einfache und monotone Situation des Geschlagenwerdens kann die mannigfaltigsten Abänderungen und Ausschmückungen erfahren, das Schlagen selbst durch Strafen und Demütigungen anderer Art ersetzt werden. Der wesentliche Charakter aber, der auch die einfachsten Phantasien dieser Phase von denen der ersten unterscheidet, und der die Beziehung zur mittleren Phase herstellt, ist der folgende: die Phantasie ist jetzt der Träger einer starken, unzweideutig sexuellen Erregung und vermittelt als solcher die onanistische Befriedigung. Gerade das ist aber das Rätselhafte; auf welchem Wege ist die nunmehr sadistische Phantasie, daß fremde und unbekannte Buben geschlagen werden, zu dem von da an dauernden Besitz der libidinösen Strebung des kleinen Mädchens gekommen?

Wir verhehlen uns auch nicht, daß Zusammenhang und Aufeinanderfolge der drei Phasen der Schlagephantasie wie alle ihre anderen Eigentümlichkeiten bisher ganz unverständlich geblieben sind.

IV.

Führt man die Analyse durch jene frühen Zeiten, in die die Schlagephantasien verlegt, und aus denen sie erinnert werden, so zeigt sie das Kind in die Erregungen seines Elternkomplexes verstrickt.

Das kleine Mädchen ist zärtlich an den Vater fixiert, der wahrscheinlich alles getan hat, um seine Liebe zu gewinnen, und legt dabei den Keim zu einer Haß- und Konkurrenzeinstellung gegen die Mutter, die neben einer Strömung von zärtlicher Anhänglichkeit bestehen, und der vorbehalten sein kann, mit den Jahren immer stärker und deutlicher bewußt zu werden oder den Anstoß zu einer übergroßen reaktiven Liebesbindung an sie zu geben. Aber nicht an das Verhältnis zur Mutter knüpft die Schlagephantasie an. Es gibt in der Kinderstube noch andere Kinder, um ganz wenige Jahre älter oder jünger, die man aus allen anderen Gründen, hauptsächlich aber darum nicht mag, weil man die Liebe der Eltern mit ihnen teilen soll, und die man darum mit der ganzen wilden Energie, die dem Gefühlsleben dieser Jahre eigen ist, von sich stößt. Ist es ein jüngeres Geschwisterchen (wie in drei von meinen vier Fällen), so verachtet man es, außerdem daß man es haßt, und muß doch zusehen, wie es jenen Anteil von Zärtlichkeit an sich zieht, den die verblendeten Eltern jedesmal für das Jüngste bereit haben. Man versteht bald, daß Geschlagenwerden, auch wenn es nicht sehr wehe tut, eine Absage der Liebe und eine Demütigung bedeutet. So manches Kind, das sich für sicher thronend in der unerschütterlichen Liebe seiner Eltern hielt, ist durch einen

einzigen Schlag aus allen Himmeln seiner eingebildeten Allmacht gestürzt worden. Also ist es eine behagliche Vorstellung, daß der Vater dieses verhaßte Kind schlägt, ganz
unabhängig davon, ob man gerade ihn schlagen gesehen hat.
Es heißt: der Vater liebt dieses andere Kind nicht, e r l i e b t
n u r m i c h.

Dies ist also Inhalt und Bedeutung der Schlagephantasie
in ihrer ersten Phase. Die Phantasie befriedigt offenbar die
Eifersucht des Kindes und hängt von seinem Liebesleben ab,
aber sie wird auch von dessen egoistischen Interessen kräftig
gestützt. Es bleibt also zweifelhaft, ob man sie als eine
rein „sexuelle" bezeichnen darf; auch eine „sadistische" getraut man sich nicht, sie zu nennen. Man weiß ja, daß gegen
den Ursprung hin alle die Kennzeichen zu verschwimmen
pflegen, auf welche wir unsere Unterscheidungen aufzubauen
gewohnt sind. Also vielleicht ähnlich wie die Verheißung der
drei Schicksalsschwestern an B a n q u o lautete: nicht sicher
sexuell, nicht selbst sadistisch, aber doch der Stoff, aus dem
später beides werden soll. Keinesfalls aber liegt ein Grund
zur Vermutung vor, daß schon diese erste Phase der Phantasie einer Erregung dient, welche sich unter Inanspruch-
nahme der Genitalien Abfuhr in einem onanistischen Akt
zu verschaffen lernt.

In dieser vorzeitigen Objektwahl der inzestuösen Liebe
erreicht das Sexualleben des Kindes offenbar die Stufe der
genitalen Organisation. Es ist dies für den Knaben leichter
nachzuweisen, aber auch fürs kleine Mädchen nicht zu bezweifeln. Etwas wie eine Ahnung der späteren definitiven
und normalen Sexualziele beherrscht das libidinöse Streben
des Kindes; man mag sich füglich verwundern, woher es

kommt, darf es aber als Beweis dafür nehmen, daß die Genitalien ihre Rolle beim Erregungsvorgang bereits angetreten
haben. Der Wunsch, mit der Mutter ein Kind zu haben,
fehlt nie beim Knaben, der Wunsch, vom Vater ein Kind
zu bekommen, ist beim Mädchen konstant, und dies bei völliger Unfähigkeit, sich Klarheit über den Weg zu schaffen,
der zur Erfüllung dieser Wünsche führen kann. Daß die
Genitalien etwas damit zu tun haben, scheint beim Kinde
festzustehen, wenngleich seine grübelnde Tätigkeit das Wesen
der zwischen den Eltern vorausgesetzten Intimität in andersartigen Beziehungen suchen mag, z. B. im Beisammenschlafen,
in gemeinsamer Harnentleerung u. dgl. und solcher Inhalt
eher in Wortvorstellungen erfaßt werden kann als das Dunkle,
das mit dem Genitalen zusammenhängt.

Allein es kommt die Zeit, zu der diese frühe Blüte vom
Frost geschädigt wird; keine dieser inzestuösen Verliebtheiten
kann dem Verhängnis der Verdrängung entgehen. Sie verfallen ihr entweder bei nachweisbaren äußeren Anlässen, die
eine Enttäuschung hervorrufen, bei unerwarteten Kränkungen,
bei der unerwünschten Geburt eines neuen Geschwistercheus,
die als Treulosigkeit empfunden wird usw., oder ohne solche
Veranlassungen, von innen heraus, vielleicht nur infolge des
Ausbleibens der zu lange ersehnten Erfüllung. Es ist unverkennbar, daß die Veranlassungen nicht die wirkenden Ursachen sind, sondern daß es diesen Liebesbeziehungen bestimmt ist, irgend einmal unterzugehen, wir können nicht
sagen, woran. Am wahrscheinlichsten ist es, daß sie ver-
gehen, weil ihre Zeit um ist, weil die Kinder in eine neue
Entwicklungsphase eintreten, in welcher sie genötigt sind,
die Verdrängung der inzestuösen Objektwahl aus der Mensch-
heitsgeschichte zu wiederholen, wie sie vorher gedrängt waren,

solche Objektwahl vorzunehmen. (Siehe das Schicksal in der
Ödipusmythe.) Was als psychisches Ergebnis der inzestuösen
Liebesregungen unbewußt vorhanden ist, wird vom Bewußtsein
der neuen Phase nicht mehr übernommen, was davon bereits
bewußt geworden war, wieder herausgedrängt. Gleichzeitig
mit diesem Verdrängungsvorgang erscheint ein Schuldbewußtsein, auch dieses unbekannter Herkunft, aber ganz unzweifelhaft an jene Inzestwünsche geknüpft und durch deren Fort-
dauer im Unbewußten gerechtfertigt.

Die Phantasie der inzestuösen Liebeszeit hatte gesagt:
Er (der Vater) liebt nur mich, nicht das andere Kind, denn
dieses schlägt er ja. Das Schuldbewußtsein weiß keine härtere
Strafe zu finden als die Umkehrung dieses Triumphes: „Nein,
er liebt dich nicht, denn er schlägt dich.“ So würde die
Phantasie der zweiten Phase, selbst vom Vater geschlagen
zu werden, zum direkten Ausdruck des Schuldbewußtseins,
dem nun die Liebe zum Vater unterliegt. Sie ist also masochistisch geworden; meines Wissens ist es immer so, jedesmal ist das Schuldbewußtsein das Moment, welches den Sadismus zum Masochismus umwandelt. Dies ist aber gewiß
nicht der ganze Inhalt des Masochismus. Das Schuldbewußtsein kann nicht allein das Feld behauptet haben; der Liebes-
regung muß auch ihr Anteil werden. Erinnern wir uns daran,
daß es sich um Kinder handelt, bei denen die sadistische
Komponente aus konstitutionellen Gründen vorzeitig und isoliert hervortreten konnte. Wir brauchen diesen Gesichtspunkt
nicht aufzugeben. Bei eben diesen Kindern ist ein Rückgreifen auf die prägenitale, sadistisch-anale Organisation des
Sexuallebens besonders erleichtert. Wenn die kaum erreichte
genitale Organisation von der Verdrängung betroffen wird,
so tritt nicht nur die eine Folge auf, daß jegliche psychische

Vertretung der inzestuösen Liebe unbewußt wird oder bleibt, sondern es kommt noch als andere Folge hinzu, daß die Genitalorganisation selbst eine regressive Erniedrigung erfährt. Das: Der Vater liebt mich, war im genitalen Sinne gemeint; durch die Regression verwandelt es sieh in: Der Vater schlägt mich (ieh werde vom Vater geschlagen). Dies Geschlagenwerden ist nun ein Zusammentreffen von Schuldbewußtsein und Erotik; es ist n i c h t n u r d i e S t r a f e f ü r d i e v e r p ö n t e g e n i t a l e B e z i e h u n g, s o n d e r n a u c h d e r r e g r e s s i v e E r s a t z f ü r s i e, und aus dieser letzteren Quelle bezieht es die libidinöse Erregung, die ihm von nun anhaften und in onanistischen Akten Abfuhr finden wird. Dies ist aber erst das Wesen des Masochismus.

Die Phantasie der zweiten Phase, selbst vom Vater geschlagen zu werden, bleibt in der Regel unbewußt, wahrscheinlich infolge der Intensität der Verdrängung. Ieh kann nieht angeben, warum sie doch in einem meiner seehs Fälle (einem männlichen) bewußt erinnert wurde. Dieser jetzt erwachsene Mann hatte es klar im Gedächtnis bewahrt, daß er die Vorstellung, von der Mutter geschlagen zu werden, zu onanistisehen Zwecken zu gebrauchen pflegte; allerdings ersetzte er die eigene Mutter bald durch die Mütter von Schulkollegen oder andere, ihr irgendwie ähnliche Frauen. Es ist nicht zu vergessen, daß bei der Verwandlung der inzestuösen Phantasie des Knaben in die entsprechende masochistische eine Umkehrung mehr vor sich geht als im Falle des Mädchens, nämlich die Ersetzung von Aktivität durch Passivität, und dies Mehr von Entstellung mag die Phantasie vor dem Unbewußtbleiben als Erfolg der Verdrängung schützen. Dem Schuldbewußtsein hätte so die Regression an Stelle der Verdrängung genügt; in den weiblichen Fällen wäre das, viel-

leicht an sich anspruchsvollere, Schuldbewußtsein erst durch
das Zusammenwirken beider begütigt worden.

In zweien meiner vier weiblichen Fälle hatte sich über
der masochistischen Schlagephantasie ein kunstvoller, für das
Leben der Betreffenden sehr bedeutsamer Überbau von Tagträumen entwickelt, dem die Funktion zufiel, das Gefühl der
befriedigten Erregung auch bei Verzicht auf den onanistischen
Akt möglich zu machen. In einem dieser Fälle durfte der Inhalt, vom Vater geschlagen zu werden, sich wieder ins Bewußtsein wagen, wenn das eigene Ich durch leichte Verkleidung unkenntlich gemacht war. Der Held dieser Geschichten
wurde regelmäßig vom Vater geschlagen, später nur gestraft,
gedemütigt usw.

Ich wiederhole aber, in der Regel bleibt die Phantasie
unbewußt und muß erst in der Analyse rekonstruiert werden.
Dies läßt vielleicht den Patienten recht geben, die sich erinnern wollen, die Onanie sei bei ihnen früher aufgetreten
als die — gleich zu besprechende — Schlagephantasie der
dritten Phase; letztere habe sich erst später hinzugesellt,
etwa unter dem Eindruck von Schulszenen. So oft wir diesen
Angaben Glauben schenkten, waren wir immer geneigt anzunehmen, die Onanie sei zunächst unter der Herrschaft unbewußter Phantasie gestanden, die später durch bewußte ersetzt wurden.

Als solchen Ersatz fassen wir dann die bekannte Schlagephantasie der dritten Phase auf, die endgültige Gestaltung
derselben, in der das phantasierende Kind höchstens noch
als Zuschauer vorkommt, der Vater in der Person eines
Lehrers oder sonstigen Vorgesetzten erhalten ist. Die Phantasie, die nun jener der ersten Phase ähnlich ist, scheint
sich wieder ins Sadistische gewendet zu haben. Es macht

den Eindruck, als wäre in dem Satze: Der Vater schlägt
das andere Kind, er liebt nur mich, der Akzent auf den
ersten Teil zurückgewichen, nachdem der zweite der Verdrängung erlegen ist. Allein nur die Form dieser Phantasie
ist sadistisch, die Befriedigung, die aus ihr gewonnen wird,
ist eine masochistische, ihre Bedeutung liegt darin, daß sie
die libidinöse Besetzung des verdrängten Anteils übernommen
hat und mit dieser auch das am Inhalt haftende Schuldbewußtsein. Alle die vielen unbestimmten Kinder, die vom
Lehrer geschlagen werden, sind doch nur Ersetzungen der
eigenen Person.

Hier zeigt sich auch zum erstenmal etwas wie eine Kon-
stanz des Geschlechtes bei den der Phantasie dienenden Personen. Die geschlagenen Kinder sind fast durchwegs Knaben,
in den Phantasien der Knaben ebensowohl wie in denen der
Mädchen. Dieser Zug erklärt sich greifbarerweise nicht, aus
einer etwaigen Konkurrenz der Geschlechter, denn sonst
müßten ja in den Phantasien der Knaben vielmehr Mädchen
geschlagen werden; er hat auch nichts mit dem Geschlecht
des gehaßten Kindes der ersten Phase zu tun, sondern er
weist auf einen komplizierenden Vorgang bei den Mädchen
hin. Wenn sie sich von der genital gemeinten inzestuösen
Liebe zum Vater abwenden, brechen sie überhaupt leicht
mit ihrer weiblichen Rolle, beleben ihren „Männlichkeitskomplex" (v. Ophuijsen) und wollen von da an nur Buben
sein. Daher sind auch ihre Prügelknaben, die sie vertreten,
Buben. In beiden Fällen von Tagträumen — der eine erhob
sich beinahe zum Niveau einer Dichtung — waren die Helden
immer nur junge Männer, ja Frauen kamen in diesen Schöpfungen überhaupt nicht vor und fanden erst nach vielen Jahren
in Nebenrollen Aufnahme.

V.

Ich hoffe, ich habe meine analytischen Erfahrungen detailliert genug vorgetragen und bitte nur noch in Betracht zu ziehen, daß die oft erwähnten sechs Fälle nicht mein Material erschöpfen, sondern daß ich auch wie andere Analytiker über eine weit größere Anzahl von minder gut untersuchten Fällen verfüge. Diese Beobachtungen können nach mehreren Richtungen verwertet werden, zur Aufklärung über die Genese der Perversionen überhaupt, im besonderen des Masochismus, und zur Würdigung der Rolle, welche der Geschlechtsunterschied in der Dynamik der Neurose spielt.

Das augenfälligste Ergebnis einer solchen Diskussion betrifft die Entstehung der Perversionen. An der Auffassung, die bei ihnen die konstitutionelle Verstärkung oder Voreiligkeit einer Sexualkomponente in den Vordergrund rückt, wird zwar nicht gerüttelt, aber damit ist nicht alles gesagt. Die Perversion steht nicht mehr isoliert im Sexualleben des Kindes, sondern sie wird in den Zusammenhang der uns bekannten typischen — um nicht zu sagen: normalen — Entwicklungsvorgänge aufgenommen. Sie wird in Beziehung zur inzestuösen Objektliebe des Kindes, zum Ödipuskomplex desselben, gebracht, tritt auf dem Boden dieses Komplexes zuerst hervor, und nachdem er zusammengebrochen ist, bleibt sie, oft allein, von ihm übrig, als Erbe seiner libidinösen Ladung und belastet mit dem an ihm haftenden Schuldbewußtsein. Die abnorme Sexualkonstitution hat schließlich ihre Stärke darin gezeigt, daß sie den Ödipuskomplex in eine besondere Richtung gedrängt und ihn zu einer ungewöhnlichen Resterscheinung gezwungen hat.

Die kindliche Perversion kann, wie bekannt, das Fundament für die Ausbildung einer gleichsinnigen, durchs Leben bestehenden Perversion werden, die das ganze Sexualleben des Menschen aufzehrt, oder sie kann abgebrochen werden und im Hintergrunde einer normalen Sexualentwicklung erhalten bleiben, der sie dann doch immer einen gewissen Energiebetrag entzieht. Der erstere Fall ist der bereits in voranalytischen Zeiten erkannte, aber die Kluft zwischen beiden wird durch die analytische Untersuchung solcher ausgewachsener Perversionen nahezu ausgefüllt. Man findet nämlich häufig genug bei diesen Perversen, daß auch sie, gewöhnlich in der Pubertätszeit, einen Ansatz zur normalen Sexualtätigkeit gebildet haben. Aber der war nicht kräftig genug, wurde vor den ersten, nie ausbleibenden Hindernissen aufgegeben, und dann griff die Person endgültig auf die infantile Fixierung zurück.

Es wäre natürlich wichtig zu wissen, ob man die Entstehung der infantilen Perversionen aus dem Ödipuskomplex ganz allgemein behaupten darf. Das kann ja ohne weitere Untersuchungen nicht entschieden werden, aber unmöglich erschien es nicht. Wenn wir der Anamnesen gedenken, die von den Perversionen Erwachsener gewonnen wurden, so merken wir doch, daß der maßgebende Eindruck, das „erste Erlebnis", all dieser Perversen, Fetischisten u. dgl. fast niemals in Zeiten früher als das sechste Jahr verlegt wird. Um diese Zeit ist die Herrschaft des Ödipuskomplexes aber bereits abgelaufen; das erinnerte, in so rätselhafter Weise wirksame Erlebnis könnte sehr wohl die Erbschaft desselben vertreten haben. Die Beziehungen zwischen ihm und dem nun verdrängten Komplex müssen dunkle bleiben, solange nicht die Analyse in die Zeit hinter dem ersten „pathogenen" Eindruck Licht getragen hat. Man erwäge nun, wie wenig Wert

z. B. die Behauptung einer angeborenen Homosexualität hat,
die sich auf die Mitteilung stützt, die betreffende Person
habe schon vom achten oder vom sechsten Jahre an nur
Zuneigung zum gleichen Geschlecht verspürt.

Wenn aber die Ableitung der Perversionen aus dem
Ödipuskomplex allgemein durchführbar ist, dann hat unsere
Würdigung desselben eine neue Bekräftigung erfahren. Wir
meinen ja, der Ödipuskomplex sei der eigentliche Kern der
Neurose, die infantile Sexualität, die in ihm gipfelt, die wirkliche Bedingung der Neurose, und was von ihm im Unbewußten erübrigt, stelle die Disposition zur späteren neurotischen Erkrankung des Erwachsenen dar. Die Schlagephantasie und andere analoge perverse Fixierungen wären
dann auch nur Niederschläge des Ödipuskomplexes, gleichsam
Narben nach dem abgelaufenen Prozeß, gerade so wie die
berüchtigte „Minderwertigkeit" einer solchen narzißtischen
Narbe entspricht. Ich muß in dieser Auffassung M a r c i-
n o w s k i, der sie kürzlich in glücklicher Weise vertreten
hat (Die erotischen Quellen der Minderwertigkeitsgefühle,
Zeitschrift für Sexualwissenschaft, IV, 1918), uneingeschränkt
beistimmen. Dieser Kleinheitswahn der Neurotiker ist bekanntlich auch nur ein partieller und mit der Existenz von
Selbstüberschätzung aus anderen Quellen vollkommen ver-
träglich. Über die Herkunft des Ödipuskomplexes selbst und
über das dem Menschen wahrscheinlich allein unter allen
Tieren zugemessene Schicksal, das Sexualleben zweimal beginnen zu müssen, zuerst wie alle anderen Geschöpfe von
früher Kindheit an und dann nach langer Unterbrechung in
der Pubertätszeit von neuem, über all das, was mit seinem
„archaischen Erbe" zusammenhängt, habe ich mich an anderer
Stelle geäußert, und darauf gedenke ich hier nicht einzugehen.

Zur Genese des Masochismus liefert die Diskussion unserer Schlagephantasien nur spärliche Beiträge. Es scheint sich zunächst zu bestätigen, daß der Masochismus keine primäre Triebäußerung ist, sondern aus einer Rückwendung des Sadismus gegen die eigene Person, also durch Regression vom Objekt aufs Ich entsteht. (Vgl. „Triebe und Triebschieksale" in Sammlung kleiner Schriften, IV. Folge, 1918.) Triebe mit passivem Ziele sind, zumal beim Weibe, von Anfang zuzugeben, aber die Passivität ist noch nicht das Ganze des Masochismus; es gehört noch der Unlustcharakter dazu, der bei einer Trieberfüllung so befremdlich ist. Die Umwandlung des Sadismus in Masochismus scheint durch den Einfluß des am Verdrängungsakt beteiligten Schuldbewußtseins zu geschehen. Die Verdrängung äußert sich also hier in dreierlei Wirkungen; sie macht die Erfolge der Genitalorganisation unbewußt, nötigt diese selbst zur Regression auf die frühere sadistisch-anale Stufe und verwandelt deren Sadismus in den passiven, in gewissem Sinne wiederum narzißtischen Masochismus. Der mittlere dieser drei Erfolge wird durch die in diesen Fällen anzunehmende Schwäche der Genitalorganisation ermöglicht; der dritte wird notwendig, weil das Schuldbewußtsein am Sadismus ähnlichen Anstoß nimmt wie an der genital gefaßten inzestuösen Objektwahl. Woher das Schuldbewußtsein selbst stammt, sagen wiederum die Analysen nicht. Es scheint von der neuen Phase, in die das Kind eintritt, mitgebracht zu werden, und wenn es von da an verbleibt, einer ähnlichen Narbenbildung, wie es das Minderwertigkeitsgefühl ist, zu entsprechen. Nach unserer bisher noch unsicheren Orientierung in der Struktur des Ichs, würden wir es jener Instanz zuteilen, die sich als kritisches Gewissen dem übrigen Ich entgegenstellt, im Traum das Silberersche funktionale

Phänomen erzeugt und sich im Beachtungswahn vom Ich
ablöst.

Im Vorbeigehen wollen wir auch zur Kenntnis nehmen,
daß die Analyse der hier behandelten kindlichen Perversion
auch ein altes Rätsel lösen hilft, welches allerdings die außerhalb der Analyse Stehenden immer mehr gequält hat als
die Analytiker selbst. Aber noch kürzlich hat selbst E. Bleu-
ler als merkwürdig und unerklärlich anerkannt, daß von den
Neurotikern die Onanie zum Mittelpunkt ihres Schuldbewußtseins gemacht werde. Wir haben von jeher angenommen, daß
dies Schuldbewußtsein die frühkindliche und nicht die
Pubertätsonanie meine, und daß es zum größten Teil nicht
auf den onanistischen Akt, sondern auf die ihm zu Grunde
liegende, wenn auch unbewußte Phantasie — aus dem Ödipuskomplex also — zu beziehen sei.

Ich habe bereits ausgeführt, welche Bedeutung die dritte,
scheinbar sadistische Phase der Schlagephantasie als Träger
der zur Onanie drängenden Erregung gewinnen, und zu welcher teils gleichsinnig fortsetzender, teils kompensatorisch
aufhebender Phantasietätigkeit sie anzuregen pflegt. Doch ist
die zweite, unbewußte und masochistische Phase, die Phantasie, selbst vom Vater geschlagen zu werden, die ungleich
wichtigere. Nicht nur, daß sie ja durch Vermittlung der sie
ersetzenden fortwirkt; es sind auch Wirkungen auf den Charakter nachzuweisen, welche sich unmittelbar von ihrer unbewußten Fassung ableiten. Menschen, die eine solche Phantasie bei sich tragen, entwickeln eine besondere Empfindlichkeit und Reizbarkeit gegen Personen, die sie in die Vaterreihe einfügen können; sie lassen sich leicht von ihnen kränken und bringen so die Verwirklichung der phantasierten
Situation, daß sie vom Vater geschlagen werden, zu ihrem

Leid und Schaden zu stande. Ich würde nicht verwundert sein, wenn es einmal gelänge, dieselbe Phantasie als Grundlage des paranoischen Querulantenwahns nachzuweisen.

VI.

Die Beschreibung der infantilen Schlagephantasien wäre völlig unübersichtlich geraten, wenn ich sie nicht, von wenigen Beziehungen abgesehen, auf die Verhältnisse bei weiblichen Personen eingeschränkt hätte. Ich wiederhole kurz die Ergebnisse: Die Schlagephantasie der kleinen Mädchen macht drei Phasen durch, von denen die erste und letzte als bewußt erinnert werden, die mittlere unbewußt bleibt. Die beiden bewußten scheinen sadistisch, die mittlere, unbewußte, ist unzweifelhaft masochistischer Natur; ihr Inhalt ist, vom Vater geschlagen zu werden, an ihr hängt die libidinöse Ladung und das Schuldbewußtsein. Das geschlagene Kind ist in den beiden ersteren Phantasien stets ein anderes, in der mittleren Phase nur die eigene Person, in der dritten, bewußten, Phase sind es weit überwiegend nur Knaben, die geschlagen werden. Die schlagende Person ist von Anfang an der Vater, später ein Stellvertreter aus der Vaterreihe. Die unbewußte Phantasie der mittleren Phase hatte ursprünglich genitale Bedeutung, ist durch Verdrängung und Regression aus dem inzestuösen Wunsch, vom Vater geliebt zu werden, hervorgegangen. In anscheinend lockerem Zusammenhange schließt sich an, daß die Mädchen zwischen der zweiten und dritten Phase ihr Geschlecht wechseln, indem sie sich zu Knaben phantasieren.

In der Kenntnis der Schlagephantasien der Knaben bin ich, vielleicht nur durch die Ungunst des Materials, weniger weit gekommen. Ich habe begreiflicherweise volle Analogie

der Verhältnisse bei Knaben und Mädchen erwartet, wobei
an die Stelle des Vaters in der Phantasie die Mutter hätte
treten müssen. Die Erwartung schien sich auch zu bestätigen,
denn die für entsprechend gehaltene Phantasie des Knaben
hatte zum Inhalt, von der Mutter (später von einer Ersatz-
person) geschlagen zu werden. Allein diese Phantasie, in welcher die eigene Person als Objekt festgehalten war, unterschied sich von der zweiten Phase bei Mädchen dadurch,
daß sie bewußt werden konnte. Wollte man sie aber darum
eher der dritten Phase beim Mädchen gleichstellen, so blieb
als neuer Unterschied, daß die eigene Person des Knaben,
nicht durch viele, unbestimmte, fremde, am wenigsten durch
viele Mädchen ersetzt war. Die Erwartung eines vollen Parallelismus hatte sich also getäuscht.

Mein männliches Material umfaßte nur wenige Fälle mit
infantiler Schlagephantasie ohne sonstige grobe Schädigung
der Sexualtätigkeit, dagegen eine größere Anzahl von Personen, die als richtige Masochisten im Sinne der sexuellen
Perversion bezeichnet werden mußten. Es waren entweder
solche, die ihre Sexualbefriedigung ausschließlich in Onanie
bei masochistischen Phantasien fanden, oder denen es gelungen war, Masochismus und Genitalbetätigung so zu ver-
koppeln, daß sie bei masochistischen Veranstaltungen und
unter ebensolchen Bedingungen Erektion und Ejakulation erzielten oder zur Ausführung eines normalen Koitus befähigt
wurden. Dazu kam der seltenere Fall, daß ein Masochist in
seinem perversen Tun durch unerträglich stark auftretende
Zwangsvorstellungen gestört wurde. Befriedigte Perverse haben
nun selten Grund, die Analyse aufzusuchen; für die drei an-
geführten Gruppen von Masochisten können sich aber starke
Motive ergeben, die sie zum Analytiker führen. Der maso-

chistische Onanist findet sich absolut impotent, wenn er endlich doch den Koitus mit dem Weibe versucht, und wer bisher mit Hilfe einer masochistischen Vorstellung oder Veranstaltung den Koitus zu stande gebracht hat, kann plötzlich die Entdeckung machen, daß dies ihm bequeme Bündnis versagt hat, indem das Genitale auf den masochistischen Anreiz nicht mehr reagiert. Wir sind gewohnt, den psychisch Impotenten, die sich in unsere Behandlung begeben, zuversichtlich Herstellung zu versprechen, aber wir sollten auch in dieser Prognose zurückhaltender sein, solange uns die Dynamik der Störung unbekannt ist. Es ist eine böse Überraschung, wenn uns die Analyse als Ursache der „bloß psychischen" Impotenz eine exquisite, vielleicht längst eingewurzelte, masochistische Einstellung enthüllt.

Bei diesen masochistischen Männern macht man nun eine Entdeckung, welche uns mahnt, die Analogie mit den Verhältnissen beim Weibe vorerst nicht weiter zu verfolgen, sondern den Sachverhalt selbständig zu beurteilen. Es stellt sich nämlich heraus, daß sie in den masochistischen Phantasien wie bei den Veranstaltungen zur Realisierung derselben sich regelmäßig in die Rolle von Weibern versetzen, daß also ihr Masochismus mit einer femininen Einstellung zusammenfällt. Dies ist aus den Einzelheiten der Phantasien leicht nachzuweisen; viele Patienten wissen es aber auch und äußern es als eine subjektive Gewißheit. Daran wird nichts geändert, wenn der spielerische Aufputz der masochistischen Szene an der Fiktion eines unartigen Knaben, Pagen oder Lehrlings, der gestraft werden soll, festhält. Die züchtigenden Personen sind aber in den Phantasien wie in den Veranstaltungen jedesmal Frauen. Das ist verwirrend genug; man möchte auch wissen, ob schon der Masochismus der infantilen Schlagephantasie auf solcher femininen Einstellung beruht.

Lassen wir darum die schwer aufzuklärenden Verhältnisse des Masochismus der Erwachsenen beiseite und wenden uns zu den infantilen Schlagephantasien beim männlichen Geschlecht. Hier gestattet uns die Analyse der frühesten Kinderzeit wiederum, einen überraschenden Fund zu machen: Die bewußte oder bewußtseinsfähige Phantasie des Inhalts, von der Mutter geschlagen zu werden, ist nicht primär. Sie hat ein Vorstadium, das regelmäßig unbewußt ist und das den Inhalt hat: Ich werde vom Vater geschlagen. Dieses Vorstadium entspricht also wirklich der zweiten Phase der Phantasie beim Mädchen. Die bekannte und bewußte Phantasie: Ich werde von der Mutter geschlagen, steht an der Stelle der dritten Phase beim Mädchen, in der, wie erwähnt, unbekannte Knaben die geschlagenen Objekte sind. Ein der ersten Phase beim Mädchen vergleichbares Vorstadium sadistischer Natur konnte ich beim Knaben nicht nachweisen, aber ich will hier keine endgültige Ablehnung aussprechen, denn ich sehe die Möglichkeit komplizierterer Typen wohl ein.

Das Geschlagenwerden der männlichen Phantasie, wie ich sie kurz und hoffentlich nicht mißverständlich nennen werde, ist gleichfalls ein durch Regression erniedrigtes Geliebtwerden im genitalen Sinne. Die unbewußte männliche Phantasie hat also ursprünglich nicht gelautet: Ich werde vom Vater geschlagen, wie wir es vorhin vorläufig hinstellten, sondern vielmehr: Ich werde vom Vater geliebt. Sie ist durch die bekannten Prozesse umgewandelt worden in die bewußte Phantasie: Ich werde von der Mutter geschlagen. Die Schlagephantasie des Knaben ist also von Anfang an eine, passive, wirklich aus der femininen Einstellung zum Vater hervorgegangen. Sie entspricht auch ebenso wie die weibliehe (die des Mädehens) dem Ödipuskomplex, nur ist der von uns erwartete Parallelismus zwischen beiden gegen eine Gemeinsamkeit anderer Art aufzugeben: In beiden Fällen leitet sich die Schlagephantasie von der inzestuösen Bindung an den Vater ab.

Es wird der Übersichtlichkeit dienen, wenn ich hier die anderen Übereinstimmungen und Verschiedenheiten zwischen den Schlagephantasien der beiden Geschlechter anfüge. Beim Mädchen geht die unbewußte masochistische Phantasie von der normalen Ödipuseinstellung aus; beim Knaben von der verkehrten, die den Vater zum Liebesobjekt nimmt. Beim Mädehen hat die Phantasie eine Vorstufe (die erste Phase), in welcher das Sehlagen in seiner indifferenten Bedeutung auftritt und eine eifersüchtig gehaßte Person betrifft; beides entfällt beim Knaben, doch könnte gerade diese Differenz durch glüeklichere Beobachtung beseitigt werden. Beim Übergang zur ersetzenden bewußten Phantasie hält das Mädehen die Person des Vaters und somit das Geschleeht der sehlagenden Person fest; es ändert aber die geschlagene Person und ihr Geschleeht, so daß am Ende ein Mann männliehe Kinder schlägt; der Knabe ändert im Gegenteil Person und Geschlecht des Sehlagenden, indem er Vater dureh Mutter ersetzt, und behält seine Person bei, so daß am Ende der Schlagende und die geschlagene Person verschiedenen Gesehlechts sind. Beim Mädehen wird die ursprünglich masochistische (passive) Situation durch die Verdrängung in eine sadistische umgewandelt, deren sexueller Charakter sehr verwiseht ist, beim Knaben bleibt sie masochistisch und bewahrt infolge der Geschlechtsdifferenz zwischen schlagender

und geschlagener Person mehr Ähnlichkeit mit der ursprünglichen, genital gemeinten Phantasie. Der Knabe entzieht sich
durch die Verdrängung und Umarbeitung der unbewußten
Phantasie seiner Homosexualität; das Merkwürdige an seiner
späteren bewußten Phantasie ist, daß sie feminine Einstellung
ohne homosexuelle Objektwahl zum Inhalt hat. Das Mädchen
dagegen entläuft bei dem gleichen Vorgang dem Anspruch
des Liebeslebens überhaupt, phantasiert sich zum Manne,
ohne selbst männlich aktiv zu werden, und wohnt dem
Akt, welcher einen sexuellen ersetzt, nur mehr als Zuschauer bei.

Wir sind berechtigt anzunehmen, daß durch die Verdrängung der ursprünglichen unbewußten Phantasie nicht
allzuviel geändert wird. Alles fürs Bewußtsein Verdrängte
und Ersetzte bleibt im Unbewußten erhalten und wirkungs-
fähig. Anders ist es mit dem Effekt der Regression auf eine
frühere Stufe der Sexualorganisation. Von dieser dürfen wir
glauben, daß sie auch die Verhältnisse im Unbewußten ändert, so daß nach der Verdrängung im Unbewußten bei beiden Geschlechtern zwar nicht die (passive) Phantasie, vom
Vater geliebt zu werden, aber doch die masochistische, von
ihm geschlagen zu werden, bestehen bleibt. Es fehlt auch
nicht an Anzeichen dafür, daß die Verdrängung ihre Absicht
nur sehr unvollkommen erreicht hat. Der Knabe, der ja der
homosexuellen Objektwahl entfliehen wollte und sein Geschlecht nicht gewandelt hat, fühlt sich doch in seinen bewußten Phantasien als Weib und stattet die schlagenden
Frauen mit männlichen Attributen und Eigenschaften aus.
Das Mädchen, das selbst sein Geschlecht aufgegeben und im
ganzen gründlichere Verdrängungsarbeit geleistet hat, wird
doch den Vater nicht los, getraut sich nicht, selbst zu schla-

gen, und weil es selbst zum Buben geworden ist, läßt es hauptsächlich Buben geschlagen werden.

Ich weiß, daß die hier beschriebenen Unterschiede im Verhalten der Schlagephantasie bei beiden Geschlechtern nicht genügend aufgeklärt sind, unterlasse aber den Versuch, diese Komplikationen durch Verfolgung ihrer Abhängigkeit von anderen Momenten zu entwirren, weil ich selbst das Material der Beobachtung nicht für erschöpfend halte. Soweit es aber vorliegt, möchte ich es zur Prüfung zweier Theorien benützen, die, einander entgegengesetzt, beide die Beziehung der Verdrängung zum Geschlechtscharakter behandeln und dieselbe, jede in ihrem Sinne, als eine sehr innige darstellen. Ich schicke voraus, daß ich beide immer für unzutreffend und irreführend gehalten habe.

Die erste dieser Theorien ist anonym; sie wurde mir vor vielen Jahren von einem damals befreundeten Kollegen vorgetragen. Ihre großzügige Einfachheit wirkt so bestechend, daß man sich nur verwundert fragen muß, warum sie sich seither in der Literatur nur durch vereinzelte Andeutungen vertreten findet. Sie lehnt sich an die bisexuelle Konstitution der menschlichen Individuen und behauptet, bei jedem einzelnen sei der Kampf der Geschlechtscharaktere das Motiv der Verdrängung. Das stärker ausgebildete, in der Person vorherrschende Geschlecht habe die seelische Vertretung des unterlegenen Geschlechts ins Unbewußte verdrängt. Der Kern des Unbewußten, das Verdrängte, sei also bei jedem Menschen das in ihm vorhandene Gegengeschlechtliche. Das kann einen greifbaren Sinn wohl nur dann geben, wenn wir das Geschlecht eines Menschen durch die Ausbildung seiner Genitalien bestimmt sein lassen, sonst wird ja das stärkere Geschlecht eines Menschen unsicher, und wir laufen Gefahr, das, was

uns als Anhaltspunkt bei der Untersuchung dienen soll, selbst
wieder aus deren Ergebnis abzuleiten. Kurz zusammengefaßt:
Beim Manne ist das unbewußte Verdrängte auf weibliche
Triebregungen zurückzuführen; umgekehrt so beim Weibe.

Die zweite Theorie ist neuerer Herkunft; sie stimmt mit
der ersten darin überein, daß sie wiederum den Kampf der
beiden Geschlechter als entscheidend für die Verdrängung hin-
stellt. Im übrigen muß sie mit der ersteren in Gegensatz geraten; sie beruft sich auch nicht auf biologische, sondern
auf soziologische Stützen. Diese von Alf. Adler ausge-
sprochene Theorie des „männlichen Protestes" hat zum Inhalt, daß jedes Individuum sich sträubt, auf der minder-
wertigen „weiblichen Linie" zu verbleiben und zur allein be-
friedigenden männlichen Linie hindrängt. Aus diesem männlichen Protest erklärt Adler ganz allgemein die Charakter-
wie die Neurosenbildung. Leider sind die beiden, doch gewiß auseinander zu haltenden Vorgänge bei Adler so wenig
scharf geschieden und wird die Tatsache der Verdrängung
überhaupt so wenig gewürdigt, daß man sich der Gefahr
eines Mißverständnisses aussetzt, wenn man die Lehre vom
männlichen Protest auf die Verdrängung anzuwenden versucht. Ich meine, dieser Versuch müßte ergeben, daß der
männliche Protest, das Abrückenwollen von der weiblichen
Linie, in allen Fällen das Motiv der Verdrängung ist. Das
Verdrängende wäre also stets eine männliche, das Verdrängte
eine weibliche Triebregung. Aber auch das Symptom wäre Ergebnis einer weiblichen Regung, denn wir können den Charakter des Symptoms, daß es ein Ersatz des Verdrängten sei,
der sich der Verdrängung zum Trotze durchgesetzt hat, nicht
aufgeben.

Erproben wir nun die beiden Theorien, denen sozusagen

die Sexualisierung des Verdrängungsvorganges gemeinsam ist,
an dem Beispiel der hier studierten Schlagephantasie. Die
ursprüngliche Phantasie: Ich werde vom Vater geschlagen,
entspricht beim Knaben einer femininen Einstellung, ist also
eine Äußerung seiner gegengeschlechtlichen Anlage. Wenn sie
der Verdrängung unterliegt, so scheint die erstere Theorie
Recht behalten zu sollen, die ja die Regel aufgestellt hat,
das Gegengeschlechtliche deckt sich mit dem Verdrängten.
Es entspricht freilich unseren Erwartungen wenig, wenn das,
was sich nach erfolgter Verdrängung herausstellt, die bewußte Phantasie, doch wiederum die feminine Einstellung,
nur diesmal zur Mutter, aufweist. Aber wir wollen nicht
auf Zweifel eingehen, wo die Entscheidung so nahe bevorsteht. Die ursprüngliche Phantasie der Mädchen: Ich werde
vom Vater geschlagen (das heißt: geliebt), entspricht doch
gewiß als feminine Einstellung dem bei ihnen vorherrschen-
den, manifesten Geschlecht, sie sollte also der Theorie zu-
folge der Verdrängung entgehen, brauchte nicht unbewußt
zu werden. In Wirklichkeit wird sie es doch und erfährt eine
Ersetzung durch eine bewußte Phantasie, welche den manifesten Geschlechtscharakter verleugnet. Diese Theorie ist also
für das Verständnis der Schlagephantasien unbrauchbar und
durch sie widerlegt. Man könnte einwenden, es seien eben
weibische Knaben und männische Mädchen, bei denen diese
Schlagephantasien vorkommen und diese Schicksale erfahren,
oder es sei ein Zug von Weiblichkeit beim Knaben und von
Männlichkeit beim Mädchen dafür verantwortlich zu machen;
beim Knaben für die Entstehung der passiven Phantasie, beim
Mädchen für deren Verdrängung. Wir würden dieser Auffassung wahrscheinlich zustimmen, aber die behauptete Beziehung zwischen manifestem Geschlechtscharakter und Aus-

wahl des zur Verdrängung Bestimmten wären darum nicht minder unhaltbar. Wir sehen im Grunde nur, daß bei männlichen und weiblichen Individuen sowohl männliche wie weibliche Triebregungen vorkommen und ebenso durch Verdrängung unbewußt werden können.

Sehr viel besser scheint sich die Theorie des männlichen Protestes gegen die Probe an den Schlagephantasien zu behaupten. Beim Knaben wie beim Mädchen entspricht die Schlagephantasie einer femininen Einstellung, also einem Verweilen auf der weiblichen Linie, und beide Geschlechter beeilen sich durch Verdrängung der Phantasie von dieser Einstellung loszukommen. Allerdings scheint der männliche Protest nur beim Mädchen vollen Erfolg zu erzielen, hier stellt sich ein geradezu ideales Beispiel für das Wirken des männlichen Protestes her. Beim Knaben ist der Erfolg nicht voll befriedigend, die weibliche Linie wird nicht aufgegeben, der Knabe ist in seiner bewußten masochistischen Phantasie gewiß nicht „oben". Es entspricht also der aus der Theorie abgeleiteten Erwartung, wenn wir in dieser Phantasie ein Symptom erkennen, das durch Mißglücken des männlichen Protestes entstanden ist. Es stört uns freilich, daß die aus der Verdrängung hervorgegangene Phantasie des Mädchens ebenfalls Wert und Bedeutung eines Symptoms hat. Hier, wo der männliche Protest seine Absicht voll durchgesetzt hat, müßte doch die Bedingung für die Symptombildung entfallen sein.

Ehe wir noch aus dieser Schwierigkeit die Vermutung schöpfen, daß die ganze Betrachtungsweise des männlichen Protestes den Problemen der Neurosen und Perversionen unangemessen und in ihrer Anwendung auf sie unfruchtbar sei, werden wir unseren Blick von den passiven Schlagephantasien

weg zu anderen Triebäußerungen des kindlichen Sexuallebens
richten, die gleichfalls der Verdrängung unterliegen. Es kann
doch niemand daran zweifeln, daß es auch Wünsche und
Phantasien gibt, die von vorn herein die männliche Linie
einhalten und Ausdruck männlicher Triebregungen sind, z. B.
sadistische Impulse oder die aus dem normalen Ödipuskomplex
hervorgehenden Gelüste des Knaben gegen seine Mutter. Es
ist ebensowenig zweifelhaft, daß auch diese von der Verdrängung befallen werden; wenn der männliche Protest die Verdrängung der passiven, später masochistischen Phantasien
gut erklärt haben sollte, so wird er eben dadurch für den
entgegengesetzten Fall der aktiven Phantasien völlig unbrauchbar. Das heißt: die Lehre vom männlichen Protest
ist mit der Tatsache der Verdrängung überhaupt unvereinbar.
Nur wer bereit ist, alle psychologischen Erwerbungen von
sich zu werfen, die seit der ersten kathartischen Kur
Breuers und durch sie gemacht worden sind, kann erwarten, daß dem Prinzip des männlichen Protestes in der
Aufklärung der Neurosen und Perversionen eine Bedeutung
zukommen wird.

Die auf Beobachtung gestützte psychoanalytische Theorie
hält fest daran, daß die Motive der Verdrängung nicht sexualisiert werden dürfen. Den Kern des seelisch Unbewußten
bildet die archaische Erbschaft des Menschen, und dem Ver-
drängungsprozeß verfällt, was immer davon beim Fortschritt
zu späteren Entwicklungsphasen als unbrauchbar, als mit dem
Neuen unvereinbar und ihm schädlich zurückgelassen werden
soll. Diese Auswahl gelingt bei einer Gruppe von Trieben
besser als bei der anderen. Letztere, die Sexualtriebe, vermögen es, kraft besonderer Verhältnisse, die schon oftmals
aufgezeigt worden sind, die Absicht der Verdrängung zu ver-

eiteln und sich die Vertretung durch störende Ersatzbildungen
zu erzwingen. Daher ist.die der Verdrängung unterliegende
infantile Sexualität die Haupttriebkraft der Symptombildung,
und das wesentliche Stück ihres Inhalts, der Ödipuskomplex,
der Kernkomplex der Neurose. Ich hoffe, in dieser Mitteilung
die Erwartung rege gemacht zu haben, daß auch die sexuellen
Abirrungen des, kindlichen wie des reifen Alters von dem
nämlichen Komplex abzweigen.

VI.

DAS UNHEIMLICHE.*)

I.

Der Psychoanalytiker verspürt nur selten den Antrieb zu
ästhetischen Untersuchungen, auch dann nicht, wenn man die
Ästhetik nicht auf die Lehre vom Schönen einengt, sondern sie
als Lehre von den Qualitäten unseres Fühlens beschreibt. Er
arbeitet in anderen Schichten des Seelenlebens und hat mit den
zielgehemmten, gedämpften, von so vielen begleitenden Kon-
stellationen abhängigen Gefühlsregungen, die zumeist der Stoff
der Ästhetik sind, wenig zu tun. Hie und da trifft es sich doch,
daß er sich für ein bestimmtes Gebiet der Äthetik interessieren
muß, und dann ist dies gewöhnlich ein abseits liegendes, von
der ästhetischen Fachliteratur vernachlässigtes.

Ein solches ist das „Unheimliche". Kein Zweifel, daß es
zum Schreckhaften, Angst- und Grauenerregenden gehört, und
ebenso sicher ist es, daß dies Wort nicht immer in einem scharf
zu bestimmenden Sinne gebraucht wird, so daß es eben meist
mit dem Angsterregenden überhaupt zusammenfällt. Aber man
darf doch erwarten, daß ein besonderer Kern vorhanden ist, der
die Verwendung eines besonderen Begriffswortes rechtfertigt.
Man möchte wissen, was dieser gemeinsame Kern ist, der etwa
gestattet, innerhalb des Ängstlichen ein „Unheimliches" zu
unterscheiden.

Darüber findet man nun so viel wie nichts in den aus-

*) Imago, V, 1919.

führlichen Darstellungen der Ästhetik, die sich überhaupt lieber
mit den schönen, großartigen, anziehenden, also mit den positiven Gefühlsarten, ihren Bedingungen und den Gegenständen,
die sie hervorrufen, als mit den gegensätzlichen, abstoßenden,
peinlichen beschäftigen. Von seiten der ärztlich-psychologi-
schen Literatur kenne ich nur die eine, inhaltsreiche aber nicht
erschöpfende, Abhandlung von E. Jentsch (Zur Psychologie
des Unheimlichen, Psychiatr.-neurolog. Wochenschrift 1906,
Nr. 22 u. 23). Allerdings muß ich gestehen, daß aus leicht
zu erratenden, in der Zeit liegenden Gründen die Literatur zu
diesem kleinen Beitrag, insbesondere die fremdsprachige, nicht
gründlich herausgesucht wurde, weshalb er denn auch ohne
jeden Anspruch auf Priorität vor den Leser tritt.

Als Schwierigkeit beim Studium des Unheimlichen betont
Jentsch mit vollem Recht, daß die Empfindlichkeit für diese
Gefühlsqualität bei verschiedenen Menschen so sehr verschie-
den angetroffen wird. Ja, der Autor dieser neuen Unterneh-
mung muß sich einer besonderen Stumpfheit in dieser Sache
anklagen, wo große Feinfühligkeit eher am Platze wäre. Er
hat schon lange nichts erlebt oder kennen gelernt, was ihm
den Eindruck des Unheimlichen gemacht hätte, muß sich erst
in das Gefühl hineinversetzen, die Möglichkeit desselben in
sich wachrufen. Indes sind Schwierigkeiten dieser Art auch
auf vielen anderen Gebieten der Ästhetik mächtig; man
braucht darum die Erwartung nicht aufzugeben, daß sich die
Fälle werden herausheben lassen, in denen der fragliche Charakter von den meisten widerspruchslos anerkannt wird.

Man kann nun zwei Wege einschlagen: nachsuchen, welche
Bedeutung die Sprachentwicklung in dem Worte „unheimlich"
niedergelegt hat, oder zusammentragen, was an Personen und
Dingen, Sinneseindrücken, Erlebnissen und Situationen das Ge-

fühl des Unheimlichen in uns wachruft, und den verhüllten Charakter des Unheimlichen aus einem allen Fällen Gemeinsamen erschließen. Ich will gleich verraten, daß beide Wege zum nämlichen Ergebnis führen, das Unheimliche sei jene Art des Schreckhaften, welche auf das Altbekannte, Längst-vertraute zurückgeht. Wie das möglich ist, unter welchen Bedingungen das Vertraute unheimlich, schreckhaft werden kann, das wird aus dem Weiteren ersichtlich werden. Ich bemerke noch, daß diese Untersuchung in Wirklichkeit den Weg über eine Sammlung von Einzelfällen genommen und erst später die Bestätigung durch die Aussage des Sprachgebrauches gefunden hat. In dieser Darstellung werde ich aber den umgekehrten Weg gehen.

Das deutsche Wort „unheimlich" ist offenbar der Gegensatz zu heimlich, heimisch, vertraut und der Schluß liegt nahe, es sei etwas eben darum schreckhaft, weil es n i c h t bekannt und vertraut ist. Natürlich ist aber nicht alles schreckhaft, was neu und nicht vertraut ist; die Beziehung ist nicht umkehrbar. Man kann nur sagen, was neuartig ist, wird leicht schreckhaft und unheimlich; einiges Neuartige ist schreckhaft, durchaus nicht alles. Zum Neuen und Nichtvertrauten muß erst etwas hinzukommen, was es zum Unheimlichen macht.

J e n t s c h ist im ganzen bei dieser Beziehung des Unheimlichen zum Neuartigen, Nichtvertrauten, stehen geblieben. Er findet die wesentliche Bedingung für das Zustandekommen des unheimlichen Gefühls in der intellektuellen Unsicherheit. Das Unheimliche wäre eigentlich immer etwas, worin man sich sozusagen nicht auskennt. Je besser ein Mensch in der Umwelt orientiert ist, desto weniger leicht wird er von den Dingen oder Vorfällen in ihr den Eindruck der Unheimlichkeit empfangen. Wir haben es leicht zu urteilen, daß diese Kennzeichnung

nicht erschöpfend ist, und versuchen darum, über die Glei-
chung unheimlich = nicht vertraut hinauszugehen. Wir wenden uns zunächst an andere Sprachen. Aber die Wörterbücher,
in denen wir nachschlagen, sagen uns nichts Neues, vielleicht
nur darum nicht, weil wir selbst Fremdsprachige sind. Ja, wir
gewinnen den Eindruck, daß vielen Sprachen ein Wort für
diese besondere Nuance des Schreckhaften abgeht *).

Lateinisch (nach K. E. Georges, Kl. Deutschlatein.
Wörterbuch 1898): ein unheimlicher Ort — locus suspectus;
in unh. Nachtzeit — intempesta nocte.

Griechisch (Wörterbücher von Rost und von
Schenkl): ξένος — also fremd, fremdartig.

Englisch (aus den Wörterbüchern von Lucas, Bellow,
Flügel, Muret-Sanders): uncomfortable, uneasy, gloomy,
dismal, uncanny, ghastly, von einem Hause: haunted, von einem
Menschen: a repulsive fellow.

Französisch (Sachs-Villatte): inquiétant, sinistre,
lugubre, mal à son aise.

Spanisch (Tollhausen 1889): sospechoso, de mal
agüero, lugubre, siniestro.

Das Italienische und Portugiesische scheinen sich mit
Worten zu begnügen, die wir als Umschreibungen bezeichnen
würden. Im Arabischen und Hebräischen fällt unheimlich mit
dämonisch, schaurig zusammen.

Kehren wir darum zur deutschen Sprache zurück.

In Daniel Sanders' Wörterbuch der Deutschen Sprache
1860 finden sich folgende Angaben zum Worte heimlich,
die ich hier ungekürzt abschreiben und aus denen ich die eine

---

*) Für die nachstehenden Auszüge bin ich Herrn Dr. Th. Reik zu
Dank verpflichtet.

und die andere Stelle durch Unterstreichung hervorheben will
(I. Bd., p. 729):

Heimlich, a. (-keit, f. -en): 1. auch Heimelich, heimelig, zum
Hause gehörig, nicht fremd, vertraut, zahm, traut und traulich, anheimelnd etc. *a)* (veralt.) zum Haus, zur Familie gehörig, oder: wie
dazu gehörig betrachtet, vgl. lat. familiaris, vertraut: Die Heimlichen, die Hausgenossen; Der heimliche Rat. 1. Mos. 41, 45; 2. Sam.
23, 23. 1. Chr. 12, 25. Weish. 8, 4., wofür jetzt: Geheimer (s. *d* 1.)
Rat üblich ist, s. Heimlicher — *b)* von Thieren zahm, sich den Menschen traulich anschließend. Ggstz. wild, z. B. Tier, die weder wild
noch heimlich sind etc. Eppendorf. 88; Wilde Thier... so man sie
h. und gewohnsam um die Leute aufzeucht. 92. So diese Thierle
von Jugend bei den Menschen erzogen, werden sie ganz h., freundlich etc. Stumpf 608a etc. — So noch: So h. ist's (das Lamm) und
frißt aus meiner Hand. Hölty; Ein schöner, heimelicher (s. *c*)
Vogel bleibt der Storch immerhin. Linck, Schl. 146. s. Häuslich.
1 etc. — *c)* traut, traulich anheimelnd; das Wohlgefühl stiller Befriedigung etc., behaglicher Ruhe u. sichern Schutzes, wie das um-
schlossne wohnliche Haus erregend (vgl. Geheuer): Ist dir's h. noch
im Lande, wo die Fremden deine Wälder roden? Alexis H. 1, 1, 289;
Es war ihr nicht allzu h. bei ihm. Brentano Wehm. 92; Auf einem
hohen h—en Schattenpfade..., längs dem rieselnden rauschenden
und ·plätschernden Waldbach. Forster B. 1, 417. Die H—keit der
Heimath zerstören. Gervinus Lit. 5, 375. So vertraulich und heimlich habe ich nicht leicht ein Plätzchen gefunden. G. 14, 14; Wir
dachten es uns so bequem, so artig, so gemütlich und h. 15, 9;
In stiller H—keit, umzielt von engen Schranken. Haller: Einer sorg-
lichen Hausfrau, die mit dem Wenigsten eine vergnügliche H—keit
(Häuslichkeit) zu schaffen versteht. Hartmann Unst. 1, 188; Desto
h—er kam ihm jetzt der ihm erst kurz noch so fremde Mann vor.
Kerner 540; Die protestantischen Besitzer fühlen sich... nicht h.
unter ihren katholischen Unterthanen. Kohl. Irl. 1, 172; Wenns h.
wird und leise / die Abendstille nur an deiner Zelle lauscht. Tiedge
2, 39; Still und lieb und h., als sie sich / zum Ruhen einen Platz nur
wünschen möchten. W. 11, 144; Es war ihm garnicht h. dabei 27.
170 etc. — Auch: Der Platz war so still, so einsam, so schatten-h.

Scherr Pilg. 1, 170; Die ab- und zuströmenden Fluthwellen, träu-
mend und wiegenlied-h. Körner, Seh. 3, 320 etc. — Vgl. namentl.
Un-h. — Namentl. bei schwäb., schwzr. Sehriftst. oft dreisilbig:
Wie „heimelich" war es dann Ivo Abends wieder, als er zu Hause
lag. Auerbach, D. 1, 249; In dem Haus ist mir's so heimelig gewesen. 4. 307; Die warme Stube, der heimelige Nachmittag. Gott-
helf, Sch. 127, 148; Das ist das wahre Heimelig, wenn der Mensch
so von Herzen fühlt, wie wenig er ist, wie groß der Herr ist. 147;
Wurde man nach und nach recht gemütlich und heimelig mit einander. U. 1, 297; Die trauliche Heimeligkeit. 380, 2, 86; Heimelicher wird es mir wohl nirgends werden als hier. 327; Pestalozzi
4, 240; . Was von ferne herkommt... lebt gw. nicht ganz heimelig
(heimatlich, freundnachbarlich) mit den Leuten. 325; Die Hütte,
wo / er sonst so heimelig, so froh /... im Kreis der Seinen oft ge-
sessen. Reithard 20; Da klingt das Horn des Wächters so heimelig
vom Thurm / da ladet seine Stimme so gastlich. 49; Es schläft sich
da so lind uud warm / so wunderheim'lig ein. 23 etc. — Diese
Weise verdiente allgemein zu werden, um das gute Wort
vor dem Veralten wegen nahe liegender Verwechslung
mit 2 zu bewahren. vgl.: „Die Zecks sind alle h. (2)" H...?
Was verstehen sie unter h...? — „Nun... es kommt mir
mit ihnen vor, wie mit einem zugegrabenen Brunnen
oder einem ausgetrockneten Teich. Man kann nicht
darüber gehen, ohne daß es Einem immer ist, als könnte
da wieder einmal Wasser zum Vorschein kommen." Wir
nennen das un—h.; Sie nennen's h. Worin finden Sie denn,
daß diese Familie etwas Verstecktes und Unzuverläs-
siges hat? etc. GutzkowR. 2, 61*). — d) (s. c) namentl. schles.:
fröhlich, heiter, auch vom Wetter, s. Adelung und Weinhold.
2. versteckt, verborgen gehalten, so daß man Andre nicht davon oder
darum wissen lassen, es ihnen verbergen will, vgl. Geheim (2), von
welchem erst nhd. Ew. es doch zumal in der älteren Sprache, z. B.
in der Bibel, wie Hiob 11, 6; 15, 8, Weish. 2, 22; 1. Kor. 2, 7 etc.
und so auch H—keit statt Geheimnis. Math. 13, 35 etc. nicht
immer genau geschieden wird: H. (hinter Jemandes Rücken) Etwas

---

*) Sperrdruck (auch im folgenden) vom Referenten.

thun, treiben; Sich h. davon schleichen; H—e Zusammenkünfte, Verabredungen; Mit h—er Schadenfreude zusehen; H. seufzen, weinen; H. thun, als ob man etwas zu verbergen hätte; H—e Liebe, Liebschaft, Sünde; H—e Orte (die der Wohlstand zu verhüllen gebietet). 1. Sam. 5, 6; Das h—e Gemach (Abtritt) 2. Kön. 10, 27; W. 5, 256 etc., auch: Der h—e Stuhl. Zinkgräf 1, 249; In Graben, in H—keiten werfen. 3, 75; Rollenhagen Fr. 83 etc. — Führte, h. vor Laomedon / die Stuten vor. B. 161 b etc. — Ebenso versteckt, h., hinterlistig und boshaft gegen grausame Herren... wie offen, frei, theilnehmend und dienstwillig gegen den leidenden Freund. Burmeister g B 2, 157; Du sollst mein h. Heiligstes noch wissen. Chamisso 4, 56; Die h—e Kunst (der Zauberei). 3, 224; Wo die öffentliche Ventilation aufhören muß, fängt die h—e Machination an. Forster, Br. 2, 135; Freiheit ist die leise Parole h. Verschworener, das laute Feldgeschrei der öffentlich Umwälzenden. G. 4, 222; Ein heilig, h. Wirken. 15; Ich habe Wurzeln / die sind gar h., / im tiefen Boden / bin ich gegründet. 2, 109; Meine h—e Tücke (vgl. Heimtücke). 30, 344; Empfängt er es nicht offenbar und gewissenhaft, so mag er es h. und gewissenlos ergreifen. 39, 22; Ließ h. und geheimnisvoll achromatische Fernröhre zusammensetzen. 375; Von nun an, will ich, sei nichts H—es mehr unter uns. Sch. 369 b. — Jemandes H—keiten entdecken, offenbaren, verrathen; H—keiten hinter meinem Rücken zu brauen. Alexis. H. 2, 3, 168; Zu meiner Zeit / befliß man sich der H—keit. Hagedorn 3, 92; Die H—keit und das Gepuschele unter der Hand. Immermann, M. 3, 289; Der H—keit (des verborgnen Golds) unmächtigen Bann / kann nur die Hand der Einsicht lösen. Novalis. 1, 69; /Sag an, wo du sie verbirgst... in welches Ortes verschwiegener F. Schr. 495 b; Ihr Bienen, die ihr knetet / der H—keiten Schloß (Wachs zum Siegeln). Tieck, Cymb. 3, 2; Erfahren in seltnen H—keiten (Zauberkünsten). Schlegel Sh. 6, 102 etc. vgl. Geheimnis L. 10: 291 ff.

Zsstzg. s. 1 c, so auch nam. der Ggstz.: Ún-: unbehagliches, banges Grauen erregend: Der schier ihm un-h., gespenstisch erschien. Chamisso 3, 238; Der Nacht un-h. bange Stunden. 4, 148; Mir war schon lang' un-h., ja graulich zu Mute. 242; Nun fängts mir an, un-h. zu werden. Gutzkow R. 2, 82; Empfindet ein u—es Grauen.

Verm. 1, 51; Un-h. und starr wie ein Steinbild. Reis, 1, 10; Den
u—en Nebel, Haarrauch geheißen. Immermann M., 3, 299; Diese
blassen Jungen sind un-h. und brauen Gott weiß was Schlimmes.
Laube, Band 1, 119; Unh. nennt man Alles, was im Geheimnis, im Verborgnen... bleiben sollte und hervorgetreten ist. Schelling, 2, 2, 649 etc. — Das Göttliche zu verhüllen.
mit einer gewissen U—keit zu umgeben 658 etc. — Unüblich als Ggstz.
von (2), wie es Campe ohne Beleg anführt.

Aus diesem langen Zitat ist für uns am interessantesten,
daß das Wörtchen heimlich unter den mehrfachen Nuancen
seiner Bedeutung auch eine zeigt, in der es mit seinem Gegensatz unheimlich zusammenfällt. Das heimliche wird dann zum
unheimlichen; vgl. das Beispiel von Gutzkow: „Wir nennen
das unheimlich, Sie nennen's heimlich." Wir werden überhaupt daran gemahnt, daß dies Wort heimlich nicht eindeutig
ist, sondern zwei Vorstellungskreisen zugehört, die, ohne ge-
gensätzlich zu sein, einander doch recht fremd sind, dem des
Vertrauten, Behaglichen und dem des Versteckten, Verborgen
gehaltenen. Unheimlich sei nur als Gegensatz zur ersten Bedeutung, nicht auch zur zweiten gebräuchlich. Wir erfahren
bei Sanders nichts darüber, ob nicht doch eine genetische
Beziehung zwischen diesen zwei Bedeutungen anzunehmen ist.
Hingegen werden wir auf eine Bemerkung von Schelling
aufmerksam, die vom Inhalt des Begriffes Unheimlich etwas
ganz Neues aussagt, auf das unsere Erwartung gewiß nicht
eingestellt war. Unheimlich sei alles, was ein Geheimnis, im
Verborgenen bleiben sollte und hervorgetreten ist.

Ein Teil der so angeregten Zweifel wird durch die Angaben in Jacob und Wilhelm Grimm: Deutsches Wörterbuch, Leipzig 1877 (IV/₂, p. 874 f) geklärt:

„Heimlich; adj. und adv. vernaculus, occultus; mhd. heimelich, heimlich.

S. 874: In etwas anderem sinne: es ist mir heimlich, wohl, frei von furcht....

b) heimlich ist auch der von gespensterhaften freie ort...

S. 875: β) vertraut; freundlich, zutraulich.

4. aus dem heimatlichen, häuslichen entwickelt sich weiter der begriff des fremden augen entzogenen, verborgenen, geheimen, eben auch in mehrfacher Beziehung ausgebildet...

S. 876:   „links am see
liegt eine matte heimlich im gehölz.“
                                        Schiller, Tell I, 4.

... frei und für den modernen Sprachgebrauch ungewöhnlich... heimlich ist zu einem verbum des verbergens gestellt: er verbirgt mich heimlich in seinem gezelt. ps. 27, 5. (... heimliche orte am menschlichen Körper, pudenda... welche leute nicht stürben, die wurden geschlagen an heimlichen örten. 1 Samuel 5, 12...

c) beamtete, die wichtige und geheim zu haltende ratschläge in staatssachen ertheilen, heiszen heimliche räthe, das adjektiv nach heutigem sprachgebrauch durch geheim (s. d.) ersetzt:... (Pharao) nennet ihn (Joseph) den heimlichen rath. 1. Mos. 41, 45;

S. 878. 6.⁻ heimlich für die erkenntnis, mystisch, allegorisch: heimliche bedeutung, mysticus, divinus, occultus, figuratus.

S. 878: anders ist heimlich im folgenden, der erkenntnis entzogen, unbewuszt:...

dann aber ist heimlich auch verschlossen, undurchdringlich in bezug auf erforschung:...

„merkst du wohl? sie trauen mir nicht,
fürchten des Friedländers heimlich gesicht.“
                                        Wallensteins lager, 2. aufz.

9. die bedeutung des versteckten, gefährlichen, die in der vorigen nummer hervortritt, entwickelt sich noch weiter, so dasz heimlich den sinn empfängt, den sonst unheimlich (gebildet nach heimlich, 3*b* sp. 874) hat: „mir ist zu zeiten wie dem menschen der in nacht wandelt und an gespenster glaubt, jeder winkel ist ihm heimlich und schauerhaft.“
•Klinger, theater, 3, 298.

Also heimlich ist ein Wort, das seine Bedeutung nach
einer Ambivalenz hin entwickelt, bis es endlich mit seinem
Gegensatz unheimlich zusammenfällt. Unheimlich ist irgendwie eine Art von heimlich. Halten wir dies noch nicht recht
geklärte Ergebnis mit der Definition des Unheimlichen von
S c h e l l i n g zusammen. Die Einzeluntersuchung der Fälle
des Unheimlichen wird uns diese Andeutungen verständlich
machen.

II.

Wenn wir jetzt an die Musterung der Personen und Dinge,
Eindrücke, Vorgänge und Situationen herangehen, die das Gefühl des Unheimlichen in besonderer Stärke und Deutlichkeit
in uns zu erwecken vermögen, so ist die Wahl eines glück-
lichen ersten Beispiels offenbar das nächste Erfordernis.
E. J e n t s c h hat als ausgezeichneten Fall den „Zweifel an
der Beseelung eines anscheinend lebendigen Wesens und umgekehrt darüber, ob ein lebloser Gegenstand nicht etwa be-
seelt sei" hervorgehoben und sich dabei auf den Eindruck
von Wachsfiguren, kunstvollen Puppen und Automaten berufen. Er reiht dem das Unheimliche des epileptischen An-
falls und der Äußerungen des Wahnsinnes an, weil durch sie
in dem Zuschauer Ahnungen von automatischen — mechani-
schen — Prozessen geweckt werden, die hinter dem gewohnten
Bilde der Beseelung verborgen sein mögen. Ohne nun von
dieser Ausführung des Autors voll überzeugt zu sein, wollen
wir unsere eigene Untersuchung an ihn anknüpfen, weil er
uns im weiteren an einen Dichter mahnt, dem die Erzeugung unheimlicher Wirkungen so gut wie keinem anderen
gelungen ist.

„Einer der sichersten Kunstgriffe, leicht unheimliche

Wirkungen durch Erzählungen hervorzurufen," schreibt
Jentsch, „beruht nun darauf, daß man den Leser im Un-
gewissen darüber läßt, ob er in einer bestimmten Figur eine
Person oder etwa einen Automaten vor sich habe, und zwar
so, daß diese Unsicherheit nicht direkt in den Brennpunkt
seiner Aufmerksamkeit tritt, damit er nicht veranlaßt werde,
die Sache sofort zu untersuchen und klarzustellen, da hie-
durch, wie gesagt, die besondere Gefühlswirkung leicht
schwindet. E. T. A. Hoffmann hat in seinen Phantasie-
stücken dieses psychologische Manöver wiederholt mit Erfolg zur Geltung gebracht."

Diese gewiß richtige Bemerkung zielt vor allem auf die
Erzählung „Der Sandmann" in den „Nachtstücken" (dritter
Band der Grisebachschen Ausgabe von Hoffmanns
sämtlichen Werken), aus welcher die Figur der Puppe Olimpia
in den ersten Akt der Offenbachschen Oper „Hoffmanns
Erzählungen" gelangt ist. Ich muß aber sagen — und
ich hoffe, die meisten Leser der Geschichte werden mir beistimmen —, daß das Motiv der belebt scheinenden Puppe
Olimpia keineswegs das einzige ist, welches für die unvergleichlich unheimliche Wirkung der Erzählung verantwortlich
gemacht werden muß, ja nicht einmal dasjenige, dem diese
Wirkung in erster Linie zuzuschreiben wäre. Es kommt dieser
Wirkung auch nicht zustatten, daß die Olimpiaepisode vom
Dichter selbst eine leise Wendung ins Satirische erfährt und
von ihm zum Spott auf die Liebesüberschätzung von seiten
des jungen Mannes gebraucht wird. Im Mittelpunkt der Erzählung steht vielmehr ein anderes Moment, nach dem sie
auch den Namen trägt, und das an den entscheidenden Stellen
immer wieder hervorgekehrt wird: das Motiv des Sandmannes, der den Kindern die Augen ausreißt.

Der Student Nathaniel, mit dessen Kindheitserinnerungen die phantastische Erzählung anhebt, kann trotz seines Glückes in der Gegenwart die Erinnerungen nicht bannen, die sich ihm an den rätselhaft erschreckenden Tod des geliebten Vaters knüpfen. An gewissen Abenden pflegte die Mutter die Kinder mit der Mahnung zeitig zu Bette zu schicken: Der Sandmann kommt, und wirklich hört das Kind dann jedesmal den schweren Schritt eines Besuchers, der den Vater für diesen Abend in Anspruch nimmt. Die Mutter, nach dem Sandmann befragt, leugnet dann zwar, daß ein solcher anders denn als Redensart existiert, aber eine Kinderfrau weiß greifbarere Auskunft zu geben: „Das ist ein böser Mann, der kommt zu den Kindern, wenn sie nicht zu Bette gehen wollen, und wirft ihnen Hände voll Sand in die Augen, daß sie blutig zum Kopfe herausspringen, die wirft er dann in den Sack und trägt sie in den Halbmond zur Atzung für seine Kinderchen, die sitzen dort im Nest und haben krumme Schnäbel, wie die Eulen, damit picken sie der unartigen Menschenkindlein Augen auf.“

Obwohl der kleine Nathaniel alt und verständig genug war, um so schauerliche Zutaten zur Figur des Sandmannes abzuweisen, so setzte sich doch die Angst vor diesem selbst in ihm fest. Er beschloß zu erkunden, wie der Sandmann aussehe, und verbarg sich eines Abends, als er wieder erwartet wurde, im Arbeitszimmer des Vaters. In dem Besucher erkennt er dann den Advokaten Coppelius, eine abstoßende Persönlichkeit, vor der sich die Kinder zu scheuen pflegten, wenn er gelegentlich als Mittagsgast erschien, und identifiziert nun diesen Coppelius mit dem gefürchteten Sandmann. Für den weiteren Fortgang dieser Szene macht es der Dichter bereits zweifelhaft, ob wir es mit einem ersten Delirium des angstbesessenen Knaben oder mit einem Bericht zu tun haben,

der als real in der Darstellungswelt der Erzählung aufzufassen ist. Vater und Gast machen sich an einem Herd mit
flammender Glut zu schaffen. Der kleine Lauscher hört Coppelius rufen: „Augen her, Augen her", verrät sich durch seinen
Aufschrei und wird von Coppelius gepackt, der ihm glutrote
Körner aus der Flamme in die Augen streuen will, um sie
dann auf den Herd zu werfen. Der Vater bittet die Augen
des Kindes frei. Eine tiefe Ohnmacht und lange Krankheit
beenden das Erlebnis. Wer sich für die rationalistische Deutung des Sandmannes entscheidet, wird in dieser Phantasie
des Kindes den fortwirkenden Einfluß jener Erzählung der
Kinderfrau nicht verkennen. Anstatt der Sandkörner sind es
glutrote Flammenkörner, die dem Kinde in die Augen gestreut
werden sollen, in beiden Fällen, damit die Augen herausspringen. Bei einem weiteren Besuche des Sandmannes ein
Jahr später wird der Vater durch eine Explosion im Arbeitszimmer getötet; der Advokat Coppelius verschwindet vom
Orte, ohne eine Spur zu hinterlassen.

Diese Schreckgestalt seiner Kinderjahre glaubt nun der
Student Nathaniel in einem herumziehenden italienischen
Optiker Giuseppe Coppola zu erkennen, der ihm in der Univer-
sitätsstadt Wettergläser zum Kauf anbietet und nach seiner
Ablehnung hinzusetzt: „Ei, nix Wetterglas, nix Wetterglas!
— hab auch sköne Oke — sköne Oke." Das Entsetzen des
Studenten wird beschwichtigt, da sich die angebotenen Augen
als harmlose Brillen herausstellen; er kauft dem Coppola ein
Taschenperspektiv ab und späht mit dessen Hilfe in die gegen-
überliegende Wohnung des Professors Spalanzani, wo er dessen
schöne, aber rätselhaft wortkarge und unbewegte Tochter
Olimpia erblickt. In diese verliebt er sich bald so heftig, daß
er seine kluge und nüchterne Braut über sie vergißt. Aber

Olimpia ist ein Automat, an dem Spalanzani das Räderwerk
gemacht und dem Coppola — der Sandmann — die Augen eingesetzt hat. Der Student kommt hinzu, wie die beiden Meister
sich um ihr Werk streiten; der Optiker hat die hölzerne, augen-
lose Puppe davongetragen und der Mechaniker, Spalanzani,
wirft Nathaniel die auf dem Boden liegenden blutigen Augen
Olimpias an die Brust, von denen er sagt, daß Coppola sie
dem Nathaniel gestohlen. Dieser wird von einem neuerlichen
Wahnsinnsanfall ergriffen, in dessen Delirium sich die Reminiszenz an den Tod des Vaters mit dem frischen Eindruck
verbindet: „Hui — hui — hui! — Feuerkreis — Feuerkreis!
Dreh' dich, Feuerkreis — lustig — lustig! Holzpüppchen hui,
schön Holzpüppchen dreh' dich —." Damit wirft er sich auf
den Professor, den angeblichen Vater Olimpias, und will ihn
erwürgen.

Aus langer, schwerer Krankheit erwacht, scheint Nathaniel
endlich genesen. Er gedenkt, seine wiedergefundene Braut
zu heiraten. Sie ziehen beide eines Tages durch die Stadt,
auf deren Markt der hohe Ratsturm seinen Riesenschatten
wirft. Das Mädchen schlägt ihrem Bräutigam vor, auf den
Turm zu steigen, während der das Paar begleitende Bruder
der Braut unten verbleibt. Oben zieht eine merkwürdige Erscheinung von etwas, was sich auf der Straße heranbewegt,
die Aufmerksamkeit Claras auf sich. Nathaniel betrachtet
dasselbe Ding durch Coppolas Perspektiv, das er in seiner
Tasche findet, wird neuerlich vom Wahnsinn ergriffen und
mit den Worten: Holzpüppchen, dreh' dich, will er das Mädchen in die Tiefe schleudern. Der durch ihr Geschrei herbei-
geholte Bruder rettet sie und eilt mit ihr herab. Oben läuft
der Rasende mit dem Ausruf herum: Feuerkreis, dreh' dich,
dessen Herkunft wir ja verstehen. Unter den Menschen, die

sich unten ansammeln, ragt der Advokat Coppelius hervor,
der plötzlich wieder erschienen ist. Wir dürfen annehmen,
daß es der Anblick seiner Annäherung war, der den Wahnsinn
bei Nathaniel zum Ausbruch brachte. Man will hinauf, um
sich des Rasenden zu bemächtigen, aber Coppelius*) lacht:
„wartet nur, der kommt schon herunter von selbst." Nathaniel bleibt plötzlich stehen, wird den Coppelius gewahr und
stürzt sich mit dem gellenden Schrei: Ja! „Sköne Oke —
Sköne Oke" über das Geländer herab. Sowie er mit zer-
schmettertem Kopf auf dem Straßenpflaster liegt, ist der Sandmann im Gewühl verschwunden.

Diese kurze Nacherzählung wird wohl keinen Zweifel darüber bestehen lassen, daß das Gefühl des Unheimlichen direkt
an der Gestalt des Sandmannes, also an der Vorstellung der
Augen beraubt zu werden, haftet, und daß eine intellektuelle
Unsicherheit im Sinne von Jentsch mit dieser Wirkung
nichts zu tun hat. Der Zweifel an der Beseeltheit, den wir bei
der Puppe Olimpia gelten lassen mußten, kommt bei diesem
stärkeren Beispiel des Unheimlichen überhaupt nicht in Betracht. Der Dichter erzeugt zwar in uns anfänglich eine Art
von Unsicherheit, indem er uns, gewiß nicht ohne Absicht,
zunächst nicht erraten läßt, ob er uns in die reale Welt oder
in eine ihm beliebige phantastische Welt einführen wird. Er
hat ja bekanntlich das Recht, das eine oder das andere zu
tun, und wenn er z. B. eine Welt, in der Geister, Dämonen
und Gespenster agieren, zum Schauplatz seiner Darstellungen
gewählt hat, wie Shakespeare im Hamlet, Macbeth und
in anderem Sinne im Sturm und im Sommernachtstraum, so

---

*) Zur Ableitung des Namens: Coppella = Probiertiegel (die chemi-
schen Operationen, bei denen der Vater verunglückt); coppo = Augenhöhle
(nach einer Bemerkung von Frau Dr. Rank).

müssen wir ihm darin nachgeben und diese Welt seiner Vor-
anssetzung für die Daner nnsrer Hingegebenheit wie eine
Realität behandeln. Aber im Verlaufe der H o f f m a n n schen
Erzählnng schwindet dieser Zweifel, wir merken, daß der
Dichter nns selbst durch die Brille oder das Perspektiv des
dämonischen Optikers schanen lassen will, ja daß er vielleicht
in höchsteigener Person durch solch ein Instrument geguckt
hat. Der Schluß der Erzählung macht es ja klar, daß der
Optiker Coppola wirklich der Advokat Coppelius und also
anch der Sandmann ist.

Eine „intellektuelle Unsicherheit" kommt hier nicht mehr
in Frage: wir wissen jetzt, daß uns nicht die Phantasiegebilde
eines Wahnsinnigen vorgeführt werden sollen, hinter denen
wir in rationalistischer Überlegenheit den nüchternen Sachverhalt erkennen mögen, und — der Eindruck des Unheimlichen hat sich durch diese Aufklärung nicht im mindesten
verringert. Eine intellektnelle Unsicherheit leistet nns also
nichts für das Verständnis dieser unheimlichen Wirkung.

Hingegen mahnt uns die psychoanalytische Erfahrung
daran, daß es eine schreckliche Kinderangst ist, die Augen
zu beschädigen oder zu verlieren. Vielen Erwachsenen ist
diese Ängstlichkeit verblieben und sie fürchten keine andere
Organverletzung so sehr wie die des Auges. Ist man doch
auch gewohnt zu sagen, daß man etwas behüten werde wie
seinen Angapfel. Das Stndium der Träume, der Phantasien
und Mythen hat uns dann gelehrt, daß die Angst um die
Augen, die Angst zu erblinden, häufig genng ein Ersatz für
die Kastrationsangst ist. Auch die Selbstblendnng des my-
thischen Verbrechers O e d i p u s ist nur eine Ermäßigung für
die Strafe der Kastration, die ihm nach der Regel der Talion
allein angemessen wäre. Man mag es versuchen, in ratio-

nalistischer Denkweise die Zurückführung der Augenangst auf
die Kastrationsangst abzulehnen; man findet es begreiflich,
daß ein so kostbares Organ wie das Auge von einer entsprechend großen Angst bewacht wird, ja man kann weitergehend
behaupten, daß kein tieferes Geheimnis und keine andere Bedeutung sich hinter der Kastrationsangst verberge. Aber man
wird damit doch nicht der Ersatzbeziehung gerecht, die sich
in Traum, Phantasie und Mythus zwischen Auge und männlichem Glied kundgibt, und kann dem Eindruck nicht widersprechen, daß ein besonders starkes und dunkles Gefühl sich
gerade gegen die Drohung das Geschlechtsglied einzubüßen
erhebt, und daß dieses Gefühl erst der Vorstellung vom Verlust anderer Organe den Nachhall verleiht. Jeder weitere
Zweifel schwindet dann, wenn man aus den Analysen an
Neurotikern die Details des „Kastrationskomplexes" erfahren
und dessen großartige Rolle in ihrem Seelenleben zur Kenntnis genommen hat.

Auch würde ich keinem Gegner der psychoanalytischen
Auffassung raten, sich für die Behauptung, die Augenangst
sei etwas vom Kastrationskomplex Unabhängiges, gerade auf
die H o f f m a u n sche Erzählung vom „Sandmann" zu berufen.
Denn warum ist die Augenangst hier mit dem Tode des Vaters
in innigste Beziehung gebracht? Warum tritt der Sandmann
jedesmal als Störer der Liebe auf? Er entzweit den unglücklichen Studenten mit seiner Braut und ihrem Bruder, der sein
bester Freund ist, er vernichtet sein zweites Liebesobjekt,
die schöne Puppe Olimpia, und zwingt ihn selbst zum Selbst-
mord, wie er unmittelbar vor der beglückenden Vereinigung
mit seiner wiedergewonnenen Clara steht. Diese sowie viele
andere Züge der Erzählung erscheinen willkürlich und bedeutungslos, wenn man die Beziehung der Augenangst zur Ka-

'stration ablehnt, und werden sinnreich, sowie man für den Sandmann den gefürchteten Vater einsetzt, von dem man die Kastration erwartet *).

Wir würden es also wagen, das Unheimliche des Sandmannes auf die Angst des kindlichen Kastrationskomplexes zurückzuführen. Sowie aber die Idee auftaucht, ein solches infantiles Moment für die Entstehung des unheimlichen Gefühls in Anspruch zu nehmen, werden wir auch zum Versuch getrieben, dieselbe Ableitung für andere Beispiele des Unheimlichen in Betracht zu ziehen. Im Sandmann findet sich noch das Motiv der belebt scheinenden Puppe, das J e n t s c h her-

---

*) In der Tat hat die Phantasiebearbeitung des Dichters die Elemente des Stoffes nicht so wild herumgewirbelt, daß man ihre ursprüngliche Anordnung nicht wiederherstellen könnte. In der Kindergeschichte stellen der Vater und Coppelius die durch Ambivalenz in zwei Gegensätze zerlegte Vaterimago dar; der eine droht mit der Blendung (Kastration), der andere, der gute Vater, bittet die Augen des Kindes frei. Das von der Verdrängung am stärksten betroffene Stück des Komplexes, der Todeswunsch gegen den bösen Vater, findet seine Darstellung in dem Tod des guten Vaters, der dem Coppelius zur Last gelegt wird. Diesem Väterpaar entsprechen in der späteren Lebensgeschichte des Studenten der Professor Spalanzani und der Optiker Coppola, der Professor an sich eine Figur der Vaterreihe, Coppola als identisch mit dem Advokaten Coppelius erkannt. Wie sie damals zusammen am geheimnisvollen Herd arbeiteten, so haben sie nun gemeinsam die Puppe Olimpia verfertigt; der Professor heißt auch der Vater Olimpias. Durch diese zweimalige Gemeinsamkeit verraten sie sich als Spaltungen des Vaterimago, d. h. sowohl der Mechaniker als auch der Optiker sind der Vater der Olimpia wie des Nathaniel. In der Schreckensszene der Kinderzeit hatte Coppelius, nachdem er auf die Blendung des Kleinen verzichtet, ihm probeweise Arme und Beine abgeschraubt, also wie ein Mechaniker an einer Puppe an ihm gearbeitet. Dieser sonderbare Zug, der ganz aus dem Rahmen der Sandmannvorstellung heraustritt, bringt ein neues Äquivalent der Kastration ins Spiel; er weist aber auch auf die innere Identität 'des Coppelius mit seinem späteren Widerpart, dem Mechaniker Spalanzani,

vorgehoben hat. Nach diesem Autor ist es eine besonders
günstige Bedingung für die Erzeugung unheimlicher Gefühle,
wenn eine intellektuelle Unsicherheit geweckt wird, ob etwas
belebt oder leblos sei, und wenn das Leblose die Ähnlichkeit
mit dem Lebenden zu weit treibt. Natürlich sind wir aber
gerade mit den Puppen vom Kindlichen nicht weit entfernt.
Wir erinnern uns, daß das Kind im frühen Alter des Spielens
überhaupt nicht scharf zwischen Belebtem und Leblosem unterscheidet und daß es besonders gern seine Puppe wie ein leben-
des Wesen behandelt. Ja, man hört gelegentlich von einer Patientin erzählen, sie habe noch im Alter von acht Jahren die

hin und bereitet uns für die Deutung der Olimpia vor. Diese automatische
Puppe kann nichts anderes sein als die Materialisation von Nathaniels
femininer Einstellung zu seinem Vater in früher Kindheit. Ihre Väter —
Spalanzani und Coppola — sind ja nur neue Auflagen, Reinkarnationen.
von Nathaniels Väterpaar; die sonst unverständliche Angabe des Spalanzani, daß der Optiker dem Nathaniel die Augen gestohlen (s. o.), um sie
der Puppe einzusetzen, gewinnt so als Beweis für die Identität von
Olimpia und Nathaniel ihre Bedeutung. Olimpia ist sozusagen ein von
Nathaniel losgelöster Komplex, der ihm als Person entgegentritt; die
Beherrschung durch diesen Komplex findet in der unsinnig zwanghaften
Liebe zur Olimpia ihren Ausdruck. Wir haben das Recht, diese Liebe eine
narzißtische zu heißen, und verstehen, daß der ihr Verfallene sich dem
realen Liebesobjekt entfremdet. Wie psychologisch richtig es aber ist, daß
der durch den Kastrationskomplex an den Vater fixierte Jüngling der Liebe
zum Weibe unfähig wird, zeigen zahlreiche Krankenanalysen, deren Inhalt
zwar weniger phantastisch, aber kaum minder traurig ist als die Geschichte des Studenten Nathaniel.

E. T. A. H o f f m a n n war das Kind einer unglücklichen Ehe. Als
er drei Jahre war, trennte sich der Vater von seiner kleinen Familie und
lebte nie wieder mit ihr vereint. Nach den Belegen, die E. G r i s e b a c h
in der biographischen Einleitung zu H o f f m a n n s Werken beibringt, war
die Beziehung zum Vater immer eine der wundesten Stellen in des Dichters
Gefühlsleben.

Überzeugung gehabt, wenn sie ihre Puppen auf eine gewisse Art, möglichst eindringlich, anschauen würde, müßten diese lebendig werden. Das infantile Moment ist also auch hier leicht nachzuweisen; aber merkwürdig, im Falle des Sandmannes handelte es sich um die Erweckung einer alten Kinderangst, bei der lebenden Puppe ist von Angst keine Rede, das Kind hat sich vor dem Beleben seiner Puppen nicht gefürchtet, vielleicht es sogar gewünscht. Die Quelle des unheimlichen Gefühls wäre also hier nicht eine Kinderangst, sondern ein Kinderwunsch oder auch nur ein Kinderglaube. Das scheint ein Widerspruch; möglicherweise ist es nur eine Mannigfaltigkeit, die späterhin unserem Verständnis förderlich werden kann.

E. T. A. H o f f m a n n ist der unerreichte Meister des Unheimlichen in der Dichtung. Sein Roman „D i e E l i x i r e d e s T e u f e l s" weist ein ganzes Bündel von Motiven auf, denen man die unheimliche Wirkung der Geschichte zuschreiben möchte. Der Inhalt des Romans ist zu reichhaltig und verschlungen, als daß man einen Auszug daraus wagen könnte. Zu Ende des Buches, wenn die dem Leser bisher vorenthaltenen Voraussetzungen der Handlung nachgetragen werden, ist das Ergebnis nicht die Aufklärung des Lesers, sondern eine volle Verwirrung desselben. Der Dichter hat zu viel Gleichartiges gehäuft; der Eindruck des Ganzen leidet nicht darunter, wohl aber das Verständnis. Man muß sich damit begnügen, die hervorstechendsten unter jenen unheimlich wirkenden Motiven herauszuheben, um zu untersuchen, ob auch für sie eine Ableitung aus infantilen Quellen zulässig ist. Es sind dies das Doppelgängertum in all seinen Abstufungen und Ausbildungen, also das Auftreten von Personen, die wegen ihrer gleichen Erscheinung für identisch gehalten werden müssen, die Steigerung dieses Verhältnisses durch Überspringen seelischer Vorgänge von einer dieser Personen auf die andere — was wir Telepathie heißen würden —, so daß der eine das Wissen, Fühlen und Erleben des anderen mitbesitzt, die Identifizierung mit einer anderen Person, so daß man an seinem Ich irre wird oder das fremde Ich an die Stelle des eigenen versetzt, also Ichverdopplung, Ichteilung, Ichvertauschung — und endlich die beständige Wiederkehr des Gleichen, die Wiederholung der nämlichen Gesichtszüge, Charaktere, Schicksale, verbrecherischen Taten, ja der Namen durch mehrere aufeinanderfolgende Generationen.

Das Motiv des Doppelgängers hat in einer gleichnamigen Arbeit von O. Rank eine eingehende Würdigung gefunden *). Dort werden die Beziehungen des Doppelgängers zum Spiegel- und Schattenbild, zum Schutzgeist, zur Seelenlehre und zur Todesfurcht untersucht, es fällt aber auch helles Licht auf die überraschende Entwicklungsgeschichte des Motivs. Denn der Doppelgänger war ursprünglich eine Versicherung gegen den Untergang des Ichs, eine „energische Dementierung der Macht des Todes" (O. Rank) und wahrscheinlich war die „unsterbliche" Seele der erste Doppelgänger des Leibes. Die Schöpfung einer solchen Verdopplung zur Abwehr gegen die Vernichtung hat ihr Gegenstück in einer Darstellung der Traumsprache, welche die Kastration durch Verdopplung oder Vervielfältigung des Genitalsymbols auszudrücken liebt; sie wird in der Kultur der alten Ägypter ein Antrieb für die Kunst, das Bild des Verstorbenen in dauerhaftem Stoff zu formen. Aber diese Vorstellungen sind auf dem Boden der uneingeschränkten Selbstliebe entstanden, des primären Narzißmus, welcher das Seelenleben des Kindes wie des Primitiven beherrscht, und mit der Überwindung dieser Phase ändert sich das

---

*) O. Rank, Der Doppelgänger, Imago, III, 1914.

Vorzeichen des Doppelgängers, aus einer Versicherung des
Fortlebens wird er zum unheimlichen Vorboten des Todes.

Die Vorstellung des Doppelgängers braucht nicht mit
diesem uranfänglichen Narzißmus unterzugehen; denn sie kann
aus den späteren Entwicklungsstufen des Ichs neuen Inhalt
gewinnen. Im Ich bildet sich langsam eine besondere Instanz
heraus, welche sich dem übrigen Ich entgegenstellen kann,
die der Selbstbeobachtung und Selbstkritik dient, die Arbeit
der psychischen Zensur leistet und unserem Bewußtsein als
„Gewissen" bekannt wird. Im pathologischen Falle des Be-
achtungswahnes wird sie isoliert, vom Ich abgespalten, dem
Arzte bemerkbar. Die Tatsache, daß eine solche Instanz vorhanden ist, welche das übrige Ich wie ein Objekt behandeln
kann, also daß der Mensch der Selbstbeobachtung fähig ist,
macht es möglich, die alte Doppelgängervorstellung mit neuem
Inhalt zu erfüllen und ihr mancherlei zuzuweisen, vor allem
all das, was der Selbstkritik als zugehörig zum alten überwundenen Narzißmus der Urzeit erscheint *).

Aber nicht nur dieser der Ichkritik anstößige Inhalt kann
dem Doppelgänger einverleibt werden, sondern ebenso alle
unterbliebenen Möglichkeiten der Geschicksgestaltung, an
denen die Phantasie noch festhalten will, und alle Ichstrebun-
gen, die sich infolge äußerer Ungunst nicht durchsetzen konn-

---

*) Ich glaube, wenn die Dichter klagen, daß zwei Seelen in des Men-
schen Brust wohnen, und wenn die Populärpsychologen von der Spaltung
des Ichs im Menschen reden, so schwebt ihnen diese Entzweiung, der Ich-
psychologie angehörig, zwischen der kritischen Instanz und dem Ich-Rest
vor und nicht die von der Psychoanalyse aufgedeckte Gegensätzlichkeit
zwischen dem Ich und dem unbewußten Verdrängten. Der Unterschied
wird allerdings dadurch verwischt, daß sich unter dem von der Ichkritik
Verworfenen zunächst die Abkömmlinge des Verdrängten befinden.

ten, sowie alle die unterdrückten Willensentscheidungen, die
die Illusion des freien Willens ergeben haben *).

Nachdem wir aber so die manifeste Motivierung der
Doppelgängergestalt betrachtet haben, müssen wir uns sagen:
Nichts von alledem macht uns den außerordentlich hohen Grad
von Unheimlichkeit, der ihr anhaftet, verständlich, und aus
unserer Kenntnis der pathologischen Seelenvorgänge dürfen
wir hinzusetzen, nichts von diesem Inhalt könnte das Abwehr-
bestreben erklären, das ihn als etwas Fremdes aus dem Ich
hinausprojiziert. Der Charakter des Unheimlichen kann doch
nur daher rühren, daß der Doppelgänger eine den überwundenen seelischen Urzeiten angehörige Bildung ist, die damals
allerdings einen freundlicheren Sinn hatte. Der Doppelgänger
ist zum Schreckbild geworden, wie die Götter nach dem Sturz
ihrer Religion zu Dämonen werden (H e i n e, Die Götter im
Exil).

Die anderen bei H o f f m a n n verwendeten Ichstörungen
sind nach dem Muster des Doppelgängermotivs leicht zu beurteilen. Es handelt sich bei ihnen um ein Rückgreifen auf
einzelne Phasen in der Entwicklungsgeschichte des Ichgefühls,
um eine Regression in Zeiten, da das Ich sich noch nicht
scharf von der Außenwelt und vom Anderen abgegrenzt hatte.
Ich glaube, daß diese Motive den Eindruck des Unheimlichen
mitverschulden, wenngleich es nicht leicht ist, ihren Anteil
an diesem Eindruck isoliert herauszugreifen.

Das Moment der Wiederholung des Gleichartigen wird

---

*) In der II. H. E w e r s schen Dichtung „Der Student von Prag", von
welcher die R a n k sche Studie über den Doppelgänger ausgegangen ist, hat
der Held der Geliebten versprochen, seinen Duellgegner nicht zu töten.
Auf dem Wege zum Duellplatz begegnet ihm aber der Doppelgänger, welcher
den Nebenbuhler bereits erledigt hat.

als Quelle des unheimlichen Gefühls vielleicht nicht bei jedermann Anerkennung finden. Nach meinen Beobachtungen ruft es unter gewissen Bedingungen und in Kombination mit bestimmten Umständen unzweifelhaft ein solches Gefühl hervor, das überdies an die Hilflosigkeit mancher Traumzustände mahnt. Als ich einst an einem heißen Sommernachmittag die mir unbekannten, menschenleeren Straßen einer italienischen Kleinstadt durchstreifte, geriet ich in eine Gegend, über deren Charakter ich nicht lange in Zweifel bleiben konnte. Es waren nur geschminkte Frauen an den Fenstern der kleinen Häuser zu sehen, und ich beeilte mich, die enge Straße durch die nächste Einbiegung zu verlassen. Aber nachdem ich eine Weile führerlos herumgewandert war, fand ich mich plötzlich in derselben Straße wieder, in der ich nun Aufsehen zu erregen begann, und meine eilige Entfernung hatte nur die Folge, daß ich auf einem neuen Umwege zum drittenmal dahingeriet. Dann aber erfaßte mich ein Gefühl, das ich nur als unheimlich bezeichnen kann, und ich war froh, als ich unter Verzicht auf weitere Entdeckungsreisen auf die kürzlich von mir verlassene Piazza zurückfand. Andere Situationen, die die unbeabsichtigte Wiederkehr mit der eben beschriebenen gemein haben und sich in den anderen Punkten gründlich von ihr unterscheiden, haben doch dasselbe Gefühl von Hilflosigkeit und Unheimlichkeit zur Folge. Zum Beispiel, wenn man sich im Hochwald, etwa vom Nebel überrascht, verirrt hat und nun trotz aller Bemühungen, einen markierten oder bekannten Weg zu finden, wiederholt zu der einen, durch eine bestimmte Formation gekennzeichneten Stelle zurückkommt. Oder wenn man im unbekannten, dunkeln Zimmer wandert, um die Tür oder den Lichtschalter aufzusuchen und dabei zum xtenmal mit demselben Möbelstück zusammenstößt, eine Situation, die

Mark Twain allerdings durch groteske Übertreibung in eine unwiderstehlich komische umgewandelt hat.

An einer anderen Reihe von Erfahrungen erkennen wir auch mühelos, daß es nur das Moment der unbeabsichtigten Wiederholung ist, welches das sonst Harmlose unheimlich macht und uns die Idee des Verhängnisvollen, Unentrinnbaren aufdrängt, wo wir sonst nur von „Zufall" gesprochen hätten. So ist es z. B. gewiß ein gleichgültiges Erlebnis, wenn man für seine in einer Garderobe abgegebenen Kleider einen Schein mit einer gewissen Zahl — sagen wir: 62 — erhält oder wenn man findet, daß die zugewiesene Schiffskabine diese Nummer trägt. Aber dieser Eindruck ändert sich, wenn beide an sich indifferenten Begebenheiten nahe aneinander rücken, so daß einem die Zahl 62 mehrmals an demselben Tage entgegentritt, und wenn man dann etwa gar die Beobachtung machen sollte, daß alles, was eine Zahlenbeziehung trägt, Adressen, Hotelzimmer, Eisenbahnwagen u. dgl. immer wieder die nämliche Zahl, wenigstens als Bestandteil, wiederbringt. Man findet das „unheimlich" und wer nicht stich- und hiebfest gegen die Versuchungen des Aberglaubens ist, wird sich geneigt finden, dieser hartnäckigen Wiederkehr der einen Zahl eine geheime Bedeutung zuzuschreiben, etwa einen Hinweis auf das ihm bestimmte Lebensalter darin zu sehen. Oder wenn man eben mit dem Studium der Schriften des großen Physiologen E. Hering beschäftigt ist, und nun wenige Tage auseinander Briefe von zwei Personen dieses Namens aus verschiedenen Ländern empfängt, während man bis dahin niemals mit Leuten, die so heißen, in Beziehung getreten war. Ein geistvoller Naturforscher hat vor kurzem den Versuch unternommen, Vorkommnisse solcher Art gewissen Gesetzen unterzuordnen, wodurch der Eindruck des Unheimlichen aufgehoben werden müßte. Ich getraue mich nicht zu entscheiden, ob es ihm gelungen ist *).

Wie das Unheimliche der gleichartigen Wiederkehr aus dem infantilen Seelenleben abzuleiten ist, kann ich hier nur andeuten und muß dafür auf eine bereitliegende ausführliche Darstellung in anderem Zusammenhange verweisen. Im seelisch Unbewußten läßt sich nämlich die Herrschaft eines von den Triebregungen ausgehenden W i e d e r h o l u n g s z w a n g e s erkennen, der wahrscheinlich von der innersten Natur der Triebe selbst abhängt, stark genug ist, sich über das Lustprinzip hinauszusetzen, gewissen Seiten des Seelenlebens den dämonischen Charakter verleiht, sich in den Strebungen des kleinen Kindes noch sehr deutlich äußert und ein Stück vom Ablauf der Psychoanalyse des Neurotikers beherrscht. Wir sind durch alle vorstehenden Erörterungen darauf vorbereitet, daß dasjenige als unheimlich verspürt werden wird, was an diesen inneren Wiederholungszwang mahnen kann.

Nun, denke ich aber, ist es Zeit, uns von diesen immerhin schwierig zu beurteilenden Verhältnissen abzuwenden und unzweifelhafte Fälle des Unheimlichen aufzusuchen, von deren Analyse wir die endgültige Entscheidung über die Geltung unserer Annahme erwarten dürfen.

Im „Ring des Polykrates" wendet sich der Gast mit Grausen, weil er merkt, daß jeder Wunsch des Freundes sofort in Erfüllung geht, jede seiner Sorgen vom Schicksal unverzüglich aufgehoben wird. Der Gastfreund ist ihm „unheimlich" geworden. Die Auskunft, die er selbst gibt, daß der allzu Glückliche den Neid der Götter zu fürchten habe, erscheint uns noch undurchsichtig, ihr Sinn ist mythologisch verschleiert. Greifen

---

*) P. K a m m e r e r, Das Gesetz der Serie, Wien 1919.

wir darum ein anderes Beispiel aus weit schlichteren Verhältnissen heraus: In der Krankengeschichte eines Zwangsneuroti-
kers *) habe ich erzählt, daß dieser Kranke einst einen Auf-
enthalt in einer Wasserheilanstalt genommen hatte, aus dem
er sich eine große Besserung holte. Er war aber so klug, diesen
Erfolg nicht der Heilkraft des Wassers, sondern der Lage
seines Zimmers zuzuschreiben, welches der Kammer einer lie-
benswürdigen Pflegerin unmittelbar benachbart war. Als er
dann zum zweitenmal in diese Anstalt kam, verlangte er dasselbe Zimmer wieder, mußte aber hören, daß dies bereits von
einem alten Herrn besetzt sei, und gab seinem Unmut darüber
in den Worten Ausdruck: Dafür soll ihn aber der Schlag
treffen. Vierzehn Tage später erlitt der alte Herr wirklich
einen Schlaganfall. Für meinen Patienten war dies ein „unheimliches" Erlebnis. Der Eindruck des Unheimlichen wäre
noch stärker gewesen, wenn eine viel kürzere Zeit zwischen
jener Äußerung und dem Unfall gelegen wäre, oder wenn der
Patient über zahlreiche ganz ähnliche Erlebnisse hätte berichten können. In der Tat war er um solche Bestätigungen
nicht verlegen, aber nicht er allein, alle Zwangsneurotiker, die
ich studiert habe, wußten Analoges von sich zu erzählen. Sie
waren gar nicht überrascht, regelmäßig der Person zu begegnen,
an die sie eben — vielleicht nach langer Pause — gedacht
hatten; sie pflegten regelmäßig am Morgen einen Brief von
einem Freund zu bekommen, wenn sie am Abend vorher geäußert hatten: Von dem hat man aber jetzt lange nichts gehört, und besonders Unglücks- oder Todesfälle ereigneten sich
nur selten, ohne eine Weile vorher durch ihre Gedanken ge-
huscht zu sein. Sie pflegten diesem Sachverhalt in der be-

---

*) Bemerkungen über einen Fall von Zwangsneurose, Jahrb. f. Psycho-
analyse, I, 1909 und Sammlung kl. Schriften, dritte Folge, 1913.

scheidensten Weise Ausdruck zu geben, indem sie behaupteten, „Ahnungen" zu haben, die „meistens" eintreffen.

Eine der unheimlichsten und verbreitetsten Formen des Aberglaubens ist die Angst vor dem „bösen Blick", welcher bei dem Hamburger Augenarzt S. Seligmann*) eine gründliche Behandlung gefunden hat. Die Quelle, aus welcher diese Angst schöpft, scheint niemals verkannt worden zu sein. Wer etwas Kostbares und doch Hinfälliges besitzt, fürchtet sich vor dem Neid der anderen, indem er jenen Neid auf sie projiziert, den er im umgekehrten Falle empfunden hätte. Solche Regungen verrät man durch den Blick, auch wenn man ihnen den Ausdruck in Worten versagt, und wenn jemand durch auffällige Kennzeichen, besonders unerwünschter Art, vor den anderen hervorsticht, traut man ihm zu, daß sein Neid eine besondere Stärke erreichen und dann auch diese Stärke in Wirkung umsetzen wird. Man fürchtet also eine geheime Absicht zu schaden, und auf gewisse Anzeichen hin nimmt man an, daß dieser Absicht auch die Kraft zu Gebote steht.

Die letzterwähnten Beispiele des Unheimlichen hängen von dem Prinzip ab, das ich, der Anregung eines Patienten folgend, die „Allmacht der Gedanken" benannt habe. Wir können nun nicht mehr verkennen, auf welchem Boden wir uns befinden. Die Analyse der Fälle des Unheimlichen hat uns zur alten Weltauffassung des A n i m i s m u s zurückgeführt, die ausgezeichnet war durch die Erfüllung der Welt mit Menschengeistern, durch die narzißtische Überschätzung der eigenen seelischen Vorgänge, die Allmacht der Gedanken und die darauf aufgebaute Technik der Magie, die Zuteilung von sorgfältig abgestuften Zauberkräften an fremde Personen und Dinge

---

*) S. Seligmann, Der böse Blick und Verwandtes, 2 Bände, Berlin 1910 u. 1911.

(Mana), sowie durch alle die Schöpfungen, mit denen sich
der uneingeschränkte Narzißmus jener Entwicklungsperiode
gegen den unverkennbaren Einspruch der Realität zur Wehr
setzte. Es scheint, daß wir alle in unserer individuellen Entwicklung eine diesem Animismus der Primitiven entsprechende
Phase durchgemacht haben, daß sie bei keinem von uns abgelaufen ist, ohne noch äußerungsfähige Reste und Spuren
zu hinterlassen, und daß alles, was uns heute als „unheimlich"
erscheint, die Bedingung erfüllt, daß es an diese Reste animisti-
scher Seelentätigkeit rührt und sie zur Äußerung anregt *).

Hier ist nun der Platz für zwei Bemerkungen, in denen
ich den wesentlichen Inhalt dieser kleinen Untersuchung nie-
derlegen möchte. Erstens, wenn die psychoanalytische Theorie
in der Behauptung recht hat, daß jeder Affekt einer Gefühlsregung, gleichgültig von welcher Art, durch die Verdrängung
in Angst verwandelt wird, so muß es unter den Fällen des
Ängstlichen eine Gruppe geben, in der sich zeigen läßt, daß
dies Ängstliche etwas wiederkehrendes Verdrängtes ist. Diese
Art des Ängstlichen wäre eben das Unheimliche und dabei
muß es gleichgültig sein, ob es ursprünglich selbst ängstlich
war oder von einem anderen Affekt getragen. Zweitens, wenn
dies wirklich die geheime Natur des Unheimlichen ist, so verstehen wir, daß der Sprachgebrauch das Heimliche in seinen
Gegensatz, das Unheimliche übergehen läßt (S. 302), denn
dies Unheimliche ist wirklich nichts Neues oder Fremdes,

---

*) Vgl. hiezu den Abschnitt III Animismus, Magie und Allmacht der
Gedanken in des Verf. Buch: Totem und Tabu. 1913. Dort auch die
Bemerkung (S. 19, Note): „Es scheint, daß wir den Charakter des ‚Unheimlichen' solchen Eindrücken verleihen, welche die Allmacht der Gedanken und die animistische Denkweise überhaupt bestätigen wollen,
während wir uns bereits im Urteil von ihr abgewendet haben."

sondern etwas dem Seelenleben von alters her Vertrautes, das ihm nur durch den Prozeß der Verdrängung entfremdet worden ist. Die Beziehung auf die Verdrängung erhellt uns jetzt auch die Schellingsche Definition, das Unheimliche sei etwas, was im Verborgenen hätte bleiben sollen und hervorgetreten ist.

Es erübrigt uns nur noch, die Einsicht, die wir gewonnen haben, an der Erklärung einiger anderer Fälle des Unheimlichen zu erproben.

Im allerhöchsten Grade unheimlich erscheint vielen Menschen, was mit dem Tod, mit Leichen und mit der Wiederkehr der Toten, mit Geistern und Gespenstern zusammenhängt. Wir haben ja gehört, daß manche moderne Sprachen unseren Ausdruck: ein unheimliches Haus gar nicht anders wiedergeben können als durch die Umschreibung: ein Haus, in dem es spukt. Wir hätten eigentlich unsere Untersuchung mit diesem, vielleicht stärksten Beispiel von Unheimlichkeit beginnen können, aber wir taten es nicht, weil hier das Unheimliche zu sehr mit dem Grauenhaften vermengt und zum Teil von ihm gedeckt ist. Aber auf kaum einem anderen Gebiete hat sich unser Denken und Fühlen seit den Urzeiten so wenig verändert, ist das Alte unter dünner Decke so gut erhalten geblieben, wie in unserer Beziehung zum Tode. Zwei Momente geben für diesen Stillstand gute Auskunft: Die Stärke unserer ursprünglichen Gefühlsreaktionen und die Unsicherheit unserer wissenschaftlichen Erkenntnis. Unsere Biologie hat es noch nicht entscheiden können, ob der Tod das notwendige Schicksal jedes Lebewesens oder nur ein regelmäßiger, vielleicht aber vermeidlicher Zufall innerhalb des Lebens ist. Der Satz: alle Menschen müssen sterben, paradiert zwar in den Lehrbüchern der Logik als Vorbild einer allgemeinen Be-

hauptung, aber keinem Menschen leuchtet er ein, und unser
Unbewußtes hat jetzt so wenig Raum wie vormals für die
Vorstellung der eigenen Sterblichkeit. Die Religionen bestreiten noch immer der unableugbaren Tatsache des individuellen Todes ihre Bedeutung und setzen die Existenz über
das Lebensende hinaus fort; die staatlichen Gewalten meinen
die moralische Ordnung unter den Lebenden nicht aufrecht
erhalten zu können, wenn man auf die Korrektur des Erden-
lebens durch ein besseres Jenseits verzichten soll; auf den
Anschlagsäulen unserer Großstädte werden Vorträge angekündigt, welche Belehrungen spenden wollen, wie man sich mit
den Seelen der Verstorbenen in Verbindung setzen kann, und
es ist unleugbar, daß mehrere der feinsten Köpfe und schärfsten
Denker unter den Männern der Wissenschaft, zumal gegen das
Ende ihrer eigenen Lebenszeit, geurteilt haben, daß es an
Möglichkeiten für solchen Verkehr nicht fehle. Da fast alle
von uns in diesem Punkt noch so denken wie die Wilden,
ist es auch nicht zu verwundern, daß die primitive Angst vor
dem Toten bei uns noch so mächtig ist und bereit liegt, sich
zu äußern, sowie irgend etwas ihr entgegenkommt. Wahrscheinlich hat sie auch noch den alten Sinn, der Tote sei zum
Feind des Überlebenden geworden und beabsichtige, ihn mit
sich zu nehmen, als Genossen seiner neuen Existenz. Eher
könnte man bei dieser Unveränderlichkeit der Einstellung zum
Tode fragen, wo die Bedingung der Verdrängung bleibt, die
erfordert wird, damit das Primitive als etwas Unheimliches
wiederkehren könne. Aber die besteht doch auch; offiziell
glauben die sogenannten Gebildeten nicht mehr an das Sicht-
barwerden der Verstorbenen als Seelen, haben deren Erscheinung an entlegene und selten verwirklichte Bedingungen geknüpft, und die ursprünglich höchst zweideutige, ambivalente

Gefühlseinstellung zum Toten ist für die höheren Schichten des Seelenlebens zur eindeutigen der Pietät abgeschwächt worden *).

Es bedarf jetzt nur noch weniger Ergänzungen, denn mit dem Animismus, der Magie und Zauberei, der Allmacht der Gedanken, der Beziehung zum Tode, der unbeabsichtigten Wiederholung und dem Kastrationskomplex haben wir den Umfang der Momente, die das Ängstliche zum Unheimlichen machen, so ziemlich erschöpft.

Wir heißen auch einen lebenden Menschen unheimlich, und zwar dann, wenn wir ihm böse Absichten zutrauen. Aber das reicht nicht hin, wir müssen noch hinzutun, daß diese seine Absichten uns zu schaden, sich mit Hilfe besonderer Kräfte verwirklichen werden. Der „Gettatore" ist ein gutes Beispiel hiefür, diese unheimliche Gestalt des romanischen Aberglaubens, die Albrecht S c h ä f f e r in dem Buche „J o s e f M o n t f o r t" mit poetischer Intuition und tiefem psychoanalytischen Verständnis zu einer sympathischen Figur umgeschaffen hat. Aber mit diesen geheimen Kräften stehen wir bereits wieder auf dem Boden des Animismus. Die Ahnung solcher Geheimkräfte ist es, die dem frommen Gretchen den Mephisto so unheimlich werden läßt:

> „Sie ahnt, daß ich ganz sicher ein Genie,
> Vielleicht sogar der Teufel bin."

Das Unheimliche der Fallsucht, des Wahnsinns, hat denselben Ursprung. Der Laie sieht hier die Äußerung von Kräften vor sich, die er im Nebenmenschen nicht vermutet hat, deren Regung er aber in entlegenen Winkeln der eigenen Persönlichkeit dunkel zu spüren vermag. Das Mittelalter hatte konse-

---

*) Vgl.: Das Tabu und die Ambivalenz in „Totem und Tabu"

quenterweise und psychologisch beinahe korrekt alle diese Krankheitsäußerungen der Wirkung von Dämonen zugeschrieben. Ja, ich würde mich nicht verwundern zu hören, daß die Psychoanalyse, die sich mit der Aufdeckung dieser geheimen Kräfte beschäftigt, vielen Menschen darum selbst unheimlich geworden ist. In einem Falle, als mir die Herstellung eines seit vielen Jahren siechen Mädchens — wenn auch nicht sehr rasch — gelungen war, habe ich's von der Mutter der für lange Zeit Geheilten selbst gehört.

Abgetrennte Glieder, ein abgehauener Kopf, eine vom Arm gelöste Hand wie in einem Märchen von H a u f f, Füße, die für sich allein tanzen wie in dem erwähnten Buche von A. S c h a e f f e r, haben etwas ungemein Unheimliches an sich, besonders wenn ihnen wie im letzten Beispiel noch eine selbständige Tätigkeit zugestanden wird. Wir wissen schon, daß diese Unheimlichkeit von der Annäherung an den Kastrationskomplex herrührt. Manche Menschen würden die Krone der Unheimlichkeit der Vorstellung zuweisen, scheintot begraben zu werden. Allein die Psychoanalyse hat uns gelehrt, daß diese schreckende Phantasie nur die Umwandlung einer anderen ist, die ursprünglich nichts Schreckhaftes war, sondern von einer gewissen Lüsternheit getragen wurde, nämlich der Phantasie vom Leben im Mutterleib.

Tragen wir noch etwas Allgemeines nach, was streng genommen bereits in unseren bisherigen Behauptungen über den Animismus und die überwundenen Arbeitsweisen des seelischen Apparats enthalten ist, aber doch einer besonderen Hervorhebung würdig scheint, daß es nämlich oft und leicht unheimlich wirkt, wenn die Grenze zwischen Phantasie und Wirklichkeit verwischt wird, wenn etwas real vor uns hintritt, was

wir bisher für phantastisch gehalten haben, wenn ein Symbol
die volle Leistung und Bedeutung des Symbolisierten übernimmt und dergleichen mehr. Hierauf beruht auch ein gutes
Stück der Unheimlichkeit, die den magischen Praktiken anhaftet. Das Infantile daran, was auch das Seelenleben der
Neurotiker beherrscht, ist die Überbetonung der psychischen
Realität im Vergleich zur materiellen, ein Zug, welcher sich
der Allmacht der Gedanken anschließt. Mitten in der Absper-
rung des Weltkrieges kam eine Nummer des englischen Maga-
zins „Strand" in meine Hände, in der ich unter anderen ziem-
lichen überflüssigen Produktionen eine Erzählung las, wie ein
junges Paar eine möblierte Wohnung bezieht, in der sich ein
seltsam geformter Tisch mit holzgeschnitzten Krokodilen befindet. Gegen Abend pflegt sich dann ein unerträglicher,
charakteristischer Gestank in der Wohnung zu verbreiten, man
stolpert im Dunkeln über irgend etwas, man glaubt zu sehen,
wie etwas Undefinierbares über die Treppe huscht, kurz, man
soll erraten, daß infolge der Anwesenheit dieses Tisches ge-
spenstische Krokodile im Hause spuken, oder daß die hölzernen
Scheusale im Dunkeln Leben bekommen oder etwas Ähnliches.
Es war eine recht einfältige Geschichte, aber ihre unheimliche
Wirkung verspürte man als ganz hervorragend.

Zum Schlusse dieser gewiß noch unvollständigen Beispiel-
sammlung soll eine Erfahrung aus der psychoanalytischen Arbeit erwähnt werden, die, wenn sie nicht auf einem zufälligen
Zusammentreffen beruht, die schönste Bekräftigung unserer
Auffassung des Unheimlichen mit sich bringt. Es kommt oft
vor, daß neurotische Männer erklären, das weibliche Genitale
sei ihnen etwas Unheimliches. Dieses Unheimliche ist aber
der Eingang zur alten Heimat des Menschenkindes, zur Örtlichkeit, in der jeder einmal und zuerst geweilt hat. „Liebe

ist Heimweh", behauptet ein Scherzwort, und wenn der Träumer von einer Örtlichkeit oder Landschaft noch im Traume denkt: Das ist mir bekannt, da war ich schon einmal, so darf die Deutung dafür das Genitale oder den Leib der Mutter einsetzen. Das Unheimliche ist also auch in diesem Falle das ehemals Heimische, Altvertraute. Die Vorsilbe un an diesem Worte ist aber die Marke der Verdrängung.

III.

Schon während der Lektüre der vorstehenden Erörterungen werden sich beim Leser Zweifel geregt haben, denen jetzt gestattet werden soll, sich zu sammeln und laut zu werden.

Es mag zutreffen, daß das Unheimliche das Heimliche-Heimische ist, das eine Verdrängung erfahren hat und aus ihr wiedergekehrt ist, und daß alles Unheimliche diese Bedingung erfüllt. Aber mit dieser Stoffwahl scheint das Rätsel des Unheimlichen nicht gelöst. Unser Satz verträgt offenbar keine Umkehrung. Nicht alles, was an verdrängte Wunschregungen und überwundene Denkweisen der individuellen Vorzeit und der Völkerurzeit mahnt, ist darum auch unheimlich.

Auch wollen wir es nicht verschweigen, daß sich fast zu jedem Beispiel, welches unseren Satz erweisen sollte, ein analoges finden läßt, das ihm widerspricht. Die abgehauene Hand z. B. im Hauffschen Märchen „Die Geschichte von der abgehauenen Hand" wirkt gewiß unheimlich, was wir auf den Kastrationskomplex zurückgeführt haben. Aber in der Erzählung des Herodot vom Schatz des Rhampsenit' läßt der Meisterdieb, den die Prinzessin bei der Hand festhalten will, ihr die abgehauene Hand seines Bruders zurück, und andere werden wahrscheinlich ebenso wie ich urteilen, daß dieser

Zug keine unheimliche Wirkung hervorruft. Die prompte Wunscherfüllung im „Ring des Polykrates" wirkt auf uns sicherlich ebenso unheimlich wie auf den König von Ägypten selbst. Aber in unseren Märchen wimmelt es von sofortigen Wunscherfüllungen und das Unheimliche bleibt dabei aus. Im Märchen von den drei Wünschen läßt sich die Frau durch den Wohlgeruch einer Bratwurst verleiten zu sagen, daß sie auch so ein Würstchen haben möchte. Sofort liegt es vor ihr auf dem Teller. Der Mann wünscht im Ärger, daß es der Vorwitzigen an der Nase hängen möge. Flugs baumelt. es an ihrer Nase. Das ist sehr eindrucksvoll, aber nicht im geringsten unheimlich. Das Märchen stellt sich überhaupt ganz offen auf den animistischen Standpunkt der Allmacht von Gedanken und Wünschen, und ich wüßte doch kein echtes Märchen zu nennen, in dem irgend etwas Unheimliches vorkäme. Wir haben gehört, daß es in hohem Grade unheimlich wirkt, wenn leblose Dinge, Bilder, Puppen, sich beleben, aber in den Andersenschen Märchen leben die Hausgeräte, die Möbel, der Zinnsoldat und nichts ist vielleicht vom Unheimlichen entfernter. Auch die Belebung der schönen Statue des Pygmalion wird man kaum als unheimlich empfinden.

Scheintod und Wiederbelebung von Toten haben wir als sehr unheimliche Vorstellungen kennen gelernt. Dergleichen ist aber wiederum im Märchen sehr gewöhnlich; wer wagte es unheimlich zu nennen, wenn z. B. Schneewittchen die Augen wieder aufschlägt? Auch die Erweckung von Toten in den Wundergeschichten, z. B. des Neuen Testaments, ruft Gefühle hervor, die nichts mit dem Unheimlichen zu tun haben. Die unbeabsichtigte Wiederkehr des Gleichen, die uns so unzweifelhafte unheimliche Wirkungen ergeben hat, dient doch in einer Reihe von Fällen anderen, und zwar sehr verschiedenen Wir-

kungen. Wir haben schon einen Fall kennen gelernt, in dem
sie als Mittel zur Hervorrufung des komischen Gefühls gebraucht wird, und könnten Beispiele dieser Art häufen. Andere
Male wirkt sie als Verstärkung u. dgl., ferner: woher rührt
die Unheimlichkeit der Stille, des Alleinseins, der Dunkelheit?
Deuten diese Momente nicht auf die Rolle der Gefahr bei der
Entstehung des Unheimlichen, wenngleich es dieselben Bedingungen sind, unter denen wir die Kinder am häufigsten Angst
äußern sehen? Und können wir wirklich das Moment der intellektuellen Unsicherheit ganz vernachlässigen, da wir doch
seine Bedeutung für das Unheimliche des Todes zugegeben
haben?

So müssen wir wohl bereit sein anzunehmen, daß für das
Auftreten des unheimlichen Gefühls noch andere als die von
uns vorangestellten stofflichen Bedingungen maßgebend sind.
Man könnte zwar sagen, mit jener ersten Feststellung sei das
psychoanalytische Interesse am Problem des Unheimlichen
erledigt, der Rest erfordere wahrscheinlich eine ästhetische
Untersuchung. Aber damit würden wir dem Zweifel das Tor
öffnen, welchen Wert unsere Einsicht in die Herkunft des
Unheimlichen vom verdrängten Heimischen eigentlich beanspruchen darf.

Eine Beobachtung kann uns den Weg zur Lösung dieser
Unsicherheiten weisen. Fast alle Beispiele, die unseren Erwartungen widersprechen, sind dem Bereich der Fiktion, der
Dichtung, entnommen. Wir erhalten so einen Wink, einen
Unterschied zu machen zwischen dem Unheimlichen, das man
erlebt, und dem Unheimlichen, das man sich bloß vorstellt,
oder von dem man liest.

Das Unheimliche des Erlebens hat weit einfachere Bedingungen, umfaßt aber weniger zahlreiche Fälle. Ich glaube,

es fügt sich ausnahmslos unserem Lösungsversuch, läßt jedesmal die Zurückführung auf altvertrautes Verdrängtes zu. Doch ist auch hier eine wichtige und psychologisch bedeutsame Scheidung des Materials vorzunehmen, die wir am besten an geeigneten Beispielen erkennen werden.

Greifen wir das Unheimliche der Allmacht der Gedanken, der prompten Wunscherfüllung, der geheimen schädigenden Kräfte, der Wiederkehr der Toten heraus. Die Bedingung, unter der hier das Gefühl des Unheimlichen entsteht, ist nicht zu verkennen. Wir — oder unsere primitiven Urahnen — haben dereinst diese Möglichkeiten für Wirklichkeit gehalten, waren von der Realität dieser Vorgänge überzeugt. Heute glauben wir nicht mehr daran, wir haben diese Denkweisen überwunden, aber wir fühlen uns dieser neuen Überzeugungen nicht ganz sicher, die alten leben noch in uns fort und lauern auf Bestätigung. Sowie sich nun etwas in unserem Leben e r e i g n e t, was diesen alten abgelegten Überzeugungen eine Bestätigung zuzuführen scheint, haben wir das Gefühl des Unheimlichen, zu dem man das Urteil ergänzen kann: Also ist es doch wahr, daß man einen anderen durch den bloßen Wunsch töten kann, daß die Toten weiterleben und an der Stätte ihrer früheren Tätigkeit sichtbar werden u. dgl.! Wer im Gegenteile diese animistischen Überzeugungen bei sich gründlich und endgültig erledigt hat, für den entfällt das Unheimliche dieser Art. Das merkwürdigste Zusammentreffen von Wunsch und Erfüllung, die rätselhafteste Wiederholung ähnlicher Erlebnisse an demselben Ort oder zum .gleichen Datum, die täuschendsten Gesichtswahrnehmungen und verdächtigsten Geräusche werden ihn nicht irre machen, keine Angst in ihm erwecken, die man als Angst vor dem „Unheimlichen" bezeichnen kann. Es handelt sich hier also rein um

eine Angelegenheit der Realitätsprüfung, um eine Frage der
materiellen Realität *).

Anders verhält es sich mit dem Unheimlichen, das von verdrängten infantilen Komplexen ausgeht, vom Kastrationskomplex, der Mutterleibsphantasie usw., nur daß reale Erlebnisse, welche diese Art von Unheimlichem erwecken, nicht
sehr häufig sein können. Das Unheimliche des Erlebens gehört zumeist der früheren Gruppe an, für die Theorie ist aber
die Unterscheidung der beiden sehr bedeutsam. Beim Unheimlichen aus infantilen Komplexen kommt die Frage der
materiellen Realität gar nicht in Betracht, die psychische
Realität tritt an deren Stelle. Es handelt sich um wirkliche

---

*) Da auch das Unheimliche des Doppelgängers von dieser Gattung
ist, wird es interessant, die Wirkung zu erfahren, wenn uns einmal das
Bild der eigenen Persönlichkeit ungerufen und unvermutet entgegentritt.
E. Mach berichtet zwei solcher Beobachtungen in der „Analyse der Emp-
findungen", 1900, Seite 3. Er erschrak das eine Mal nicht wenig, als er
erkannte, daß das gesehene Gesicht das eigene sei, das andere Mal fällte
er ein sehr ungünstiges Urteil über den anscheinend Fremden, der in seinen
Omnibus einstieg, „Was steigt doch da für ein herabgekommener Schul-
meister ein". — Ich kann ein ähnliches Abenteuer erzählen: Ich saß allein
im Abteil des Schlafwagens, als bei einem heftigeren Ruck der Fahrt-
bewegung die zur anstoßenden Toilette führende Tür aufging und ein
älterer Herr im Schlafrock, die Reisemütze auf dem Kopfe, bei mir eintrat.
Ich nahm an, daß er sich beim Verlassen des zwischen zwei Abteilen
befindlichen Kabinetts in der Richtung geirrt hatte und fälschlich in mein
Abteil gekommen war, sprang auf, um ihn aufzuklären, erkannte aber bald
verdutzt, daß der Eindringling mein eigenes, vom Spiegel in der Verbin-
dungstür entworfenes Bild war. Ich weiß noch, daß mir die Erscheinung
gründlich mißfallen hatte. Anstatt also über den Doppelgänger zu er-
schrecken, hatten beide — Mach wie ich — ihn einfach nicht agnosziert.
Ob aber das Mißfallen dabei nicht doch ein Rest jener archaischen Reaktion war, die den Doppelgänger als unheimlich empfindet?

Verdrängung eines Inhaltes und um die Wiederkehr des Verdrängten, nicht um die Aufhebung des Glaubens an die
Realität dieses Inhalts. Man könnte sagen, in dem einen
Falle sei ein gewisser Vorstellungsinhalt, im anderen der
Glaube an seine (materielle) Realität verdrängt. Aber die
letztere Ausdrucksweise dehnt wahrscheinlich den Gebrauch
des Terminus „Verdrängung" über seine rechtmäßigen Grenzen
aus. Es ist korrekter, wenn wir einer hier spürbaren psychologischen Differenz Rechnung tragen und den Zustand, in dem
sich die animistischen Überzeugungen des Kulturmenschen befinden, als ein — mehr oder weniger vollkommenes — Über-
wundensein bezeichnen. Unser Ergebnis lautete dann: Das
Unheimliche des Erlebens kommt zu stande, wenn verdrängte infantile Komplexe durch einen Eindruck wieder
belebt werden, oder wenn überwundene primitive Überzeugungen wieder bestätigt scheinen. Endlich darf man sich
durch die Vorliebe für glatte Erledigung und durchsichtige
Darstellung nicht vom Bekenntnis abhalten lassen, daß die
beiden hier aufgestellten Arten des Unheimlichen im Erleben
nicht immer scharf zu sondern sind. Wenn man bedenkt, daß
die primitiven Überzeugungen auf das innigste mit den infantilen Komplexen zusammenhängen und eigentlich in ihnen
wurzeln, wird man sich über diese Verwischung der Abgren-
zungen nicht viel verwundern.

Das Unheimliche der Fiktion — der Phantasie, der Dichtung — verdient in der Tat eine gesonderte Betrachtung. Es
ist vor allem weit reichhaltiger als das Unheimliche des Erlebens, es umfaßt dieses in seiner Gänze und dann noch anderes, was unter den Bedingungen des Erlebens nicht vorkommt. Der Gegensatz zwischen Verdrängtem und Überwun-
denem kann nicht ohne tiefgreifende Modifikation auf das Un-

heimliche der Dichtung übertragen werden, denn das Reich der Phantasie hat ja zur Voraussetzung seiner Geltung, daß sein Inhalt von der Realitätsprüfung enthoben ist. Das paradox klingende Ergebnis ist, daß in der Dichtung vieles nicht unheimlich ist, was unheimlich wäre, wenn es sich im Leben ereignete, und daß in der Dichtung viele Möglichkeiten bestehen, unheimliche Wirkungen zu erzielen, die fürs Leben wegfallen.

Zu den vielen Freiheiten des Dichters gehört auch die, seine Darstellungswelt nach Belieben so zu wählen, daß sie mit der uns vertrauten Realität zusammenfällt, oder sich irgendwie von ihr entfernt. Wir folgen ihm in jedem Falle. Die Welt des Märchens z. B. hat den Boden der Realität von vornherein verlassen und sich offen zur Annahme der animistischen Überzeugungen bekannt. Wunscherfüllungen, geheime Kräfte, Allmacht der Gedanken, Belebung des Leblosen, die im Märchen ganz gewöhnlich sind, können hier keine unheimliche Wirkung äußern, denn für die Entstehung des unheimlichen Gefühls ist, wie wir gehört haben, der Urteilsstreit erfordert, ob das überwundene Unglaubwürdige nicht doch real möglich ist, eine Frage, die durch die Voraussetzungen der Märchenwelt überhaupt aus dem Wege geräumt ist. So verwirklicht das Märchen, das uns die meisten Beispiele von Widerspruch gegen unsere Lösung des Unheimlichen geliefert hat, den zuerst erwähnten Fall, daß im Reiche der Fiktion vieles nicht unheimlich ist, was unheimlich wirken müßte, wenn es sich im Leben ereignete. Dazu kommen fürs Märchen noch andere Momente, die später kurz berührt werden sollen.

Der Dichter kann sich auch eine Welt erschaffen haben, die, minder phantastisch als die Märchenwelt, sich von der realen doch durch die Aufnahme von höheren geistigen Wesen, Dämonen oder Geistern Verstorbener scheidet. Alles Unheimliche, was diesen Gestalten anhaften könnte, entfällt dann, soweit die Voraussetzungen dieser poetischen Realität reichen. Die Seelen der Danteschen Hölle oder die Geistererscheinungen in S h a k e s p e a r e s Hamlet, Macbeth, Julius Caesar mögen düster und schreckhaft genug sein, aber unheimlich sind sie im Grunde ebensowenig wie etwa die heitere Götterwelt Homers. Wir passen unser Urteil den Bedingungen dieser vom Dichter fingierten Realität an und behandeln Seelen, Geister und Gespenster, als wären sie vollberechtigte Existenzen, wie wir es selbst in der materiellen Realität sind. Auch dies ist ein Fall, in dem Unheimlichkeit erspart wird.

Anders nun, wenn der Dichter sich dem Anscheine nach auf den Boden der gemeinen Realität gestellt hat. Dann übernimmt er auch alle Bedingungen, die im Erleben für die Entstehung des unheimlichen Gefühls gelten, und alles was im Leben unheimlich wirkt, wirkt auch so in der Dichtung. Aber in diesem Falle kann der Dichter auch das Unheimliche weit über das im Erleben mögliche Maß hinaus steigern und vervielfältigen, indem er solche Ereignisse vorfallen läßt, die in der Wirklichkeit nicht oder nur sehr selten zur Erfahrung gekommen wären. Er verrät uns dann gewissermaßen an unseren für überwunden gehaltenen Aberglauben, er betrügt uns, indem er uns die gemeine Wirklichkeit verspricht und dann doch über diese hinausgeht. Wir reagieren auf seine Fiktionen so, wie wir auf eigene Erlebnisse reagiert hätten; wenn wir den Betrug merken, ist es zu spät, der Dichter hat seine Absicht bereits erreicht, aber ich muß behaupten, er hat keine reine Wirkung erzielt. Bei uns bleibt ein Gefühl von Unbefriedigung, eine Art von Groll über die versuchte Täuschung, wie ich es besonders deutlich nach der Lektüre von Schnitzlers Erzählung „Die Weissagung" und ähnlichen mit dem Wunderbaren liebäugelnden Produktionen verspürt habe. Der Dichter hat dann noch ein Mittel zur Verfügung, durch welches er sich dieser unserer Auflehnung entziehen und gleichzeitig die Bedingungen für das Erreichen seiner Absichten verbessern kann. Es besteht darin, daß er uns lange Zeit über nicht erraten läßt, welche Voraussetzungen er eigentlich für die von ihm angenommene Welt gewählt hat, oder daß er kunstvoll und arglistig einer solchen entscheidenden Aufklärung bis zum Ende ausweicht. Im ganzen wird aber hier der vorhin angekündigte Fall verwirklicht, daß die Fiktion neue Möglichkeiten des unheimlichen Gefühls erschafft, die im Erleben wegfallen würden.

Alle diese Mannigfaltigkeiten beziehen sich streng genommen nur auf das Unheimliche, das aus dem Überwundenen entsteht. Das Unheimliche aus verdrängten Komplexen ist resistenter, es bleibt in der Dichtung — von einer Bedingung abgesehen — ebenso unheimlich wie im Erleben. Das andere Unheimliche, das aus dem Überwundenen, zeigt diesen Charakter im Erleben und in der Dichtung, die sich auf den Boden der materiellen Realität stellt, kann ihn aber in den fiktiven, vom Dichter geschaffenen Realitäten einbüßen.

Es ist offenkundig, daß die Freiheiten des Dichters und damit die Vorrechte der Fiktion in der Hervorrufung und Hemmung des unheimlichen Gefühls durch die vorstehenden Bemerkungen nicht erschöpft werden. Gegen das Erleben verhalten wir uns im allgemeinen gleichmäßig passiv und unterliegen der Einwirkung des Stofflichen. Für den Dichter sind wir aber in besonderer Weise lenkbar, durch die Stimmung, in die er uns versetzt, durch die Erwartungen, die er in uns erregt, kann er unsere Gefühlsprozesse von dem einen Erfolg ablenken und auf einen anderen einstellen, und kann aus demselben Stoff oft sehr verschiedenartige Wirkungen gewinnen. Dies ist alles längst bekannt und wahrscheinlich von den berufenen Ästhetikern eingehend gewürdigt worden. Wir sind auf dieses Gebiet der Forschung ohne rechte Absicht geführt worden, indem wir der Versuchung nachgaben, den Widerspruch gewisser Beispiele gegen unsere Ableitung des Unheimlichen aufzuklären. Zu einzelnen dieser Beispiele wollen wir darum auch zurückkehren.

Wir fragten vorhin, warum die abgehauene Hand im Schatz der Rhampsenit nicht unheimlich wirke wie etwa in der Hauff-schen „Geschichte von der abgehauenen Hand". Die Frage erscheint uns jetzt bedeutsamer, da wir die größere Resistenz des Unheimlichen aus der Quelle verdrängter Komplexe erkannt haben. Die Antwort ist leicht zu geben. Sie lautet, daß wir in dieser Erzählung nicht auf die Gefühle der Prinzessin, sondern auf die überlegene Schlauheit des „Meisterdiebes" eingestellt werden. Der Prinzessin mag das unheimliche Gefühl dabei nicht erspart worden sein, wir wollen es selbst für glaubhaft halten, daß sie in Ohnmacht gefallen ist, aber wir verspüren nichts Unheimliches, denn wir versetzen uns nicht in sie, sondern in den anderen. Durch eine andere Konstellation wird uns der Eindruck des Unheimlichen in der Nestroy-schen Posse „Der Zerrissene" erspart, wenn der Geflüchtete, der sich für einen Mörder hält, aus jeder Falltür,·deren Deckel er aufhebt, das vermeintliche Gespenst des Ermordeten aufsteigen sieht und verzweifelt ausruft: Ich hab' doch nur e i n e n umgebracht. Zu was diese gräßliche Multiplikation? Wir kennen die Vorbedingungen dieser Szene, teilen den Irrtum des „Zerrissenen" nicht, und darum wirkt, was für ihn unheimlich sein muß, auf uns mit unwiderstehlicher Komik. Sogar

ein „wirkliches" G e s p e n s t wie das in O. W i l d e s Erzählung
„Der Geist von Canterville" muß all seiner Ansprüche, wenigstens Grauen zu erregen, verlustig werden, wenn der Dichter
sich den Scherz macht, es zu ironisieren und hänseln zu lassen.
So unabhängig kann in der Welt der Fiktion die Gefühlswirkung von der Stoffwahl sein. In der Welt der Märchen sollen
Angstgefühle, also auch unheimliche Gefühle überhaupt nicht
erweckt werden. Wir verstehen das und sehen darum auch
über die Anlässe hinweg, bei denen etwas Derartiges möglich wäre.

Von der Einsamkeit, Stille und Dunkelheit können wir
nichts anderes sagen, als daß dies wirklich die Momente sind,
an welche die bei den meisten Menschen nie ganz erlöschende
Kinderangst geknüpft ist. Die psychoanalytische Forschung
hat sich mit dem Problem derselben an anderer Stelle aus-
einandergesetzt.

WERKE VON PROF. SIGM. FREUD

Vorlesungen zur Einführung in die Psychoanalyse.
Fehlleistungen, Traum, Allgemeine Neurosenlehre. Drei Teile in einem Band. Großoktavausgabe. 3. Aufl. Leipzig, Wien nnd Zürich 1921. Taschenausgabe 1922.

Die Traumdeutung.
6. vermehrte Auflage, mit Beiträgen von Dr. Otto Rank. Leipzig und Wien 1921.

Über den Traum.
3. Auflage. München 1921.

Zur Psychopathologie des Alltagslebens.
Über Vergessen, Versprechen, Vergreifen, Aberglauhe und Irrtum. 7. weiter vermehrte Auflage. Leipzig, Wien und Zürich 1920.

Totem und Tabu.
Über einige Übereinstimmungen im Seelenleben der Wilden und der Neurotiker. 2. durchgesehene Auflage. Leipzig, Wien und Zürich 1920.

Der Witz und seine Beziehung zum Unbewußten.
3. Auflage. Leipzig und Wien 1921.

Über Psychoanalyse.
Fünf Vorlesuugen, gehalten zur 20jährigen Gründungsfeier der Clark University in Worcester, Mass. 6. Auflage in Vorhereitung.

Drei Abhandlungen zur Sexualtheorie.
5. Auflage Vorbereituug.

Sammlung kleiner Schriften zur Neurosenlehre.
Erste Folge. 3. unveränderte Auflage. Leipzig und Wien 1920.
Zweite Folge. 3. unveränderte Auflage. Leipzig und Wien 1921.
Dritte Folge 2. unveränderte Auflage. Leipzig und Wien 1921.
Vierte Folge. 2. Auflage. Leipzig, Wien uud Zürich 1922.
Fünfte Folge. Leipzig, Wien und Zürich 1922.

Studien über Hysterie
(mit Dr. Josef Breuer). 3. Auflage. Leipzig und Wien 1916.

Der Wahn und die Träume in W. Jensens „Gradiva".
(Schriften zur angewandten Seelenkunde, 1. Heft.) 2. Aufl. Leipzig u. Wien 1912.

Eine Kindheitserinnerung des Leonardo da Vinci.
(Schriften zur angewandten Seelenkunde, 7. Heft.) 3. Auflage in Vorhereitung.

Jenseits des Lustprinzips.
(II. Beiheft der Internationalen Zeitschrift für Psychoanalyse.) 2. durchgesehene Auflage. Leipzig, Wien und Zürich 1921.

Massenpsychologie und Ich=Analyse.
Leipzig, Wien und Zürich 1921.

INTERNATIONALER PSYCHOANALYTISCHER VERLAG
LEIPZIG — WIEN — ZÜRICH